卓越教师
教学主张丛书

厦门市卓越教师培育项目成果
西南大学教育学"双一流"学科建设实践成果
总主编 陈 珍 朱德全

情理共生

小学数学课堂的幸福密码

张雅芬 著

西南大学出版社
SWUP
国家一级出版社 全国百佳图书出版单位

· 重庆 ·

图书在版编目(CIP)数据

情理共生:小学数学课堂的幸福密码/张雅芬著.
重庆:西南大学出版社,2024.8. -- (卓越教师教学主
张丛书). -- ISBN 978-7-5697-2653-4
Ⅰ.G623.502
中国国家版本馆CIP数据核字第20247AW393号

情理共生:小学数学课堂的幸福密码
QINGLI GONGSHENG:XIAOXUE SHUXUE KETANG DE XINGFU MIMA

张雅芬 著

责任编辑:郑祖艺
责任校对:朱春玲
封面设计:闰江文化
版式设计:散点设计
排　　版:吕书田
出版发行:西南大学出版社(原西南师范大学出版社)
　　　　　地址:重庆市北碚区天生路2号
　　　　　邮编:400715
　　　　　市场营销部电话:023-68868624
印　　刷:重庆亘鑫印务有限公司
成品尺寸:170 mm×240 mm
印　　张:19.25
字　　数:355千字
版　　次:2024年8月　第1版
印　　次:2024年8月　第1次印刷
书　　号:ISBN 978-7-5697-2653-4
定　　价:59.00元

编委会

总主编

陈 珍　朱德全

副总主编

洪 军　刘伟玲　庄小荣　潘世锋　罗生全　周文全

执行主编

范涌峰　魏登尖

编委（以姓氏笔画为序）

王天平　王正青　牛卫红　艾 兴　叶小波　朱德全
庄小荣　刘伟玲　陈 珍　陈 婷　范涌峰　罗生全
周文全　郑 鑫　赵 斌　侯玉娜　洪 军　唐华玲
　　　　　　　　　　韩仁友　潘世锋　魏登尖

总序

习近平总书记在2024年全国教育大会上指出,要实施教育家精神铸魂强师行动,加强师德师风建设,提高教师培养培训质量,培养造就新时代高水平教师队伍。《中共中央 国务院关于弘扬教育家精神加强新时代高素质专业化教师队伍建设的意见》指出,要加强中小学学科领军教师培训,培育一批引领基础教育学科教学改革的骨干。强化中小学名师名校长培养。

厦门市历来重视名师队伍的培育培养工作,根据教师专业成长规律,经二十年探索,逐步形成了"骨干教师—学科带头人—专家型教师—卓越教师"的金字塔式名师阶梯成长体系。自2021年起,厦门市教育局与西南大学开展战略合作,共同推进厦门教育高质量发展和教师队伍建设。"厦门市首期卓越教师培育项目"是由厦门市教育局与西南大学教育学部联合倾力打造的精品培训项目,也是厦门市迄今为止最高层次的教师培训项目。该项目旨在打造一支具有教育情怀、高尚师德,富有创新精神,具有鲜明教育教学思想和教学主张,在教育教学和教育科研上发挥领军作用的高层次教育人才队伍。项目以产出导向为理念,坚持任务驱动,通过个人自学、高端访学、课题研究、讲学辐射、挂钩帮扶、发表论文、出版专著、提炼教育思想、推广教学主张等方式优化培育过程。

三年琢磨,美玉渐成。通过三年的探索,围绕成为"有实践的思想者"这一核心目标,每一位卓越教师培育对象形成了特色鲜明、理念前沿的教学主张,并以教学主张为中心形成了一本专著,从而汇集成目前呈现在大家面前的"卓越教师教学主张丛书"。本丛书,既是"厦门市首期卓越教师培育项目"三年实施成果的沉淀,是每一位卓越教师培育对象思想的结晶,也是西南大学教育学"双一流"学科建设的实践成果。

仔细阅读本丛书,可以欣喜地看到,卓越教师培育对象们不仅能敏锐地捕捉到教育教学领域的难点、热点问题,揭示其中的本质规律,还能结合本地教学实际智慧地提出解决方案。总体来说,本丛书有以下三个方面的特点。

一是有较浓厚的学术气息。29位培育对象中有获得国家、省级基础教育教学成果奖的教师,有正高级教师,有省特级教师,但他们还在不断突破,追寻对教育教学本质的理解,追寻从实践到思想的蝶变,追寻高水平的专业表达。他们从实践中提炼出主张,再用主张引领实践,他们在书稿中融入了理论的阐释,学会了建构模型,并借助模型简洁地表述自己的教育教学思想,读起来不生涩也不单调。

二是有较强的系列探索味道。《义务教育课程方案(2022年版)》提出,应做好学段间的教育教学衔接。29位培育对象中,既有教育科研专职人员和学校的管理者,也有班主任、一线教师等,研究成果覆盖了小学、初中和高中的大部分学科,最终形成了29本培育对象教学主张的专著和1本全景式呈现卓越教师培育的经验和初步成效的论著。因此,本丛书既有基于教育者几十年教学实践的思想提炼,又有深入课堂的案例剖析,可以"用眼睛来读",作为教师专业发展的自读文选;也可以"用行动去做",作为教学范例直接进入课堂实践,在行动研究中孵化、创生;也适合专门研究者或管理人员参阅,从中窥探从小学到高中的教育教学重点与发展脉络。

三是有鲜明的课程育人特色。本丛书的撰写以学科课程为载体,以学科课程核心素养为目标,积极探索新时代背景下的育人方式变革,寻求育人最佳路径,以德施教,立德树人。因此,单看每本专著,已能感受到其中鲜明的课程育人特色,综合丛书来看,这一特色更加明显。

期盼厦门市首批卓越教师培育对象大力弘扬践行教育家精神,追求卓越的步伐永不停留,不断完善、应用和推广自己的教学主张和教学成果,为厦门教育做出更多更大的贡献。也期盼本丛书能为广大中小学教师深化教学改革提供参考,为教育学"双一流"学科服务教育实践提供借鉴。

是为序。

陈 珍

(中共厦门市委教育工委书记、厦门市教育局局长)

朱德全

(西南大学教育学部部长、西南大学教育学一流学科建设"首席责任专家"、国家重大人才工程特聘教授、国务院学位委员会学科评议组成员)

序言

在全球教育圈里,中国学生常以数学成绩突出而闻名。自20世纪80年代以来,中国学生多次在国际数学奥林匹克竞赛(IMO)中获得团队总分第一名。从2000年开始,经济合作与发展组织(OECD)每三年开展一次国际学生评估项目(PISA),主要评估15岁学生在阅读、数学和科学素养方面的能力。在这一评估中,东亚国家和地区的学生在数学上的表现尤为耀眼。中国上海的学生在2009年首次参加PISA测试时,数学平均成绩高达600分,远高于其他OECD成员国和地区学生的数学平均成绩,名列第一。

华人学生数学成绩好,是一个不争的事实。许多专著都探讨了为什么华人学生的数学成绩优秀。例如,《小学数学的掌握和教学》和《华人如何学习数学》等英文专著(均有中译本)引起了国际关注。随着人们对国际数学与科学教育成就趋势调查研究(TIMSS)和国际学生评估项目的广泛关注,另一个问题也进入我们的视线:虽然中国学生的数学成绩名列前茅,但他们对数学的喜爱程度却不高,学习数学的内在动机不足。直白地说,部分中国学生"数学考得好,但不喜欢数学"。在很多人的学习生涯中,可能会有这样的感受:害怕数学,觉得数学枯燥,认为学习数学就是不断地做题……尽管有不少人能做对数学题目,但他们对数学缺乏发自内心的热爱。

21世纪以来的课程改革一直在努力改变这种情况。2001年的《基础教育课程改革纲要(试行)》提出,要改变课程过于注重知识传授的倾向,改变课程实施过于强调接受学习、死记硬背、机械训练的现状,强调引导学生形成积极主动的学习态度,倡导学生主动参与、乐于探究。2014年,教育部《关于全面深化课程改革落实立德树人根本任务的意见》提出在立德树人的根本任务下发展学生的核心素养。《义务教育课程方案(2022年版)》提出要强化课程育人导向,注重培育学生终身发展和适应社会发展所需要的核心素养,培养学生适应未来发展的正确价值观、必备品格和关键能力。学生在学习中的非认知因素,越来越受到重视。

如何让学生在数学学得好的同时,真正热爱数学,感受到数学的美?福建省厦门市首批卓越教师培育对象张雅芬老师,在提升学生数学兴趣和成绩方面已经做了十余年的努力。我们的缘分始于西南大学教育学部与厦门市教育局的合作,我有幸担任张老师的理论指导老师,帮助她提炼自己的教学主张。提炼教学主张对许多教师来说并不是一件简单的事情,但在我与张老师的研讨中,她始终非常坚定地主张"情理共生"。我们以往对数学学习的关注,更多地集中在"理"的部分,忽略了"情"的部分。而好的数学课堂,应该是兼具"情"和"理"的。这一主张与国际上近年来兴起的数学学业情绪研究有异曲同工之处,它强调在数学教学中既要关注知识的逻辑严密性,又要关注学生的情感体验和学习兴趣。

张雅芬老师自身就是兼具"情理"之人。每当谈到自己的学生时,她的眼睛总是闪烁着光芒,脸上总是洋溢着无法掩饰的自豪。每个学生的进步和成长,都令她激动不已。谈到数学时,她又能深入浅出、客观理性地指出当前小学数学教学中的问题,并根据自己的教学经验提出应对之道。她阳光自信、为人谦和,她心思细腻、爱生如子,她热爱教育、专业过硬,这些都给我留下了深刻的印象。

她经常与我分享她的课堂、学生的成长,一个个案例、一个个故事从她的嘴里"飞"出来,从她的眼睛里"闪"出来。学生在她的课堂上展现出了蓬勃向上的生命力,我能感觉到这是属于她和孩子们的幸福时刻。让我印象最深刻的是,她向我描述她执教"3的倍数的特征"一课的场景,我能感受到她的数学课堂是生动且深刻的。我们都知道,判断一个数是否为3的倍数,只需要将数位上的数字相加，看结果是否为3的倍数即可。但很多人只记住了这个结论，却不知道其背后的论证过程。张老师非常耐心地带着学生一步步深入探索和论证，不仅挖掘了知识的深度，也充满了对学生学习和思维的关注与引导。

"情理共生"的小学数学课堂，从指向非智力因素的"情"和指向智力因素的"理"出发，一方面通过"以氛围生情、以评价促情、以文化润情"营造安心安全、积极向上的情绪场，另一方面依托"明产生之理、探形成之理、达应用之理"打造对话思辨、迁移应用的学习域，使学生产生"数学好玩"的情感和"玩好数学"的信念，实现"玩转数学"的目标。融情入理，激发积极情绪，以理怡情，涵养数学品格，两者循环往复、循序渐进、螺旋上升。美好的情绪场和质朴的学习域交相辉映，使小学数学课堂情理交融、情理共生。

这本书有大量生动的小学数学教学片段、案例，通过它们，我们不难发现，张雅芬老师主要想解决小学生在数学课堂上"不爱学习"和"不会学习"的问题。一方面，通过"情"的创设，重塑教与学的关系，重塑课堂样态，引导学生爱上数学，形成良好的数学学习情绪；另一方面，通过"理"的表达，重塑学习内容，重塑学习方式，引领学生找准学习路径，掌握高效的数学学习方法，最终达成学生主动学、教师轻松教的情理共生的课堂绿色生态。这也是课程改革一直以来的追求，凸显学生学习的主体地位，充分让学生投入到数学探索之中，生出对数学知识的深度理解和纯粹热爱。

这让我联想到，在读《我的几何人生 丘成桐自传》时，我常常能够感受到丘成桐对数学的纯粹热爱。他说："数学家盼望的不是万两黄金，也不是千年霸业，毕竟这些都会成为灰烬。我们追求的是永恒的真理，我们热爱的是理论和方程。它比黄金还要珍贵和真实，因为它是大自然表达自己的唯一方法；它比诗章还要华美动人……"

小学是推动学生终身学习的关键奠基阶段。在张老师和她的课堂上，我看到她努力在孩子们心底埋下一颗颗数学的种子，让学生感受到数学不仅重要,而且很美。我期待有更多的老师,能够让孩子们在小学阶段收获对数学的深度理解和纯粹热爱。学生的热爱,自主的探索,在人工智能时代或许会变得越来越重要!

是为序!

郑鑫
2024年5月于西南大学

目录

第一章　小学数学课堂教学的现状分析

第一节　小学数学课堂教学现状的问卷调查……………003
第二节　小学数学课堂教学现状及成因分析……………017

第二章　情理共生的小学数学课堂概述

第一节　情理共生的小学数学课堂构建依据……………023
第二节　情理共生的小学数学课堂理论阐释……………028

第三章　情理共生的小学数学课堂基本要素

第一节　小学数学课堂教学中的"情"………………036
第二节　小学数学课堂教学中的"理"………………042
第三节　小学数学课堂教学中的"情理共生"………058

第四章　情理共生的小学数学课堂实践探索

第一节　情理共生的小学数学课堂的基本框架…………103
第二节　情理共生的小学数学课堂的教学模式…………152
第三节　情理共生的小学数学课堂的评价促进…………176

第五章　情理共生的小学数学课堂教学策略

　　第一节　融"情"入"理",激发积极情绪……………………214

　　第二节　以"理"怡"情",涵养数学品格…………………223

第六章　情理共生的小学数学课堂教学案例

　　第一节　案例1:直观中感悟,度量中理解——"认识面积"的教学实践与思考………………………………………………243

　　第二节　案例2:经历探究过程,促进知识建构——"长方形、正方形面积的计算"的教学实践与思考…………………256

　　第三节　案例3:聚焦文化内涵,凸显育人价值——"圆的认识"的教学实践与思考……………………………………266

　　第四节　案例4:遵循数学规律,培养推理能力——"积的变化规律"的教学实践与思考………………………………274

附录……………………………………………………………283

参考文献………………………………………………………289

后记……………………………………………………………292

第一章

小学数学课堂教学的现状分析

第一节 小学数学课堂教学现状的问卷调查

一 问卷调查的缘由

卡尔·弗里德里希·高斯（Carl Friedrich Gauss）是19世纪最伟大的数学家之一，被誉为"数学王子"。他曾说："数学是科学的女王。"他表达出自己对数学的热爱与敬仰，生动地展示了数学在他心中的地位。但现实中，接触"女王"的很多人却可能觉得她面目可憎，毫无美感。

我们先来看以下这两个例子。"杂交水稻之父"袁隆平院士曾谈起过，他最喜欢外语、地理、化学，最不喜欢数学。他说他不喜欢数学的缘由来自少年时期的一些学习经历。在中学学习正负数时，他搞不清楚为什么"负负得正"。于是就去请教老师，老师却告诉他："不要问为什么，记住就行。"后来学几何知识时，他对一个定义不理解，再次去问老师，结果又得到了类似的回答。由此，袁隆平觉得数学"不讲理"，于是不再理会，对数学学习失去了兴趣，数学成绩也不尽如人意。关于数学，有一位理科生在随笔中这样写道："数学在我的世界中如同患了病一般，无药可治得让我深恶痛绝，我想的最多的就是赶紧逃离与它有关的世界。终于等来了高考结束，我把与数学有关的资料卖了个一干二净，本想进入大学便可与它一刀两断，未想，终是没'逃过一劫'。数学，想说爱你不容易。"这反映出一些学生对数学缺乏良好的学习情绪和正确的学习动机。

在教学实践中，我们发现，学生在数学学习的过程中容易产生一些负面的学习情绪，如焦虑、烦躁、厌学等。2007年，北京市家庭教育研究会针对7 569名年龄在9～12岁的小学生展开了调查，结果显示：18.56%的小学生认为自己不快乐。[1]2019年，桂林市某学校对学生心理健康状况进行了调查，结果显示：

---

[1] 王妍,马丽华.小学生英语学业情绪的发展特点、影响因素及启示[J].中小学心理健康教育,2012(2):11-14.

38.63%的中学生觉得学业压力较大;58.19%的中学生觉得学业压力一般。在压力来源上,41.27%的中学生觉得压力主要来自学习和考试,28.53%的中学生认为压力主要来自家庭和老师的期待。87.15%的学生在学习中出现学习效率较低的情况,这使他们产生浮躁等厌学情绪。2018年,教育部基础教育质量监测中心对116 631名四年级学生和79 078名八年级学生进行了第二轮国家义务教育数学学习质量监测,结果显示:四年级学生数学学习兴趣低和较低的占比为11.9%,八年级占比为32.1%,比四年级高20.2个百分点;四年级学生数学学习自信心低和较低的占比为27.0%,八年级占比为41.2%,比四年级高14.2个百分点;四年级学生数学学习焦虑程度高和较高的占比为24.8%,八年级占比为40.9%,比四年级高16.1个百分点。以上数据说明,部分学生在学习或数学学习中感受到了压力,学习情绪和学业成绩也受到了一定的影响,年龄越大这种压力越明显,甚至可能危及学生的心理健康。

对一线的小学数学教师而言,我们必须关注小学生的数学学习现状,并从中寻找相应的对策,应用于小学数学课堂教学,从而促进小学生数学学习情绪的改善和学业成绩的提升。

二、问卷调查的过程

(一)明确调查目的

通过问卷调查了解小学生数学学习现状(包括情绪投入和行为投入两个维度),了解其数学学习现状和教师数学教学现状之间的关系。根据调查结果制订访谈提纲,对学生进行访谈,了解当前小学生数学学习中存在的问题,分析产生问题的原因,提出相应的解决对策,以提高小学生数学学习的积极性和主动性,提升其数学学习的效率与质量。

(二)设置调查工具

采用厦门市第五中学张雅芬老师编制的《小学生数学学习和教师教学现状的调查问卷》,以问卷填写和访谈两种方式进行调查。调查问卷共由4个部分组成:第一部分为基本信息;第二部分为学生学习现状调查;第三部分为教师教学现状调查;第四部分为访谈。第二部分和第三部分的问卷调查采用5级赋分的方式,包括"完全不符合""不太符合""基本符合""比较符合""完全符合"5个选项。学生学习现状调查部分共14题,其中,前7题对应的是情绪投入维度,后7题对应的是行为投入维度。教师教学现状调查部分共9题。访谈共3题,第1题以"隐喻"的方式进行访谈,调查小学生对数学学科的喜爱程度及原因;第2、3题以直白的方式进行访谈,调查小学生在数学课堂上的情绪感受及原因,引导小学生对数学学习的过程进行反思,并从教师"教"的视角提出自己的期待。

1.问卷内容

具体问卷内容见附录。

2.问卷说明

由于利用SPSS软件进行分析时,所有数据需要转化为数字,所以我们对数据进行了清理和调整。越符合题目描述的选项,得分越高(性别、年级、反向计分题除外),比如"完全不符合"得1分,"完全符合"得5分。

(1)问卷数据处理。

第一部分(基本信息):

性别:男——1;女——2。

年级:一年级——1;二年级——2;三年级——3;四年级——4;五年级——5;六年级——6。

数学学习表现:很不好——1;比较不好——2;一般——3;比较好——4;非常好——5。

第二、三部分题项:

完全不符合——1;不太符合——2;基本符合——3;比较符合——4;完全符合——5。

(2)问卷各维度涉及的题项。

第二部分(学生学习现状调查):情绪投入维度包括1~7题;行为投入维度包括8~14题。第4、6、7、11题为反向计分题。

第三部分(教师教学现状调查):情绪投入维度包括第1、2、3、8题;行为投入维度包括第4、5、6、7、9题。第8题为反向计分题。

三 问卷调查的结果

(一)学生基本信息描述性统计

问卷的调查对象为厦门市同安区、翔安区、湖里区、集美区、思明区、海沧区学校和直属学校一至六年级的部分学生,问卷共发放1 308份,回收1 308份,问卷回收率为100%。剔除无效问卷5份,得到有效问卷1 303份,问卷有效率为99.62%。问卷调查对象的基本情况如表1-1所示。

表1-1 学生基本信息描述性统计(n=1 303)[①]

变量		人数/人	占比/%
性别	男	713	54.7
	女	590	45.3
年级	一年级	243	18.6
	二年级	201	15.4
	三年级	243	18.6
	四年级	224	17.2
	五年级	128	9.8
	六年级	264	20.3
数学学习表现	很不好	34	2.6
	比较不好	104	8.0
	一般	636	48.8
	比较好	493	37.8
	非常好	36	2.8

(二)问卷信度检验

学生学习现状调查部分的问卷信度分析结果(表1-2)显示,学生学习投入总体信度系数(克伦巴赫α系数)为0.893,学生情绪投入、行为投入两个维度的信度系数分别为0.785和0.848,整体信度较好。

---

① 注:占比为计算结果,表中此栏仅保留一位有效小数,导致总计结果不为100%,后同。

第一章 小学数学课堂教学的现状分析

表1-2 学生学习现状问卷信度分析结果

维度	题项数/项	克伦巴赫 α 系数
学生情绪投入	7	0.785
学生行为投入	7	0.848
学生学习投入总体	14	0.893

教师教学现状调查部分的问卷信度分析结果(表1-3)显示,教师教学投入总体信度系数为0.903,教师情绪投入、行为投入两个维度的信度系数分别为0.746和0.890,整体信度较好。

表1-3 教师教学现状问卷信度分析结果

维度	题项数/项	克伦巴赫 α 系数
教师情绪投入	4	0.746
教师行为投入	5	0.890
教师教学投入总体	9	0.903

(三)结果分析

1.小学生数学学习以及教师数学教学现状的描述性统计分析

对小学生数学学习投入进行描述性统计分析,结果(表1-4)显示,小学生学习投入总体平均得分为3.69,其中,学生情绪投入平均得分为3.77,学生行为投入平均得分为3.60。总的看来,两个维度的平均得分比较接近,且都大于理论中值3,得分均在3.5以上。这表明小学生在数学学习时能产生积极的情感体验,具有良好的行为表现,故小学生总体数学学习现状较好。

表1-4 小学生数学学习投入的描述性统计($n=1\,303$)

维度	题项数/项	均值/分	标准差/分
学生情绪投入	7	3.77	0.75
学生行为投入	7	3.60	0.82
学生学习投入总体	14	3.69	0.73

对教师数学教学投入进行描述性统计分析,结果(表1-5)显示,教师教学投入总体平均得分为4.14,其中,教师情绪投入平均得分为4.17,教师行为投入平

均得分为4.12。总的看来,两个维度的平均得分比较接近,且都远大于理论中值3,得分均在4以上。这表明在学生眼里,教师在数学教学过程中能够给予学生积极的情绪支持,采用的教学手段也能够达到教学效果。

表1-5 教师数学教学投入的描述性统计($n=1303$)

维度	题项数/项	均值/分	标准差/分
教师情绪投入	4	4.17	0.76
教师行为投入	5	4.12	0.87
教师教学投入总体	9	4.14	0.77

2.小学生数学学习投入的差异性检验

(1)性别差异。

对小学生数学学习投入进行性别上的差异性检验,结果(表1-6)显示,从学生学习投入总体来看,小学生数学学习投入在性别上不存在显著差异($t=0.35$,$p=0.98>0.05$)。在学生情绪投入和行为投入两个维度上,男、女学生间也不存在显著差异($t=1.73$,$p=0.71>0.05$;$t=-0.94$,$p=0.77>0.05$)。

表1-6 小学生数学学习投入在性别上的差异性检验($n=1303$)

维度	性别(平均值±标准差)		t	p
	男($n=713$)	女($n=590$)		
学生情绪投入	3.81±0.74	3.73±0.75	1.73	0.71
学生行为投入	3.58±0.82	3.62±0.83	−0.94	0.77
学生学习投入总体	3.69±0.73	3.68±0.74	0.35	0.98

(2)年级差异。

对小学生数学学习投入进行年级上的差异性检验,结果(表1-7)显示,从学生学习投入总体来看,小学生数学学习投入在年级上不存在显著差异($F=2.083$,$p=0.065>0.05$)。学生行为投入在年级上不存在显著差异($F=1.152$,$p=0.331>0.05$),而学生情绪投入在年级上存在显著差异($F=3.344$,$p=0.005<0.01$)。由图1-1可知,学生情绪投入的平均值最高在一年级,最低在三年级,变化趋势为一至三年级持续下降,三至六年级波动上升。由图1-2可知,学生行为投入

的平均值最高在一年级,最低在五年级,变化趋势为一至三年级持续下降,四年级回升,五年级下降到最低,六年级又上升。由图1-3可知,学生学习投入总体平均值的变化趋势和学生行为投入平均值变化情况基本一致。

表1-7 小学生数学学习投入在年级上的差异性检验($n=1\,303$)

维度	年级(平均值±标准差)						F	p
	一年级 ($n=243$)	二年级 ($n=201$)	三年级 ($n=243$)	四年级 ($n=224$)	五年级 ($n=128$)	六年级 ($n=264$)		
学生情绪投入	3.91±0.70	3.85±0.67	3.68±0.76	3.72±0.75	3.70±0.85	3.75±0.76	3.344	0.005**
学生行为投入	3.67±0.82	3.64±0.79	3.58±0.81	3.61±0.78	3.47±0.93	3.59±0.85	1.152	0.331
学生学习投入总体	3.79±0.70	3.74±0.79	3.63±0.73	3.67±0.72	3.59±0.85	3.67±0.76	2.083	0.065

注:*$p<0.05$,**$p<0.01$。

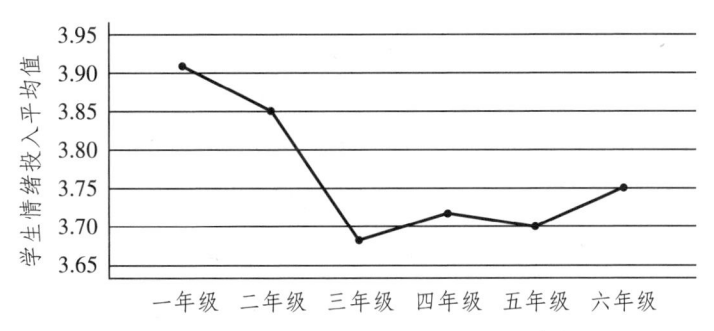

图1-1 不同年级学生情绪投入平均值的变化

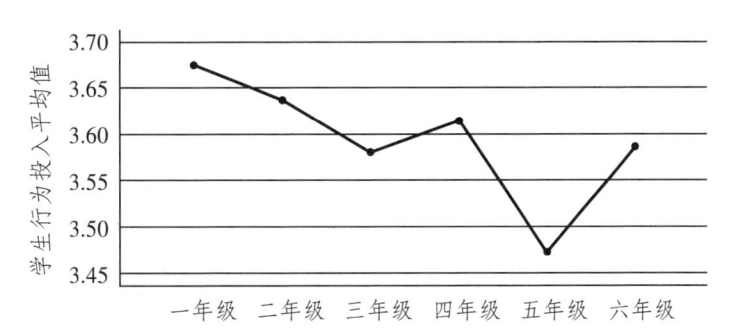

图1-2 不同年级学生行为投入平均值的变化

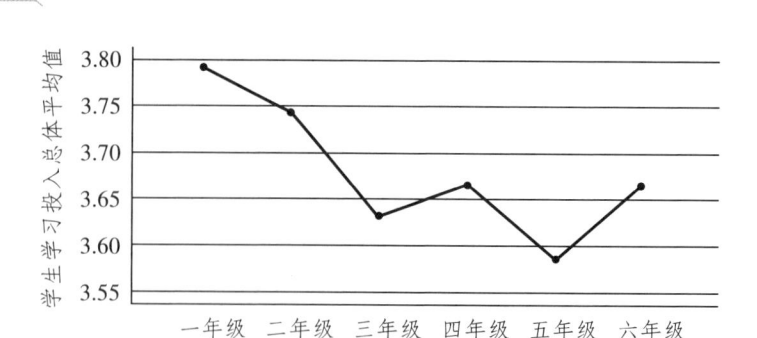

图 1-3　不同年级学生学习投入总体平均值的变化

（3）学习表现差异。

对小学生数学学习投入进行学习表现上的差异性检验,结果(表1-8)显示,学生情绪投入、行为投入、学习投入总体在学习表现上均存在显著差异($F=116.448$,$F=114.853$,$F=139.238$;$p=0.000<0.01$)。由图1-4、1-5、1-6可知,小学生的学习表现越好,在情绪投入、行为投入及学习投入总体上的表现也越好。

表1-8　小学生数学学习投入在学习表现上的差异性检验($n=1\,303$)

维度	很不好 ($n=34$)	比较不好 ($n=104$)	一般 ($n=636$)	比较好 ($n=493$)	非常好 ($n=36$)	F	p
学生情绪投入	2.64±0.71	3.17±0.67	3.60±0.64	4.14±0.63	4.56±0.58	116.448	0.000**
学生行为投入	2.57±0.76	2.93±0.75	3.40±0.71	4.01±0.71	4.65±0.53	114.853	0.000**
学生学习投入总体	2.61±0.69	3.05±0.63	3.50±0.61	4.08±0.61	4.61±0.53	139.238	0.000**

注:*$p<0.05$,**$p<0.01$。

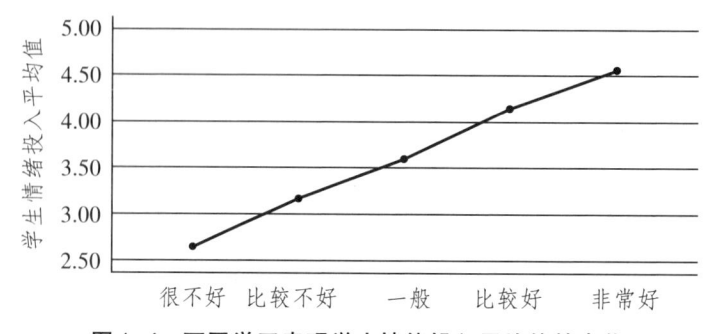

图1-4　不同学习表现学生情绪投入平均值的变化

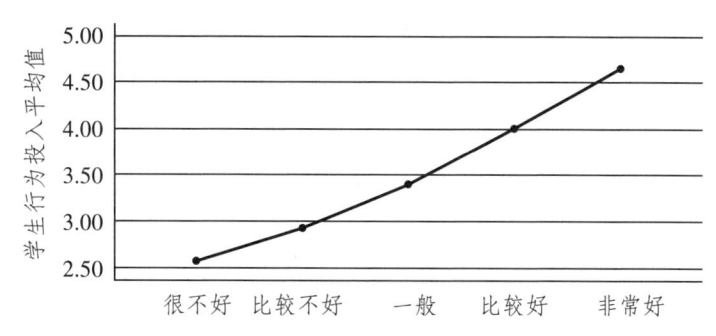

图1-5 不同学习表现学生行为投入平均值的变化

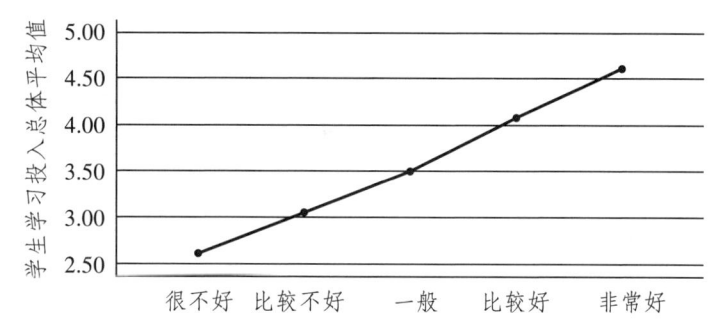

图1-6 不同学习表现学生学习投入总体平均值的变化

3.小学生数学学习以及教师数学教学现状的回归分析

以教师情绪投入、教师行为投入为自变量,以学生情绪投入和学生行为投入为因变量,分别进行回归分析,探究教师在教学中的情绪和行为投入对学生在学习中的情绪和行为投入的影响。根据分析结果(表1-9)可知,教师情绪投入、教师行为投入对学生情绪和行为投入均具有显著的正向作用。教师在教学中增加情绪和行为投入后,小学生在学习中的情绪投入和行为投入均会表现更好。

表1-9 小学生学习投入与教师教学投入的线性回归分析结果($n=1\,303$)

因变量	自变量	标准化系数	t	R^2	F
学生情绪投入	教师情绪投入	0.393	11.600***	0.364	372.710***
	教师行为投入	0.249	7.335***		
学生行为投入	教师情绪投入	0.298	8.670***	0.347	345.816***
	教师行为投入	0.331	9.628***		

注:*$p<0.05$,**$p<0.01$,***$p<0.001$。

4.小学生数学学习以及教师数学教学现状的访谈分析

《义务教育数学课程标准(2022年版)》在课程性质、课程理念、课程目标等方面均体现出对情感态度的重视,并强调数学情感态度的发展与知识技能的学习、数学思考和问题解决等存在密切的联系。事实上,学生的数学情感态度在很大程度上影响了他们在进行数学活动时所做出的选择。例如,当学生无法认识到数学学习的价值,或者意识不到自己在数学方面所具备的能力时,就不会在数学学习过程中投入应有的努力(Duell & Hutter,2005)。数学情感态度有着丰富的内涵,它不仅包括对数学的好奇心和求知欲,在数学学习过程中体验成功的乐趣,还包括对数学特点的了解和对数学价值的认识,以及通过数学学习所获得的良好的学习习惯和科学态度等。数学情感态度内涵的丰富性也给数学情感态度的评估带来了很大的挑战。在实际的课堂教学活动中,教师虽然能够意识到数学情感态度的发展对学生数学学习的作用,但缺乏改善学生数学情感态度的具体手段和方法(Cai & Merlino,2011)。

(1)第一题的访谈情况分析。

访谈的第一题采用"隐喻"的提问方式,希望学生将自己内心的感受以一种更加生动的形式表达出来。在该问题中,学生被要求用食物来比喻他们对数学的感受,并通过语言来描述这种比喻背后的含义或解释使用这种比喻的原因。该问题为:"如果把数学比作一种食物,那么它会是_____。为什么?(请具体描述)"在对学生所使用的比喻进行定量分析前,我们将各类比喻赋予了一个分数。该分数是对学生通过食物比喻所表现出的数学情感进行评估后产生的。

表1-10呈现了第一题的定量评分标准以及每个分值所对应的学生作答的示例,该标准将学生的作答表现分成了1~5分,共计5个水平。其中,分数越低代表学生的数学情感越负面、消极,反之,分数越高代表学生的数学情感越正面、积极。例如,当学生的比喻中含有明显厌恶的倾向或形容词时,就会得到1分;当学生的比喻中体现出不喜欢的倾向,但没有使用过于激烈的负面词语时,则能够得到2分;当学生的比喻没有表现出明显的态度,或者同时包含积极和消极的评价时,可以得到3分;4分和5分则分别与2分、1分呈反方向对应,如在4分的示例中,学生在对数学加以描述时,使用了"有时候""挺有意思"等较积极的词语,在5分的示例中,学生使用了"成就感""特别"等带有明显喜爱倾向的词语。

表 1-10　第一题的定量评分标准

分值	描述特征及示例
1分	非常消极的态度,如:"像发臭的鸡蛋,因为数学很难,学不懂时就很想放弃。"
2分	较为消极的态度,如:"苦瓜不是我很喜欢的食物,就像数学不是我很喜欢的课程一样。"
3分	中性或矛盾的态度,如:"像臭豆腐一样,闻起来臭臭的,但吃起来香香的。"
4分	较为积极的态度,如:"像披萨,我觉得数学有时候还挺有意思的。"
5分	非常积极的态度,如:"像甜甜的糖果一样,因为数学学起来特别有成就感。"

根据第一题的定量评分标准,我们对问卷中的信息进行了清理和调整。其中,持有非常消极的态度的问卷有89份,占6.83%;持有较为消极的态度的问卷有66份,占5.07%;持有中性或矛盾的态度的问卷有758份,占58.17%;持有较为积极的态度的问卷有299份,占22.95%;持有非常积极的态度的问卷有91份,占6.98%。具体情况如图1-7所示。

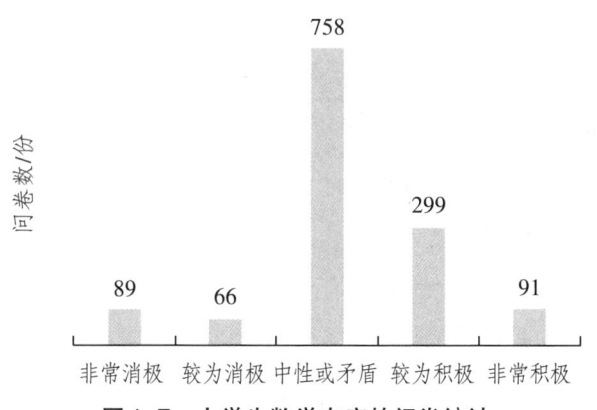

图1-7　小学生数学态度的问卷统计

结果显示,持有中性或矛盾态度的问卷占比达到了58.17%。也就是说,超过半数的学生对数学的态度为"既喜欢,又不喜欢"。我们一起来看看部分学生的回答:"像苦瓜,因为数学有用但学起来很枯燥,就像苦瓜有营养但很不好吃""像西红柿,因为西红柿有酸有甜,当数学学得好的时候就会感觉很甜,当数学学不好的时候就会感觉有一点挫败""像羊奶果,因为羊奶果是甜的、是酸的、是苦的、也是辣的。甜就好比我感受到数学是很美好的,酸就好比我感受到数学不是完全美好的,苦就好比我感受到学数学是难学的,辣就好比我感受到解答数学难题时让人提心吊胆""像排骨,因为排骨的肉很好吃,但骨头就不好啃了""像酸柠檬搭配奇异果,因为数学学习会让我感到酸和苦,但如果搭配好,数学学习还是很有意思的""像青橄榄,因为学数学经常会遇到难题,犹如刚开始咬青橄榄时觉得苦涩,但如果学会解题方法,对题目理解透彻,就犹如吃完青橄榄的时候口齿留甜,喉咙很受益"。

(2)第二题的访谈情况分析。

访谈的第二题以直白的提问方式,引导学生用一个形容词形容自己在数学课堂上的情绪感受,并通过语言来描述这种情绪感受背后的原因。该问题为:"如果用一个词语来形容你在数学课堂上的情绪感受,那么它会是_____。是什么原因使你产生了这种情绪感受?(请具体描述)"根据学生的回答,对其进行1~4分的评分。第二题的定量评分标准如表1-11所示。

表1-11 第二题的定量评分标准

分值	描述特征及示例
1分	没有写明态度,如:不清楚、不知道、无感等。
2分	持负面态度,如:煎熬、恐惧、焦虑、紧张、无聊、枯燥、害怕、郁闷、迷茫、烦恼等。
3分	持中性或矛盾态度,如:平静、平淡、冷静、阴晴不定、平平无奇、似懂非懂等。
4分	持正面态度,如:有趣、开心、激动、期待、兴奋、享受、好奇、自豪等。

根据第二题的定量评分标准,我们对问卷中的信息进行了清理和调整。其中,没有写明态度的问卷有60份,占4.60%;持负面态度的问卷有316份,占24.25%;持中性或矛盾态度的问卷有171份,占13.12%;持正面态度的问卷有756份,占58.02%。具体情况如图1-8所示。

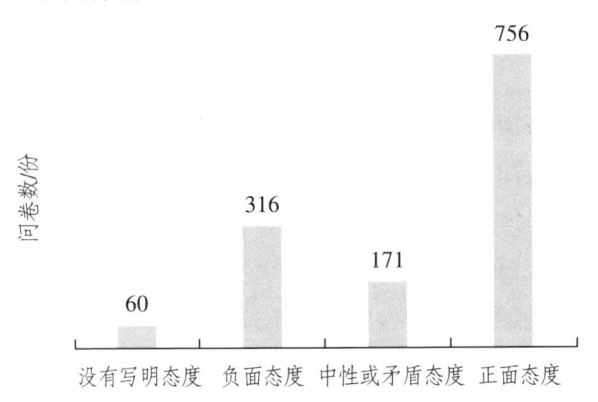

图1-8 小学生在数学课堂上情绪感受的问卷统计

结果显示,没有写明态度的和持负面态度的问卷共有376份,占比为28.86%。也就是说,有接近30%的学生的课堂体验感是不足的,他们大多表现出了比较负面的情绪感受。是什么原因导致他们产生诸如煎熬、恐惧、焦虑、紧张、无聊、枯燥、害怕、郁闷、迷茫、烦恼等情绪感受的呢?我们一起来看看部分学生的回答:"担心,因为我总是担心自己学不会,对自己没什么信心""枯燥,因为老师上课很少讲有趣的事,课堂氛围太沉闷""焦虑,因为我的数学成绩不好,在及格的边缘""无聊,因为老师上课一直在机械地重复讲解简单的题目""害怕,因为老师很凶,对我们的要求过于严厉""沮丧,因为自己怎么也听不懂,考试又考不好,我已经放弃了数学""讨厌,一方面在课堂上听不懂,另一方面家长和老师的批评,让我总感觉自己很差劲""紧张,因为老师讲得太快,很多知识点都听不懂,再加上没有养成良好的预习和复习习惯,我在课堂上的学习状况一团糟"。

(3)第三题的访谈情况分析。

访谈的第三题以直白的提问方式,引导学生对数学学习的过程进行反思,并从教师"教"的视角提出自己的期待。该问题为:"你认为自己在数学学习的过程中,还存在哪些问题。你希望老师怎么做来帮助你解决这些问题。(请具体描述)"根据学生的回答,我们对其进行1~5个类别的评定。第三题的定量评定标准如表1-12所示。

表1-12 第三题的定量评定标准

类别编号	描述特征及示例
1	兴趣方面,如:"因为学习比较落后而害怕数学,希望老师多关心我,耐心地为我讲解题目。"
2	习惯方面,如:"我还存在审题不够认真、思考不够深入的坏习惯,希望老师批评指正。"
3	方法方面,如:"有些题目比较难,理解起来有困难,希望老师能多用数形结合的方法讲解。"
4	能力方面,如:"有些解答问题的例题看不懂也听不懂,希望老师多多引导。"
5	思维方面,如:"在学习一些举一反三、一题多解的题目时感到很困难,希望老师多多指点。"

根据第三题的定量评定标准,我们对问卷中的信息进行了清理和调整。其中,兴趣方面的问卷有125份,占9.59%;习惯方面的问卷有170份,占13.05%;方法方面的问卷有426份,占32.69%;能力方面的问卷有311份,占23.87%;思维方面的问卷有271份,占20.80%。具体情况如图1-9所示。

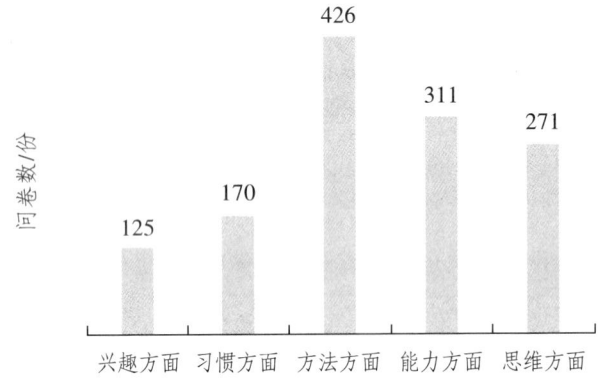

图1-9 小学生在数学学习中存在问题的问卷统计

结果显示,在兴趣和方法方面存在问题的问卷共有551份,占比高达42.29%。也就是说,有接近一半的学生存在数学学习兴趣不足和方法不佳的问题,我们一起来看看部分学生的回答:"我们的老师太严厉,时常让我感到害怕,不敢交流,希望老师多通过鼓励的方式激发我们的学习兴趣""我的数学基础很不牢固,成绩很不理想,久而久之失去了对数学学习的兴趣,希望老师能多关心我,用一些有趣的方法来教授数学知识""数学是一门抽象的学科,我觉得它单调乏味、难以理解,希望老师能利用有趣的故事和游戏来吸引我们,让我们对数学产生兴趣和好奇""我觉得数学中的有些题目有点儿绕,比较不好理解,我希望老师可以多联系生活实际或者借助画图等方法来帮助我们理解,这样我们就可以更好地学习数学""我经常分不清题目的类型,做起题来感觉力不从心,希望老师能多引导我们进行归类整理,通过对比分析帮助我们提升解决问题的能力""遇到难题想不出来的时候我会感到很烦躁,希望老师能讲解一些分析和解题的方法"。

第二节 小学数学课堂教学现状及成因分析

一、小学数学课堂教学的现状

结合问卷调查结果和平时的课堂观察,小学数学课堂教学的现状不容乐观。其问题主要体现在以下几个方面。

(一)情境创设形式化

教师在教学过程中过分重视情境的创设,过分追求情境的新颖性和生动性,却容易忽视情境的目的性和真实性,忽视情境教学的内容和本质,忽视情境在教学中的呈现和引导,使得情境创设不够贴近学生的实际生活,起不到激发学生学习兴趣和引导学生理性思考的作用。

(二)问题设计表面化

教师在设计课堂核心问题时,存在问题意识不强、问题提炼角度不当的情况,问题设计方法不够科学,没有深入挖掘数学概念的本质和思维方法,导致问题过于简单或过于零碎,不能引发学生的认知冲突和深度思考。这种现象会导致学生无法真正理解数学概念的本质,无法掌握数学的思维方法,进而影响学生的学习效果和数学素养的形成。

(三)知识结构碎片化

教师在教学实践中,往往会按照教材的要求把一个完整的单元分解成几个课时去讲解,缺乏整体性和连贯性。这种简单的分解式讲解会导致学生无法形成完整的知识体系,难以理解和掌握知识,进而影响学生的学习效果和思维能力的发展。

(四)教学目标狭窄化

在高考的影响下,部分学校和教师过于关注学生的考试成绩,将教育目标的重心放在了应试上。部分学校也会以学生的成绩和升学率作为衡量学校和教师能力的标准,这导致教师对学生学习的关注范围缩小,制定的教学目标过窄,过于注重孩子对知识和技能的掌握,忽视了对孩子能力的培养和对人格的塑造。

(五)教学方式机械化

受教学压力和教师教学水平有限的影响,许多一线数学教师重知识讲授、轻能力训练。学生被动地接受知识,重解题技巧,轻思维锻炼。还有的学生在机械的知识记忆和重复刷题中丧失了探索知识和自我建构的快乐,师生之间缺乏有效的互动交流,影响了学生的积极性,使学生对数学学科产生了畏惧心理,严重制约了数学课堂教学质量的提高。

(六)教学评价单一化

大多数情况下,成绩是衡量学生学业的主要指标,学生在数学能力、数学情感等方面的发展则常常被忽略。教学评价主体、评价内容和评价方式过于单一,不能全面、客观地评价教学质量和效果,将导致教师不能全面评价学生的学习状况和表现,容易造成评价结果的失真和片面。从而无法根据学生的具体情况制订具有针对性的教学策略,影响教学效果;无法及时发现教学中的问题和不足,难以推动教学改革和创新。

二 小学数学课堂教学现状的成因分析

通过问卷和访谈,我们发现,当前小学数学课堂中,一些学生不爱学习,一提起数学学习就无精打采,一些学生不会学习,一提起数学学习就唉声叹气。这两大问题深深困扰着学生,让快乐学习和深度学习难以实现。这是小学数学课堂"情""理"失衡导致的。一方面,有的教师过于强调学生的情感体验和主观感受,未留出足够的时间和空间让学生进行客观分析和理性思考,导致学生在数学学习中缺乏深入的理解和思考,学习仅停留在表面感受上,无法形成独立的数学思维和判断能力；另一方面，有的教师过于强调数理思维，未能通过多种方式营造良好的学习氛围或建立良好的师生关系，过分注重知识的传授和技能的训练，忽视了学生的积极情绪对数学学习的作用，导致学生无法感受到数学学习的乐趣与价值。

(一)重视灌输式教学，忽视师生良性互动

当前，仍有许多教师采用灌输式的教学方法，这类教学行为大多是课上照本宣科、课后布置习题，教师对教学内容的整合与利用缺乏思考，往往忽略了学生的学习需求和个性差异，甚至很少关注学生提出的问题和信息反馈。在这种教学过程中，教师作为知识的传授者单方面向学生传授数学知识，教师作为课堂的掌控者控制并监督学生的学习过程，学生作为知识的接受者被动地接受知识，教师和学生之间往往缺乏互动交流和思考探究的过程。这种教学方式无法有效激发学生的学习兴趣和动力，容易让学生在感到数学学习困难的同时，产生畏难情绪和厌学心理。

(二)重视知识传授，忽视学生能力发展

由于数学学科知识的逻辑性强，思维水平要求相对较高，因此作为基础学科的数学往往是中、高考拉开分数的重要学科。过于注重知识传授，而缺乏实验、实践等能够培养学生能力的教学环节，会让学生成为知识的"容器"，处于被动接受的状态。学生的数学学习能力没有得到充分的培养，学生的个性品格也没有得到应有的发展。这种教学方式可能导致学生虽然掌握了大量知识，但却无法灵活运用，在遇到实际问题时往往束手无策。

(三)重视机械训练，忽视数学应用价值

为使学生在有限的时间内更好地应对考试，刻意练习和强化刷题成了应试的法宝。一些教师通过大量的习题练习和模拟考试来训练学生，而忽略了数学概念、定理和公式的内在逻辑和实际应用。为了让学生熟练掌握解题技巧而进行机械化的重复训练，会使学生对数学在实际生活中的应用知之甚少，难以将数学与实际生活中的问题有机结合起来。这容易导致学生难以理解数学的真正意义，看不到数学的实践价值，从而形成了只为分数而学习的状况，使数学学习变得枯燥无味。

(四)重视考试成绩,忽视数学人文素养

教师过于关注知识传授和解题技巧,会在教学中不知不觉地将重心转移到如何教学生学会知识和技巧的问题上,而忽视了学生作为发展中的个体在学习中体现出来的人文素养。人文素养是多方面能力的总支撑,这种支撑作用具体表现为理性的思维、宽广的心胸、健康的心态、良好的自我管理能力以及良好的合作意识等。人文素养的缺乏将直接影响学生思维的广度与深度,以及对问题的洞察力和对事物发展的前瞻力。长此以往,就会使学生将数学学习的目标定位在获得好成绩上,而对数学学习失去了正确的认识,无暇顾及数学的美学价值,影响了学生对数学的学习兴趣和探索激情,使数学学习无法发挥在培养学生人文素养中的应有作用。

(五)重视巩固"双基",忽视数学教育价值

数学教育价值指数学教育对人的发展的价值,它利用数学学科的特点,在发展和完善人的教育活动中,在促进学生形成认识世界的态度方面,在推动社会进步和发展的进程中,起着不可替代的作用。同时,数学教育在学校教育中有着特殊的地位,它不仅使学生掌握了数学的基础知识、基本技能、基本思想、基本活动经验,而且使学生具有理性的思维和表达方式,使学生具有实事求是的态度、锲而不舍的精神。但是,仍有一些教师对数学的上述教育功能重视不够,他们更多关注的是学生对知识和技能的学习和掌握,而对于以知识和技能为载体,对人的理性思维、理性精神的培育缺乏高度的认识和有效的实践。

第二章

情理共生的小学数学课堂概述

第一节 情理共生的小学数学课堂构建依据

一 国家层面的政策导向：从教书育人走向立德树人

教书育人是社会赋予教师的神圣职责，是教师的基本使命和主要工作。教书育人指教师关心爱护学生，在传授专业知识的同时，以自身的道德行为和人格魅力，言传身教，引导学生寻找生命的意义，实现人生的价值追求，塑造美好的品格。2012年11月，党的十八大报告明确提出："全面贯彻党的教育方针，坚持教育为社会主义现代化建设服务、为人民服务，把立德树人作为教育的根本任务，培养德智体美全面发展的社会主义建设者和接班人。"党的十八大之后，习近平总书记多次强调立德树人的重要性。这意味着教师的神圣职责要从教书育人走向立德树人。教书育人强调的是外部的力量，即通过教书来育人，在教书的过程中达成育人的目的；立德树人强调的是内因的变化，即通过自身立德来树人，在立德的过程中树人。立德树人不仅涵盖了传统意义上的教书育人，更具有全新的时代立意和深刻的哲学内涵，是理念和系统的全面升级，倡导的是一种全新的教育方式。

2014年3月，教育部出台了《关于全面深化课程改革落实立德树人根本任务的意见》，深入回答了"培养什么人、怎样培养人"的问题，并提出将"学生发展核心素养体系"的研制与建构作为进一步推进课程改革、深化发展的关键环节。2022年10月，党的二十大报告指出："教育是国之大计、党之大计。培养什么人、怎样培养人、为谁培养人是教育的根本问题。育人的根本在于立德。"因此，我们要把立德树人成效作为检验教学工作的根本标准，扭转不科学的教育评价导向。

二 课程标准的精准指引:从三维目标走向核心素养

核心素养是当前教育领域最受关注的词语之一。核心素养是我国实现学校教育价值和确立人才质量标准的基础与核心,是在国家教育方针指导下建立起来的学生发展必须达到的目标体系。如果说"双基"目标是教学的2.0版本,"三维"目标是教学的3.0版本,那么"核心素养"目标就是教学的4.0版本。它直接指向学校教育的本质与价值所在,指向国家与民族的未来所在。

2016年,《中国学生发展核心素养》发布,指出学生发展核心素养是指学生应具备的,能够适应终身发展和社会发展需要的必备品格和关键能力,是关于学生知识、技能、情感、态度、价值观等多方面要求的综合表现。核心素养以培养"全面发展的人"为核心,分为文化基础、自主发展、社会参与三个方面,综合表现为人文底蕴、科学精神、学会学习、健康生活、责任担当、实践创新六大素养,具体细化为人文积淀、人文情怀、审美情趣、理性思维、批判质疑、勇于探究等18个基本要点。由知识传授模式转向核心素养培育模式,这是素质教育发展历程中的一个重要节点,意义重大而深远。

《义务教育数学课程标准(2022年版)》在其总目标中提出,通过义务教育阶段的数学学习,学生逐步会用数学的眼光观察现实世界,会用数学的思维思考现实世界,会用数学的语言表达现实世界(简称"三会")。学生能:获得适应未来生活和进一步发展所必需的数学基础知识、基本技能、基本思想、基本活动经验(简称"四基");体会数学知识之间、数学与其他学科之间、数学与生活之间的联系,在探索真实情境所蕴含的关系中,发现问题和提出问题,运用数学和其他学科的知识与方法分析问题和解决问题;对数学具有好奇心和求知欲,了解数学的价值,欣赏数学美,提高学习数学的兴趣,建立学好数学的信心,养成良好的学习习惯,形成质疑问难、自我反思和勇于探索的科学精神。

《义务教育数学课程标准(2022年版)》中提及的"好奇心""求知欲""数学美""兴趣""信心""学习习惯"其实就是"情"的要求,"四基""数学的价值""质疑问难""自我反思""勇于探索"其实就是"理"的要求,两者和谐共生,体现了学科教育回归到人,也意味着学科教育模式和学习方式的根本变革。

三 学生成长的内在需要：从关注结果走向关注过程

早在两千多年前，伟大的教育家孔子提出："知之者不如好之者，好之者不如乐之者。"意思是懂得学习的人比不上喜爱学习的人，喜爱学习的人比不上以此为乐的人。句中的"知之""好之""乐之"体现了对学习的三种不同层次的热爱：第一层次，"知"是知道的意思，即在理性层面上知道应该学习、懂得如何学习；第二层次，"好"是喜爱的意思，即在感性层面上对学习这件事有兴趣、有好的情感倾向；第三层次，"乐"是乐趣的意思，是生命的幸福体验，即由学习引发的快乐，由学习带来的满足，由学习获取的幸福，是一种理性认知和感性认同叠加之后达到的人生快乐。因此，学生应该把学习作为一种追求、一种爱好、一种健康的生活方式，做到乐学、好学。有了对学习的兴趣和热爱，就可以变"要我学"为"我要学"，变"学一阵"为"学一生"。

苏霍姆林斯基曾说过，如果教师不想办法使学生达到情绪高涨和智力振奋的状态，就急于传授知识，那么只能使人产生冷漠的态度，而不懂感情的脑力劳动只会带来疲劳。学生热爱学习，他才会为学习投入更多的时间和精力，这是他取得成功的最重要的动力。而这种热爱与学校内的教学工作有着密不可分的联系。它的实现首先得依靠课堂教学，需要教师的不断引导与激励。作为教师的我们，更要时刻注意克服那种令学生昏昏欲睡的讲课语调，营造一种宽松、民主、和谐、合作、交流的学习氛围，用饱满的热情激发学生的求知欲。

苏霍姆林斯基还说过，在人们的内心深处，都希望感到自己是个发现者、研究者、探索者，而儿童的这种需要格外强烈。有效的数学学习活动不能单纯依赖模仿和记忆，学生学习数学的过程应该是学生参与的丰富生动的思维过程，是学生充分实践、大胆创新的过程。教师可以提出符合学生认知水平和富有启发性的问题，激发学生探索的欲望；教师可以提供充分的探究时间和探索空间，引导学生开展探究性学习；教师可以不断创造机会，引导学生在合作交流中进行深度学习。

四　事物发展的内在规律：从表面学习走向深度学习

朱熹是我国宋代重要的思想家和理学家，以其理学思想而闻名于世。他认为"理"是世间存在的规律，人的一举一动都要受到规律的约束，违反规律会受到自然和社会的惩罚。他指出"理"不仅是人类社会的最高准则，也是人类所憧憬的人生境界。他认为世间万物，生成于理，遵从于理，归结于理，人一旦通理，便尽知天下万物万事，从而做到胸怀宽广，宠辱不惊，无惧无畏。

数学是一门研究数量关系和空间形式的科学，是自然科学的重要基础，它在培育理性思维、科学精神和促进个人智力发展方面发挥着不可替代的作用。数学素养是现代社会中每一个公民应当具备的基本素养，数学教育承载着落实立德树人根本任务、实施素质教育的功能。无论是从教材编排，还是从课堂教学上看，数学随处皆蕴藏着"理"。这个"理"可以指"数理""学理""教理"，还可以指"原理""道理"等，是我们在数学课堂教学中追寻的本质和本真。2018年5月2日，习近平总书记在北京大学师生座谈会上提出："学习就必须求真学问，求真理、悟道理、明事理，不能满足于碎片化的信息、快餐化的知识。"这不仅为学生指明了学习的方向，也为教师指明了教学的方向。对于小学数学教学而言，教师的"教"不仅要帮助学生理解知识的本质，还要遵循学生认知发展的规律和特点，选择恰当的方法，以知识为载体，引领学生展开主动学习，追寻知识背后所承载的思维方法和价值意义。

五　数学学习的品质追求：从共建共享走向共生共长

数学是一门需要深入思考和逻辑推理的学科。要掌握好数学知识和形成解决问题的能力，具备一定的学习品质是至关重要的。学习品质是在学习过程中形成并表现出来的，是影响学习效果的稳定的心理倾向和特征，包括学习动力、学习倾向、学习策略、学习能力等。优秀的学习品质表现为学生有着强烈的求知欲望、浓厚的学习兴趣、认真的学习态度、科学的求知方式等。站在数学教学的角度，优秀的学习品质是指学生在数学学习过程中表现出来的"乐学"的态度以及"会学"的素养。[1]

---

[1] 华博.培养学习品质，提升数学素养——以"用字母表示数"为例[J].小学教学研究，2022(6)：87-88.

在培养学生"乐学"态度的过程中,教师要把学生学习情感的培养放在首位,要抓住教学内容和学科特性,创设具有挑战性、趣味性、直观性、形象性的教学情境,激发学生的学习动力,激活学生的内在需求,引导他们进行数学探究。在培养学生"会学"素养的过程中,教师要聚焦学科的内涵、本质,精心设计教学活动,选用恰当的教学方法,引导学生用数学的眼光观察现实世界、用数学的思维思考现实世界、用数学的语言表达现实世界,从而发展学生的核心素养。

从学习品质上看,"乐学"的目的是促进学生"会学","会学"的落脚点是为了更好地育人。如果只有"乐学",没有"会学",随着时间的推移和学习的深入,"乐学"的态度终将消磨殆尽。如果一味追求"会学",不顾及"乐学",随着时间的推移和学习的深入,"会学"也会荡然无存。因此,在数学教育教学中,我们要遵从学生的认知规律和身心发展特点,用"情真"奠基,用"理思"塑能,打造高品质的数学课堂,达成立德树人的终极目标。

第二节 情理共生的小学数学课堂理论阐释

一 哲学基础：回归教育本真

"情理合一"是儒家思想的重要特征。儒家论情兼具情感与事实二义，故"情理合一"除了情感向度以外，还包含了广泛而基础的事实向度。在传统儒学中，"情理合一"大体包含以下五项认识：其一，事实是儒学言情的基础；其二，情之事实的呈现不仅包含本真存在的价值规定，还包含自我实现的价值指向；其三，事实之情含摄天地万物，也是关乎本真的存在；其四，"情理合一"在于心知，经由"反求诸己"与"格物穷理"两端实现；其五，人的情感活动内含道德指向，关乎情理的显明及存在的本真实现。在儒家"情理合一"的观念中，情之根本在于事实，理则为情之理，发明情理在于心知。而这种情理发明最终必须落在天地万物的本真实现上，即达成事实与价值相统一。传统儒家"情理合一"的思想内涵对我们追求现代性的合理发展具有深刻启示。①

林敏在 2022 年 11 月 2 日《中国教师报》第 10 版中提到，情是人与人之间最重要的纽带，师生、生生、师师间的共情互振和情感相融才能让知识、文化、规范、素养在群体的认知、感悟、体验中逐渐生成。但在育人过程中，不能仅有"情"而无"理"，若"情"似生命之水，那"理"便是经纬指南，师生浸润于"情"的水中，靠"理"的指引才能游向硕果累累的彼岸。教育中，合情即是以人为本，合理即是顺应规范。理想的教育应是情中有理、理中见情、理情合一的。

联合国教科文组织出版的《学会生存——教育世界的今天和明天》指出，教育面临着一项令人着迷的任务，即发现如何在理智训练与感情奔放之间求得和

---

① 华军. 事实与情感——儒家"情理合一"思想的再认识[J]. 社会科学战线，2022(8)：49-60.

谐平衡。这也充分体现了教育对"情理合一"的呼唤。在应试教育的影响下,一些学校和教育者过于强调知识的传授和技能的培养,忽略了情感教育和人文关怀。这不仅违背了教育的初衷,更限制了学生的发展。因此,我们需要回归教育的本真,重新审视教育的目的和价值,关注学生的个性成长和全面发展,为他们提供更加丰富、多元和有意义的教育体验。情理共生的教育方式有助于学生在面对复杂多变的世界时,保持内心的平衡和稳定,做出明智而负责任的决策。只有这样,我们才能真正实现教育的目的和价值,培养出更多具有高尚品德、深厚情感和创新能力的人才。

二 生物学基础:关注生命成长

(一)三脑理论

美国国家精神卫生研究院神经学专家保罗·麦克里恩提出了三脑理论,即根据解剖生理学和脑部功能的不同,将脑分为以下三个部分。一是认知脑(视觉脑、理性脑),指大脑皮层系统,主要负责高级思维功能,包括语言、思考、学习、计划、分析、决定、阅读、想象等。二是情绪脑,指大脑的边缘系统,主要参与情绪调节。人需要被理解、尊重、信任,当恐惧被消除、紧张被安抚时,人的情绪才能逐渐走出"报警状态",其负面情绪得以平缓,才能转向正面情绪。三是行为脑(爬行脑),包括脑干、小脑和基底核,主要控制人的行为——最基本的生命活动,比如呼吸、睡眠、心跳、吞咽等。人只有在感觉到安全的时候行为脑才是放松的,负责思考的认知脑才能更好地运作。这三部分脑的功能既相对独立又协调统一,共同承担着大脑复杂的认知任务。[①]

三脑理论归纳了人类特定行为与特定脑结构之间的联系,为全面认识学习提供了一个新的视角。教学时,教师要安抚行为脑,通过建立良好的师生关系、制定明确的规则、提供稳定的学习环境等方式来减少学生的恐惧和不安;要满足情绪脑,通过设计有趣的教学活动吸引学生的注意力,通过表扬、鼓励和关爱,激发学生的积极情绪,提高学生的学习兴趣和参与度;要启动认知脑,通过采用科学的教学方法和策略,如探究式学习、合作学习等,培养学生的思维能力

---

① 朱业标,徐中收."三脑一体"大脑理论对中小学校愉快教育的启示[J].中小学心理健康教育,2018(14):63-64.

和创新能力。其中,安抚行为脑和满足情绪脑是基础,只有在满足了行为脑和情绪脑的需求后,认知脑才能更好地发挥作用,学生才能够安心且高效地学习。三脑理论强调了情感、理智和本能之间的相互作用与平衡。因此,在教育的过程中,教师要注重培养学生的综合能力,包括情感能力、思维能力和实践能力等,让学生可以更好地适应复杂多变的社会环境,实现个人的全面发展。

(二)两因素情绪理论

沙赫特和辛格的实验证明,人对生理反应的认知和了解,决定了最后的情绪体验。他们认为,对于特定的情绪来说,有两个因素是必不可少的:第一,个体必须体验到高度的生理唤醒,如心率加快、手出汗、胃收缩、呼吸急促等;第二,个体必须对生理状态的变化进行认知性的唤醒。事实上,情绪状态是环境因素、生理状态和认知过程(期望)在大脑皮层共同作用的结果。[1]环境中的刺激因素,通过感受器向大脑皮层输入外界信息;生理因素通过内部器官、骨骼肌的活动,向大脑输入生理状态变化的信息;认知过程是对过去经验的回忆和对当前情境的评估。来自这三个方面的信息经过大脑皮层的整合作用,才产生了某种情绪体验。他们将上述理论转化为一个工作系统,称为情绪唤醒模型。情绪唤醒模型的核心部分是认知,通过认知比较器,把当前的现实刺激与储存在记忆中的过去经验进行比较,当知觉分析与认知加工不匹配时,认知比较器产生信息。人通过动员一系列的生化和神经机制,释放化学物质,改变脑的神经激活状态,使身体适应当前情境的要求,这时情绪就被唤醒了。[2]

情绪唤醒模型有助于教师更深入地理解学生情绪的产生机制,从而更加精准地把握学生的情绪状态。通过了解环境刺激、生理变化和认知评估如何共同作用于学生的情绪体验,教师可以更加科学地调整教学策略,以更好地满足学生的情感需求。情绪唤醒模型不仅关注学生的情感发展,更关注学生的认知发展,这要求教师在教学过程中创造积极的学习环境,运用多样化的教学策略,关注学生的个体差异,建立有效的反馈机制,以激发学生的学习兴趣和动力,帮助学生建立积极的自我认知和价值观念,培养他们适应社会的能力和创新精神。

---

[1] 裴德金.新编心理学教程[M].北京:北京理工大学出版社,2021:86-87.
[2] 李秀,刘新民.普通心理学[M].2版.合肥:中国科学技术大学出版社,2021:171.

三 教育学基础:追求学习品质

(一)人本主义教育理论

美国心理学家罗杰斯提出以学生为中心的教育原则。他将心理学与教育学相结合,形成了以发展学生个性为中心的人本主义教育理论,主要包括以下三个方面。其一,教师应当以学生为中心开展教学,给予学生信心和支持,使他们能够以最大的热情去探索知识,体验学习的乐趣。其二,教师要善于营造自由、和谐、真诚的学习氛围,让学生在有安全感的环境中,最大限度地发挥主观能动性。其三,教师要引导学生追求有意义的学习,强调学习者的主动参与、情感投入和合作分享。

罗杰斯的人本主义教育理论强调人的尊严和价值,主张教育应以学习者为中心,关注学生的学习过程,而非仅仅关注学习结果,鼓励学生进行自主学习、反思学习和深度学习。这一理念提醒教师要尊重学生的个性、兴趣和需求,关注学生情感、态度和价值观的培养。人本主义教育理论认为,教育的宗旨在于促进人的自我实现,培养身体、心智、情感、精神等融为一体的完整的人。这要求教师要更新教育理念,优化教育环境,重构师生关系,转变教学方式,实施多元评价,关注学生的潜能开发,帮助学生实现自我价值,使其成为有创造力、有责任感、有适应能力的人。

(二)建构主义学习理论

瑞士心理学家皮亚杰提出,儿童是在与周围环境相互作用的过程中,逐步建构起关于外部世界的知识,从而使自身认知结构得到发展的。儿童与环境的相互作用涉及两个基本过程,即同化与顺应。同化指个体把外界刺激所提供的信息整合到自己原有认知结构内的过程;顺应指个体的认知结构因外部刺激的影响而发生改变的过程。同化是认知结构数量的扩充,而顺应是认知结构性质的改变。

皮亚杰认为,儿童的学习不仅受外界因素影响,更受学生本身的认知方式、学习动机、情感价值观影响,而这些因素往往被传统的教学观所忽略。建构主义学习理论强调,学习是一个动态的过程。学习的过程不是简单的信息输入、存储和提取,而是新旧知识、经验之间双向的相互作用的过程,即学生和学习环境之间的互动过程。它强调学习的主动性、实践性、创造性和社会性。基于此,

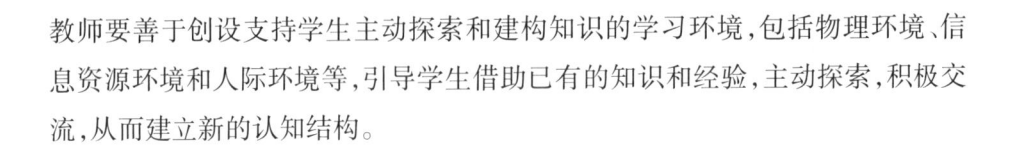

教师要善于创设支持学生主动探索和建构知识的学习环境,包括物理环境、信息资源环境和人际环境等,引导学生借助已有的知识和经验,主动探索,积极交流,从而建立新的认知结构。

(三)深度学习理论

"深度学习"最初源于人工智能。人工智能领域对深度学习的研究,引发了教育学者的关注。而后,教育领域针对深度学习开展了多视角、多维度的深入探索。2014年,我国教育部基础教育课程教材发展中心开展了深度学习教学改进项目研究,目的是解决课堂教学中存在的重知识和结果、轻素养和过程等问题。同年,美国教育协会进行了深度学习的研究,最终确立了以核心知识的掌握、批判性思维和解决问题的能力、有效沟通、协作能力、学会学习等维度来指向深度学习的目标。

什么是深度学习?安富海(2014)通过分析深度学习与浅层学习的差异,归纳了深度学习的四大特点:注重知识学习的批判理解;强调学习内容的有机整合;着意学习过程的建构反思;重视学习的迁移运用和问题解决。郭华(2016)认为,深度学习是学生在教师的引领下,围绕具有挑战性的学习主题,全身心积极参与、体验成功、获得发展的有意义的学习过程。朱开群(2017)认为,深度学习是指在真实复杂的情境中,学生运用本学科知识和跨学科知识,运用常规思维和非常规思维,将所学的知识和技能用于解决实际问题,以发展学生的批判性思维、创新能力、合作精神和交往技能的一种认知策略。

深度学习理论强调引导学生主动参与学习活动,亲身经历知识发现、发生、发展的过程,形成丰富的内心体验;强调着眼于学科的基本思想和方法,向学生提供具有典型意义的例证和学习材料;强调教学内容的结构化,以帮助学生全面把握知识的内在联系;强调为学生创设适当的具有真实情境的活动,提供解决问题的机会,促进知识的实践转化和综合应用;强调正确的价值立场与价值判断,关注教学的价值取向,引导学生理解、反思学习内容与学习过程,进而形成积极的社会性情感、态度与责任感。因此,教师需要转变思路,一方面,注重引导学生以积极的情感参与教学活动;另一方面,注重强化学生对知识的深入理解和应用,为每个学生提供定制化的学习资源和服务,以更好地实现教育目标,为社会培养出更多优秀的人才。

第三章

情理共生的小学数学课堂基本要素

本章从小学数学课堂教学中的"情"、"理"和"情理共生"三个部分,来阐述情理共生的小学数学课堂基本要素,其整体框架如图3-1所示。

```
情理共生的小学数学课堂教学
├── 小学数学课堂教学中的"情"
│   ├── 和谐互助的师生关系
│   ├── 积极向上的学习氛围
│   ├── 真实有效的教学情境
│   └── 神奇美妙的数学文化
├── 小学数学课堂教学中的"理"
│   ├── 从教材角度看:数理;
│   ├── 从儿童角度看:学理;
│   └── 从教学角度看:教理;
└── 小学数学课堂教学中的"情理共生"
    ├── 创设有温度的情境,
    ├── 引发积极情绪
    ├── 搭建有支架的教学,
    ├── 激活理性思维
    └── 设置有挑战的习题,
        触发深度思考
```

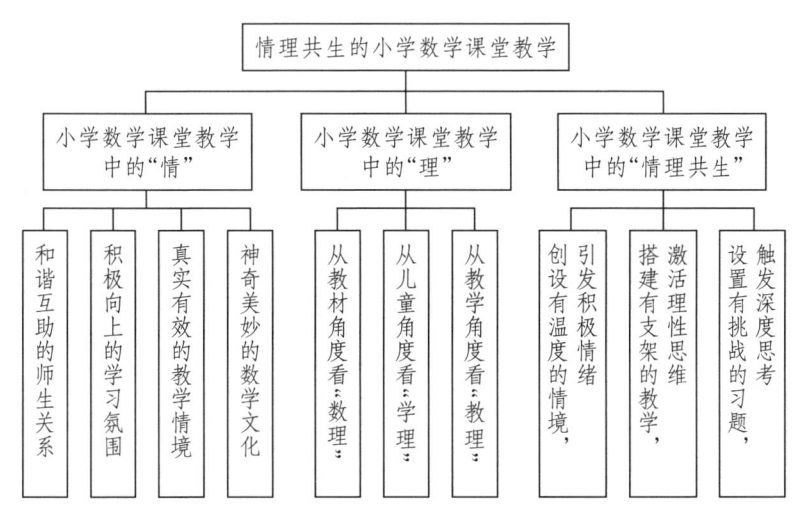

图 3-1　情理共生的小学数学课堂基本要素

第一节 小学数学课堂教学中的"情"

《礼记·礼运》有云:"何谓人情？喜、怒、哀、惧、爱、恶、欲,七者弗学而能。"传统观念中的"情",指的是人本能的情绪或感情。情,左边一个竖心旁,右边一个青。"青"在古代寓意着初生之物的原色,也代表美好、美丽。所谓"情"字,可理解为心中升起的美好。

小学数学课堂教学中的"情",主要指学生在参与数学活动过程中所产生的情绪、情感、态度和信念,是学生在数学学习活动过程中形成的个人精神世界的反映[1],最终指向稳定的数学学业情绪,具有感染性、波动性、生动性、变化性等特征。积极的数学学业情绪不仅在学生数学学习过程中起着发动、维护和调节的作用,还会改变学生的数学学习态度,促进学生对数学知识的理解和掌握,提高学生综合运用数学知识解决问题的能力,发展学生的核心素养。

一 和谐互助的师生关系

从教育学的角度来看,师生关系是教师和学生在教学过程中为完成一定的教学任务,以"教"和"学"为中介而形成的一种特殊的社会关系,是学校中最基本的、最重要的人际关系之一。良好的师生关系是教与学的原动力,是课堂教学取得成功的必要保证,对提高学生的学业以及促进其身心健康发展尤为重要。良好的师生关系产生于学生对教师工作能力和人格的信任,是在师生交往、合作、交流的过程中形成和发展起来的一种情感体验和彼此心理相容、精神相依的状态。数学是小学阶段的重要学科之一,其教学效果直接影响着学生学习的积极性和主动性。因此,在小学数学课堂教学中,教师需要敏锐地察觉当下课堂教学的转变方向,关注学生的心理需求和发展需求,主动搭建起与学生沟通交流的平台,建立和谐互助的师生关系。

那么,如何建立和谐互助的师生关系呢？第一,教师要转变观念,要有正确的学生观、平等的师生观和科学的人才观,要把学生看作一个自由、独立、完

---

[1] 郭宝珠.构建情理相融的课堂:小学数学教学实践[M].福州:福建教育出版社,2020:5.

整的,有独特天性、人格和尊严的人。随着时代的进步,教师不再是知识的灌输者,而应是学生的引导者,是参与者和合作者。教书育人是教师的天职,只有教师明确自己所扮演的角色,才能真正建立起和谐互助的师生关系。只有那些心中有学生,对教育教学有着深刻理解的教师,才能在关注学生个体发展的基础上主动创设、有效挖掘教学细节,将课堂真正交还给学生。第二,教师要善于营造和谐互助的氛围,平等地对待每一位学生,尊重他们的个性差异。教师要充分运用教学智慧,要情绪饱满,要在课堂教学中坚守"爱",要创造更多的机会缩短师生之间的距离,与学生一同参与数学知识的学习与挑战。只有这样,学生才会保有积极的、愉快的心情,师生之间才会在心灵深处碰撞出和谐的火花。第三,教师要改变课堂的教学方式,让学生以自己喜欢的方式学习。苏霍姆林斯基曾说过,在人的心灵深处,都希望自己是个发现者、研究者、探索者。教师要充分认识到这一点,要注重学生的创新,要打破学生被动学习的局面,转变学生的学习态度和学习方式,引导学生思考、交流、探究。第四,教师要设置适当的激励制度以激发学生的内在潜能,促进和谐互助师生关系的生长。作为一名数学老师,我们要常常思考这样一个问题:在学生的"要我学"和"我要学"这两种态度中,教师分别起到了多少作用? 我们要明确课堂不是教师的讲坛,而是师生互动的地方。苏霍姆林斯基曾经说过,如果教师缺乏激励的语言就会筑起一面师生互不理解的高墙,教师不理解学生,学生也不理解教师。[①]第五,教师应以身作则,以自身形象和自我修养影响学生。教师个人素质的高低,不但影响其教学水平的发挥,在师生关系上,更决定了学生的态度。调皮的学生对于德高望重、德才兼备的教师也会十分尊敬甚至崇拜。教师的师德修养、知识能力、教育态度、个性品质都将对学生产生深刻的影响。所以,要构建和谐互助的师生关系,教师必须不断提高自身素质。

二 积极向上的学习氛围

我国著名数学家华罗庚曾说过:"就数学本身而言,是壮丽多彩、千姿百态、引人入胜的……"但在实际教学过程中,很多小学生并不喜欢学习数学,往往觉得数学学习单调、枯燥、乏味。这种情况多是因为在小学数学教学中缺乏良好的学习氛围,学生没有体会到数学学习的快乐。可以说,正确认识和营造良好

---

① 李芸.发展和谐师生关系,构建小学数学高效课堂[J].求知导刊,2014(1):83-83.

的学习氛围，对于提高学习效果、促进学生的全面发展具有重要的意义。学习氛围可以包括学校的学习氛围、班级的学习氛围、课堂的学习氛围、家庭的学习氛围、社会的学习氛围等，下面主要阐述课堂的学习氛围。

课堂学习氛围是指师生在课堂上共同创造的心理、情感和态度等氛围，是在课堂中呈现出的一种综合性的心理状态，可以用一定的心理和行为指标来衡量。以秩序、参与、交流三个指标为依据，可以把课堂学习氛围划分为三种类型：积极的学习氛围、消极的学习氛围和对抗的学习氛围。积极的学习氛围是一种理想状态下的学习氛围，主要表现为：师生双方有饱满的情绪，教与学态度端正且目标明确；课堂活动井然有序，学生注意力集中、求知欲强、参与面广且思维活跃；师生间情感交流充分，互动积极，同时，在课堂的后半段，师生双方都洋溢着实现了教学目标的满足感和幸福感。消极的学习氛围常常以学生的紧张拘谨、心不在焉、反应迟钝为基本特征，表现为：在课堂学习的过程中，师生双方互动不多，即使有互动，也是学生的群体参与，单独表达自己观点的情况很少；学生表现出情绪压抑、无精打采、注意力分散、小动作多等状态，有的甚至表现出打瞌睡、想逃离等状态；学生很容易产生上课迟到、随意旷课、被动学习等消极的学习行为。对抗的学习氛围是一种失控的学习氛围，主要表现为：师生间关系紧张，大部分学生不信任教师；大部分学生讨厌上课，注意力分散，课堂秩序混乱；教师驾驭课堂和调动学生积极性的能力极差；正常的教学活动难以开展，教与学的任务不能有效完成；师生双方都把教与学视为一种精神负担。

课堂学习氛围是影响课堂行为和教学质量的重要因素。积极的课堂氛围会给教师和学生带来愉悦的刺激，让教师教的主导作用和学生学的主体作用得到良好发挥，从而达到好的学习效果。而消极或对抗的课堂氛围会使师生态度消极、关系疏远、情绪低落、反应迟钝，甚至导致学生扰乱课堂秩序等不良行为发生，从而使正常的教学任务难以完成，教学效果不佳。

如何才能营造积极的课堂学习氛围呢？第一，教师要学会调整情绪。课堂上，教师的一言一行都会影响到学生的情绪，牵动着学生的思维。因此，教师要注意将自己调整到最佳状态，以饱满的、积极的情绪投入教学，引领学生全身心投入到学习中来。第二，教师要学会尊重学生。从生命的角度看，课堂学习是师生人生中一段重要的经历；从学习的本身看，课堂学习的质量直接影响学生的学业水平。只有充分尊重学生，他们的积极性和主动性才能真正得到发挥，他们的个性才能得到张扬。第三，教师要学会倾听需求。通过倾听学生的需求，教师可以了解到学生的真实想法和行为动机，才能找出问题行为的原因，才能真正从促进学生发展出发,建立被学生接受和认同的课堂规则,建立平等和谐的师生关系,激发学生的求知动力。第四,教师要学会等待时机。要密切关注学生的学习动向,寻找学生的认知障碍,讲究"不愤不启,不悱不发"。此时,教师不仅要监控课堂的进展状况,分析学生反馈的信息,紧凑安排、稳步推进课堂教学进度,还要全方位地调动学生的积极性,激励学生不断思索,主动对知识进行探究、领悟和应用。

三 真实有效的教学情境

教学情境是指在课堂教学中,根据教学内容和教学目标而创设的,适合学生并作用于学生,使其主动参与建构的具有认知背景和活动条件的学习环境。《义务教育数学课程标准(2022年版)》提出让学生在生动具体的情境中学习和理解数学,并对教师创设教学情境提出了具体的要求。但在实际教学中,许多数学教师并不重视教学情境,导致创设的教学情境虚假化、简单化、形式化和浅显化。因此,我们需要重新审视小学数学课堂教学中的"情境"二字。

"情境"有两个维度,一个是"情",一个是"境"。"情"指的是教师要用情感激发学生的学习欲望,这是有意义学习的情感前提。英国教育家洛克说过,儿童学习任何事情的最合适的时机是当他们兴致高、心里想做的时候。情感激发的目的在于为课堂教学提供一个良好的情绪背景,学生兴致勃勃、兴趣浓厚,甚至兴高采烈,这是教学时最佳的精神状态。"境"指的是以直观的方式再现书本知识所表征的实际事物或者实际事物的相关背景,这是有意义学习的认知背景。捷克教育家夸美纽斯在《大教学论》中写道:"一切知识都是从感官开始的。"这种论述反映了教学过程中一个重要的学生认识规律:直观可以使抽象的知识具体化、形象化,有助于学生感性知识的形成,并促进理性认识的发展。

小学生的思维能力正处于形成和发展阶段,形象思维占优势。教师更应该注重情境的创设,将抽象的数学知识以生动、形象的方式呈现出来,使学生从中发现问题、分析问题并能够解决问题;将数学课堂变得更加生动活泼,不断激发学生的好奇心和求知欲,引起学生的认知冲突,引导学生大胆猜测与小心验证,并从中获得积极的情感体验。

建构主义的学习环境设计主张将学习者置身于真实情境。其理论基础主要有两个:一是源于心理学的"情境认知";二是源于社会人类学的"情境学习"。

两者都把学习看作情境性的活动,强调学习的社会性因素。情境认知理论认为知识是情境化的,情境性在所有认知活动中都是根本性的。[①]其引导的教学,让目标从概念的传授转变为使学习者进入可能需要使用这些概念和技能的真实任务,这种理论认为学习活动必须置于真实应用的情境中。情境学习理论认为,学习是"合法的边缘性参与"的过程,是实践共同体的合作。其所引导的教学,是让具有真实社会或职业身份的学生,像新手那样,参与到实践共同体解决真实问题的过程中。[②]可以看出,"真实情境"是与以往"脱离真实世界"的"学校情境"或"正式的学校情境"相对的一个词语。真实这个词意味着与现实世界相关,它倡导真实情境、真实学习任务、真实评价等。在小学数学课堂教学中创设真实情境,不仅可以激发学生的学习动机,促进数学知识的建构,培养学生解决问题的能力,还可以培养学生的数学核心素养。

杜威认为,学校科目相互联系的真正中心不是科学,不是文学,不是历史,不是地理,而是儿童本身的社会活动。儿童本身的社会生活是儿童真实的生活,真实的情境来自真实的生活,来自儿童所熟悉的生机勃勃的真实生活,正如儿童在自己家庭里、邻里间、操场上所经历的那样的生活。真实情境教学具有真实性、情境性、综合性和活动性等特点,因此,开展真实情境教学时要掌握设计策略、实施策略和评价策略等。首先,教师要回归到学生的生活世界,选取现实素材进行整合和加工,创设真实情境;其次,教师要根据情境素材类型分类开展教学,形成学习成果和教学案例,并将其广泛运用于教学中;最后,教师要从生活有效性、主体有效性、学科有效性三个方面,建构三位一体的真实情境教学评价体系,对真实情境教学进行反思性实践。[③]

四 神奇美妙的数学文化

《义务教育数学课程标准(2022年版)》指出,要关注数学学科发展前沿与数学文化,继承和弘扬中华优秀传统文化。基于此,传统数学课堂已不能满足新

[①] 乔纳森.学习环境的理论基础[M].郑太年,等译.上海:华东师范大学出版社,2002:27.
[②] 莱夫.情境学生:合法的边缘性参与[M].王文静,译.上海:华东师范大学出版社,2004:1.
[③] 王鉴,张文熙.新课标背景下的真实情境教学:内涵、特点及策略[J].教师教育学报,2023,10(6):78-86.

时期的教学发展要求,将数学文化融入小学数学课堂势在必行。因此,教师应明确数学文化的内涵,把握教材中的数学文化资源,并通过多种方式将文化融入小学数学教学中,使学生在数学文化浸润中掌握数学基础知识与基本技能,形成良好的数学观点与数学思想。

数学文化涉及的内容比较广泛,可以从两个方面进行解读。广义的数学文化包含数学发展、数学教育等内容;狭义的数学文化由数学符号、数学观念、数学思想等内容构成。小学数学教学所涉及的数学文化体现在以下几方面:一是数学学科的发展史,包括数字是怎样被创造出来的,数学符号是怎样演变的,数学运算方法的发展历程等,例如完全数、数字黑洞等;二是数学家的生平事迹,例如被誉为中国现代数学之父的华罗庚、几何之父欧几里得、中国古代圆周率计算第一人祖冲之等;三是以数学知识为基础的益智游戏,包括七巧板、汉诺塔、华容道、九连环、鲁班锁等;四是数学艺术,包括数学在音乐、绘画、建筑和诗歌方面的融合应用等,例如莫比乌斯带、斐波那契数列、达·芬奇的自画像等;五是古今中外经典的数学趣题,例如鸡兔同笼问题、烙饼问题、七桥问题、百僧百馒问题等。[①]

为了加强数学文化的渗透,人教版小学数学教材编排了以阅读材料形式呈现的"你知道吗?"板块。其主要目的是让学生感受数学魅力,激发爱国情怀;领悟探索精神,激发求知欲望;领会数学方法,培养思维方式;感悟数学之美,塑造审美能力。教师可以巧用"你知道吗?"板块来培养学生的数学文化素养:第一,教师要引导学生阅读文本,可以组织学生围绕某一主题,选编各类材料进行专题阅读或主题交流,引导学生深入思考,帮助学生了解数学发展的历史,激发学生探究数学的热情;第二,教师要调整教学方法,用继承和发展的眼光来看待这部分内容,引导学生掌握多种学习技能和数学方法,拓宽学生的解题思路,培养学生不畏艰难、刻苦钻研的精神;第三,教师要拓展文化视野,可以创造性地使用教材,搭建探究平台,连接多方资料,最大限度地激发学生的数学学习兴趣和学习潜能。总之,数学丰厚的文化价值,让数学变得厚重、亲切、富有魅力。教师要充分认识、传承并发展数学文化,在教学活动中彰显数学的魅力,让学生感知数学文化,享受智慧人生。

---

① 张艳芸.小学数学课堂中数学文化的融入与思考[J].数学学习与研究,2023(11):122-124.

第二节　小学数学课堂教学中的"理"

理,最早见于《说文》小篆,左边为王(玉),右边为里(作坊)。造字本义为在作坊里加工玉石,即把玉从璞石里剖分出来,顺着内在的纹路剖析雕琢,引申有纹理、纹路之意。《韩非子·和氏》:"王乃使玉人理其璞而得宝焉,遂命曰'和氏之璧'。"引申有为料理、治理之义。《淮南子·时则训》:"理关市,来商旅。"引申有条理、道理之义。现代人们意识中的"理"是指对客观事物本身的次序、标准、规律、道理的概括化认知,也指按照事物本身的规律或依据一定的标准对事物进行加工、处置。

小学数学课堂教学中的"理"主要指学生在学习中获得的概念、公式、方法、策略、思维等抽象认知,亦指"数理""教理""学理"等,通过说理、讲理、辨理等认知活动促进学生理解基础知识,掌握基本技能,形成基本思想,积累活动经验,发展关键能力,提升思维品质,培养核心素养,具有知识性、思想性、逻辑性、深刻性、稳定性等特征。

一　从教材角度看"数理"

《义务教育数学课程标准(2022年版)》指出,数学是研究数量关系和空间形式的科学。数学源于对现实世界的抽象,通过对数量和数量关系、图形和图形关系的抽象,得到数学的研究对象及其关系;基于抽象结构,通过对研究对象的符号运算、形式推理、模型构建等,形成数学的结论和方法,帮助人们认识、理解和表达现实世界的本质、关系和规律。义务教育阶段数学课程把"数与代数""图形与几何""统计与概率""综合与实践"四个学习领域有层次地分配到各个学段中,并且逐一落实到每个年级段的学习中。可以说,数学是一门系统性、逻辑性很强的学科,各部分知识之间的联系十分紧密。由于篇幅的限制,教材上虽隐去了知识的形成和发展过程,以形式化的表达呈现,但无论是概念的定义、公式的结论,还是法则的发现等,其产生和发展都是有道理的。所以,教师对概念、公式、定理等不能只满足于形式上的理解,更要明白"教什么?"、"怎么教?"和"为什么要这么教?"。因此,掌握教材解读能力是十分重要的。一个教师能否正确解读教材,关系到课程设计、课程组织与实施的准确与否,更关系到教学目标能否落实,教育目的能否达成。

(一)读"厚":刨根问底,探寻前后联系

唯物辩证法指出,世界上的万物都是普遍联系的。教材的设计也是如此。因此,我们要善于分析教材的前后联系,既要"瞻前"也要"顾后",把教材读"厚"。所谓"瞻前",就是要回顾之前所教学的内容,为新知识的学习找到攀登的脚手架或迁移的落脚点;所谓"顾后",就是要放眼于之后要教学的内容,做到教学到位又不越位,为后续内容的教学扫清障碍、埋下伏笔。例如,人教版数学二年级下册"克和千克"一课,它是认识质量单位的起始课。面对这样一节全新型的课,我们可以这样思考:这些知识与生活有没有联系?有怎样的联系?学生已经了解了多少?是通过什么途径了解的?可为后续哪个部分内容的教学做铺垫?与教材对话后我们可以发现:学生在日常生活中或多或少接触过质量问题,对物体的轻重已经有一定的感性认识,需要通过数学的加工整理把感性认识上升为理性认识,让他们懂得用数学语言描述身边物体的质量状态,并能根据实际情况估出物体的质量。此外,质量单位不像长度单位那样直观具体,无法靠眼睛观察到,多是靠肌肉感觉来感知。因此,我们要在课前开展调查活动,在课中加强操作交流,积累学生的活动经验,为三年级学习吨、千克和吨的关系以及质量单位的互相转换打下基础。再如,人教版数学三年级下册"两位数乘两位数"一课,它是在学生已经理解并掌握了多位数乘一位数的笔算乘法的算理和算法的基础上进行教学的。面对这样一节后续型的课,我们可以这样思考:学生已经具备了哪些知识或经验?它新在什么地方?知识的生长点是什么?我们该怎样引导?学生可能会遇到哪些困难?与教材对话后我们可以发现:这节课新在深入讨论"如何用第二个因数中个位、十位上的数字分别去乘第一个因数中的每一位数?"以及"乘得的积该如何对位?"这两个问题。因此,我们可以通过小棒图和竖式、口算和竖式之间的联系,帮助学生理解算理、掌握算法,为后续三位数乘两位数的笔算乘法学习打下基础。

(二)读"透":咬文嚼字,领会编写意图

由于教材篇幅和版面的限制,编者无法将所有意图直白呈现。因此,小学数学教材提供的学习材料有时只是一张情境图或几个小人儿的对话。教师要学会从教材的只言片语中进行分析,领会编者的编写意图,把教材读"透"。例如,人教版数学三年级上册"吨的认识"一课中的例9,在阅读理解中学生已经明确了既可以用载质量8吨的车也可以用载质量6吨的车运煤,既可以同时使用两种车也可以只使用一种车,但是每次运煤的车都必须装满且能恰好运完36吨煤。在分析解答中学生可能会陷入一种混乱的状态,理不清楚头绪。教材上小机器人的提示"可以用列表的方法,把不同的方案都列出来"给出了很好的学法指导,让学生体会到把符合要求的方案一一列举出来是解决这个问题的有效策略。在一、二年级的学习中,学生就接触过用列表法解决问题,但他们在列举时可能会有遗漏。此时,教师应该通过交流反馈,引导学生不重复、不遗漏地进行思考,使学生感受到列表法的有序性和解决问题过程的完整性。再如,人教版数学三年级上册"毫米、分米的认识"一课,教材提示学生"说一说,生活中测量哪些物品一般用毫米作单位"。如果单看这一句话,我们或许只能领会到"测量较小物体的长度、宽度或厚度可用毫米作单位"。但,当我们把这句话跟图片提示语"数学书的厚度不到1厘米,怎么办?"联系在一起的时候,我们又可以领会到"当测量长度不是整厘米或要求量得比较精确时可用毫米作单位"这样的编写意图。

(三)读"深":深入挖掘,把握知识本质

小学数学教材中,概念表述大部分是采用的描述性方法,有些教师就认为小学数学教材中的知识内涵是非常浅显的。实践证明,虽然小学数学教材中没有特别深奥的知识,但要准确把握知识本质也不是一件容易的事。因此,教师必须在进行教学前深入挖掘教材,把握知识本质,把教材读"深"。例如,人教版数学五年级上册"方程的意义"一课,从教材的编排来看,其内容比较简单。若教师只围绕"根据等量关系列出的含有未知数的等式是方程"这一句话反复教学,就会显得既单薄又浅显。可以说,方程承担着从算术思维到代数思维的重任。对学生而言这是一次飞跃,更是一次挑战。方程本身无须经过运算,其本质是用等号将相互等价的两件事情联系起来,表达了题目中最基本的含有未知数的等量关系。要深入理解方程的本质,可以借助天平这一直观载

体,引导学生经历"观察天平状态(平衡)→找出等量关系→用未知数和等号建立方程"的学习过程,使学生较容易得到等量关系并列出相应的方程。但是,天平在生活中并不是随处可见的,如果没有了看得见的天平,那又该怎么办?此时,教师应该联系生活,在学生心中构建一个隐形的天平,以便学生找到等量关系并列出方程。[①]

二 从儿童角度看"学理"

世界上的万事万物都处于普遍联系当中,数学知识也不例外。从小学数学教材编排体系看,教材中的每一个知识点都隶属于某一个知识体系。但在编排时,考虑学生的认知规律,知识点分散在不同的学段里,有时还穿插着其他的数学知识。因此,教师在组织教学时,需要将这些分散的知识结构化,不仅要帮助学生了解知识间的一般联系,更要让他们在此基础上构建认知结构;不仅要让学生通过梳理知识,完善认知结构,还要帮助他们掌握方法,形成思维结构,引导他们将所学的知识进行整体架构,形成完整的知识链,实现知识的同化或强化。[②]

(一)关注整体,让知识成"网"

用整体关联的思想去理解教材,串联并拓展教材内容,将知识间的纵向与横向联系连通起来,将知识点串联成知识链,将知识链编织成知识网。教师可以借助思维导图来推动学生对单元知识的整体把握,引领学生去发现知识之间的关联性和逻辑性,提高学生综合运用知识以及灵活变通的能力。例如,在教学"角的度量"的"整理与复习"时,教师可以课前先引导学生绘制单元思维导图。进行教学时,教师可以引导学生借助思维导图在小组内展开头脑风暴:本单元包含哪几个知识模块?每个模块包含了哪几个知识点?知识点和知识点之间有什么关系?头脑风暴结束后,各小组分别进行汇报,教师伺机进行点拨和指导。图3-2为"角的度量"整理与复习思维导图的示例,通过这样的思维导图整理,学生可以更好地理解本单元的知识脉络和逻辑体系,从而建立起整体学习的思维。

[①] 张雅芬.读"厚"读"透"读"深"——小学数学教材分析策略之我见[J].数学学习与研究,2016(16):153-153.
[②] 张静.小学数学结构化教学的三个维度[J].辽宁教育,2021(9):66-70.

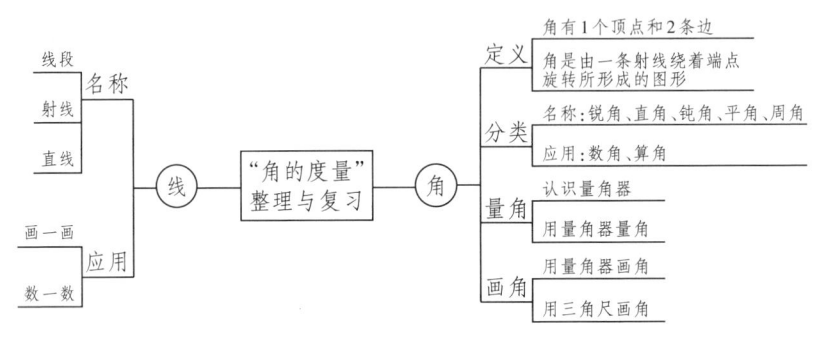

图 3-2 "角的度量"整理与复习思维导图

(二)关注联系,让知识延"续"

在小学数学教学中,教师不仅要透彻理解本课时的教材内容,还要从策略链的视角全面研读教材,把握教材的连续性,掌握新知识的生长点。例如,在教学"圆柱的表面积"一课时,教师可以先让学生回忆圆的面积公式的推导过程,即把圆沿直径切成 n 等分,拼成一个近似长方形的图形,根据圆和近似长方形图形之间的等量关系推导出圆的面积公式为 $s=\pi r^2$。接着,让学生画出圆柱表面展开图,即将圆柱的侧面沿高剪开,得到一个大长方形,把圆柱的两个底圆沿直径平均分成若干等份,分别拼成两个近似长方形的小图形,再把两个近似长方形的小图形拼在一起,变成一个近似长方形的中图形,如图 3-3 所示。已知近似长方形的小图形的长是底圆周长的一半(πr),那么近似长方形的中图形的长就是底圆周长($2\pi r$)。最后把这个近似长方形的中图形和大长方形拼在一起,变成一个更大的新的长方形,它的长是 $2\pi r$,它的宽是圆柱体的高加上圆柱体底圆的半径($r+h$),圆柱的表面面积公式就被推导出来了,即 $s=(2\pi r)\times(r+h)$,经过计算可得 $s=2\pi r^2+2\pi rh$ 或 $s=2\pi r^2+ch$。在此环节中,学生经历了"数"与"形"的转化和解释过程,巧妙地把以前学过的圆的面积知识和圆柱表面积这一知识点串联起来,形成结构化的思维。

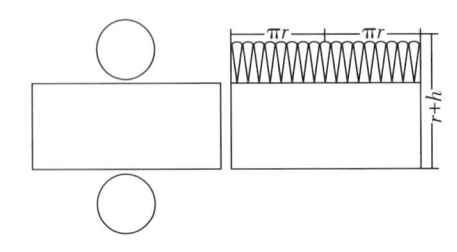

图 3-3 圆柱表面展开图

（三）关注共性，让结构成"系"

学生的经验不仅包括知识经验，还包括方法经验、思维经验等。结构化教学关注方法结构的形成，让学生在学习旧知识时形成的方法迁移到新知识的学习中，使方法在连续使用中扎根生长。例如，在教学"转化"这节课时，教师可以先让学生回忆以前在哪里运用过转化的策略。有的学生说，在学习"异分母分数加减法"时，把异分母分数加减法转化成同分母分数加减法，再进行计算；有的学生说，在学习"小数乘除法"时，把小数乘除法转化成整数乘除法，再进行计算；还有的学生说，在学习"三角形面积的计算"时，把三角形转化成我们已经会计算面积的图形（长方形、正方形或平行四边形），再根据三角形和长方形、正方形或平行四边形之间的等量关系推导出三角形面积的计算公式。学生互相启发，思维被打开，纷纷畅所欲言。此时，教师可引导学生进行思考：为什么要转化？用什么知识转化？怎样转化？这些知识表面看似没有关联，但因为它们所用的策略相同，所以可以进行结构化理解，这有利于学生将转化这一策略理解通透。再如，学习整数的时候，教师分别从"意义"、"运算"和"规律"三个层面来展开教学，同样的教学流程可以迁移到小数和分数知识的教学中。因此，教师在整数教学的过程中，要有意识地引导学生进行整理复习、反思总结，及时建构迁移、对比、分析的学习策略，这样，学生就能借助这样的认知逻辑去学习分数或小数的内容，并通过探究和体验，自主内化结构化的数学知识，由此形成一个相对稳定的认知结构。

三 从教学角度看"教理"

教育是一门科学，也是一门艺术，是有规律可循的。教学是教师引起、维持或促进学生学习的活动，它面向的是鲜活的、富有个性的、认知发展水平各不相同的学生。所谓行教理，是指教师要遵循小学数学教学的道理开展小学数学课堂教学。课堂教学是知行合一的途径，教师是知行合一的主体，行教理就是知行合一的过程。教师可以沿着"教学设计—教学实践—教学反思"这样的流程行教理。其中，教学设计是课堂教学的基础，教学实践是课堂教学的展开，教学反思是优化课堂教学的保障。教师要遵循学生认知发展的规律和教学原则，选择恰当的教学方法，以知识为载体，让学生在"做、想、说"中学习，在活动中明白知识的构建与形成,追寻知识背后所承载的思想方法和价值意义,最终让学生"做得来、想得明、说得清"。[①]

(一)紧扣数学本质,提炼核心问题

美国著名数学家哈尔莫斯(Halmos)指出,问题是数学的心脏。这位数学家言简意赅地点明了数学问题对于数学学习的重要性。核心问题是教学中最重要的问题,它是一节课的课眼,也是一节课的主线,它和学生学习的困惑点、教师钻研教材的着力点、数学思想方法的聚焦点等息息相关,对课堂教学起到"牵一发而动全身"的作用。小学数学教学中核心问题的设置要充分考虑以下几个因素:一要直指数学本质,二要涵盖教学重难点,三要能引发学生深入思考,四要便于学生开展自主学习、探究学习和合作学习。其中,"直指数学本质"表明它具有浓郁的数学味,"涵盖教学重难点"表明它具有明确的目标性,"引发学生深入思考"表明它具有较强的挑战性,"便于学生开展自主学习、探究学习和合作学习"表明它具有适当的开放度。[②]

下面,我将以人教版数学四年级下册"小数的近似数"一课为例谈谈核心问题的设计与实施。这节课是在学生已经可以熟练运用四舍五入法求整数近似数的基础上进行教学的,并由此扩展到小数的领域。这节课需要引导学生结合具体的情境,理解求小数近似数的必要性,掌握求小数近似数的方法,知道"在表示近似数时,小数末尾的0不能去掉"。在教学这部分内容时,大部分教师都会采取自主学习、自主迁移的方法,重"法"的指导,忽视了"理"的解释。经过课后的反馈和测评,我们发现很多学生只知其然,而不知其所以然。基于对教材的解读和对学情的了解,我们可以把该课的核心问题设置为:①为什么可以用四舍五入法求小数的近似数?②保留一位小数时,为什么只看百分位上的数就可以了?③在表示近似数时,小数末尾的0为什么不能去掉?顺着这三个核心问题,这节课的教学就水到渠成了。

【片段一】理解"为什么可以用四舍五入法求小数的近似数"。

由于学生有用四舍五入法求整数近似数的知识基础,因此他们借助自主迁移,掌握求小数的近似数的计算方法并不困难,关键在于理解方法背后的道理。借助数轴,我们可以帮助学生直击问题本质。

[①] 罗鸣亮."说理课堂":走向未来的数学教育[J].福建教育,2021(14):40-42.
[②] 张卫星.提炼数学"核心问题"的四个步骤[J].教学与管理:小学版,2016(6):45-47.

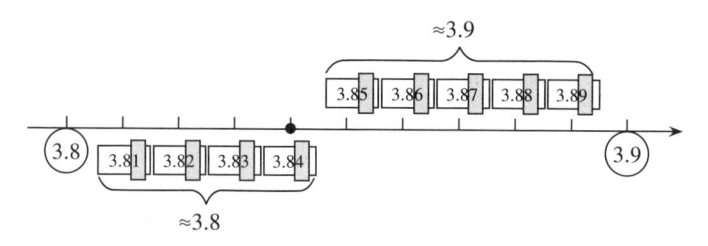

根据小数的意义，学生找到了数轴上3.84所在的位置。学生还发现相较于3.9，3.84距3.8更近一些，所以3.84≈3.8。紧接着，教师追问："你还能找出近似数是3.8的两位小数吗？"学生一下子就找到了3.83、3.82、3.81这几个小数，而且发现了这4个小数百分位上的数都是比5小的数，符合"四舍"的原理。教师接着问："3.89保留一位小数，近似数是多少？为什么？"有了刚才的学习经验，学生会很快明白3.89≈3.9的道理。教师趁热打铁再问："你还能找出近似数是3.9的两位小数吗？"话音刚落，学生就说出了3.86、3.87、3.88这几个小数。那3.85呢？它所在的位置到3.8和3.9的距离是一样的，实际上我们会习惯性地将其往上估，因此得到3.85≈3.9。仔细观察3.86、3.87、3.88、3.89这4个小数，学生发现其百分位上的数都是满5的数，符合"五入"的原理。就在这不断追问、不断思考的过程中，学生明白了用四舍五入法求小数近似数背后的道理了：在数轴上位置接近3.8的数，保留一位小数的近似数都是3.8；位置接近3.9的数，保留一位小数的近似数都是3.9。

【片段二】理解"保留一位小数时，为什么只看百分位上的数就可以了"。

在上一片段中，学生已经明白了用四舍五入法求小数近似数背后的道理。但是，对于"保留一位小数时，为什么只看百分位上的数就可以了"这一问题，学生可能仍然存在疑问。同样，我们可以借助数轴帮助学生化解困惑。

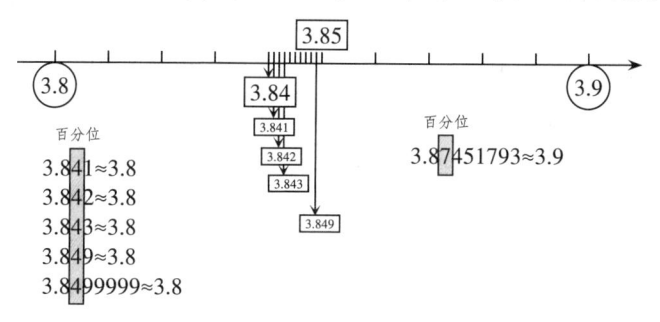

教师可以展示上图，先引导学生找到3.841在数轴上的位置，观察数轴上3.841到3.8和3.9之间的距离。学生发现：3.841离3.8近一些，在保留一位小数时约等于3.8。基于这样的认知经验，教师引导学生在数轴上不断找点，并不断追问:"3.842呢？3.843呢？3.849呢？3.849 9呢？3.849 999 9呢？……"一连串对话下来,学生会发现:这些数只要不超过3.85,它们所在的位置都更接近3.8,在保留一位小数时都约等于3.8。"到底是哪个数位上的数决定了它们在保留一位小数时都约等于3.8呢？"这是关键性的一问,学生通过观察这一组数据发现:是百分位上的4决定的。也就是说,只要百分位上的数是4,不管千分位、万分位上的数是几,这些数在保留一位小数时都约等于3.8。

那如果是3.872 517 93或3.850 000 00呢？学生同样可以借助数轴,发现这两个数距离3.9更近一些,保留一位小数时都约等于3.9。在充分的对话交流中,学生对"保留一位小数时,只看百分位上的数就可以了"这一数学结论便理解到位了。

【片段三】理解"在表示近似数时,小数末尾的0为什么不能去掉"。

为了突破"2.04保留一位小数后到底是2,还是2.0？这个近似数末尾的0到底该不该去掉？"的教学难点,从而理解"保留的小数位数越多,求出的近似数就越精确"这一知识点,在教学时,教师可以展示下图。

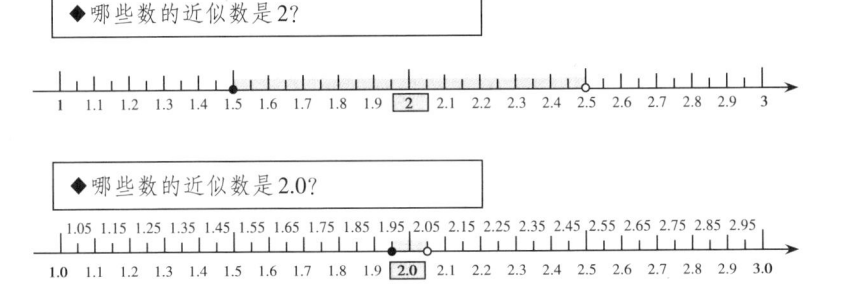

◆哪些数的近似数是2？

◆哪些数的近似数是2.0？

由于数轴体现了数与形的联系,将数与直线上的点建立起了对应关系,从而使抽象的数有"形"可依。借助数轴,教师引导学生在"找一找、圈一圈、画一画、议一议"的活动中,直观感受到近似数是2的取值范围在1.5~2.5(不包括2.5)之间,范围比较大,而近似数是2.0的取值范围在1.95~2.05(不包括2.05)之间,范围比较小。所以,近似数2.0比近似数2的精确度要更高一些。也就是说,保留的小数位数越多,近似数的精确度就越高。正因为如此,在表示小数近似数时,小数末尾的0不能去掉,一旦去掉了小数末尾的0,精确度就发生了变化。这样一来,本课的教学难点就迎刃而解了。

总之,这节课的内容和方法好学,道理难懂。为什么要"四舍"？为什么要"五入"？保留一位小数时,为什么只看百分位上的数就可以了？在表示近似数时,小数末尾的0为什么不能去掉？这一连串的"为什么"是许多课堂没有涉及到的,也是用语言很难表达清楚的。巧借数轴,通过"在数轴上找点→感受数与数之间的距离→观察数的取值范围"一系列活动,引导学生探究知识的本质。直观、形象、科学的数轴,将抽象的问题具体化,将隐性的原理显性化,让学生在对话、交流、碰撞中明白其中蕴含的道理。从问题设计到数轴呈现,从教师的引导到学生的发现,从方法的总结到原理的揭示,每个环节都是精雕细琢的。这样的课堂教学真正做到了由表及里、深刻到位,学生的学习也真正做到了不仅知其然,更知其所以然。[①]

由此可见,小学数学教学核心问题的提炼并非一蹴而就的,它是一个复杂的思维过程,需要实践经验的积累,需要教学智慧的融入,更需要深入浅出的思考。

(二)直面学生需求,创设探究活动

《义务教育数学课程标准(2022年版)》指出,学生的学习应是一个主动的过程,认真听讲、独立思考、动手实践、自主探索、合作交流等是学习数学的重要方式。小学数学课堂教学应遵循课程标准的要求,满足学生求新、求异、求活的心理需求,在小学数学教学中引入各式各样的探究活动,激活课堂教学,促进学生综合能力和数学素养的提升。

下面,我将以人教版数学五年级上册"整数乘法运算律推广到小数"一课为例,谈谈探究活动的设计与实施。这节课是在学生已经掌握了整数的四则混合运算、整数乘法的运算律和简便算法的基础上进行教学的。这节课主要引导学生经历"猜想→验证→得出结论→应用"的过程,理解整数乘法运算律可以推广到小数,能运用整数乘法运算律进行小数乘法的简便计算。课前,通过前测,我们发现看似简单的知识迁移,在学生眼里却可能困难重重。为此,我们直面学生的需求,在这节课中引入两次探究活动。

【第一次探究】理解"整数乘法运算律对小数乘法也适用"。

首先,教师列出25×478×4、65×201这两个算式,让学生拿出计算本,动手算一算。学生很快就给出了答案并阐述运用了哪些运算律,他们能够明确"乘法

---

① 张雅芬.巧借数轴 探其本质——"求小数的近似数"片段赏析[J].数学学习与研究,2015(19):87-87,89.

运算律在整数范围内是适用的"且"在整数范围内应用乘法运算律可以使一些计算变得简便"。这时,教师在这一组算式上分别加上小数点,变成0.25×4.78×4、0.65×201,问学生:"瞧,整数乘法变成了小数乘法,你准备怎样计算?"学生会不假思索地回答出自己的想法,即利用整数乘法运算律进行简算。或许还有学生会联想到之前在四年级学过的将整数加法运算律推广到小数,于是大胆猜测"整数乘法运算律也可以推广到小数"。紧接着,教师可以出示以下三组算式:0.7×1.2○1.2×0.7、(0.8×0.5)×0.4○0.8×(0.5×0.4)、(2.4+3.6)×0.5○2.4×0.5+3.6×0.5。教师可以让学生与同桌合作,一个计算○左边的算式,另一个计算○右边的算式,再交流每组算式的两个计算结果,看看有什么发现。在计算、对比、观察中,学生发现这三组算式左右两边的计算结果都是相等的。与此同时,教师还可以引导学生列举出大量的例子,如:1.25×6+1.25×2○1.25×(6+2)、2.5×0.7×2○2.5×2×0.7……在不完全归纳中,学生得出了结论"整数乘法运算律对于小数乘法也适用"。在这次探究中,学生经历了"猜想→验证→得出结论"的过程,参与度高,学习效果好。

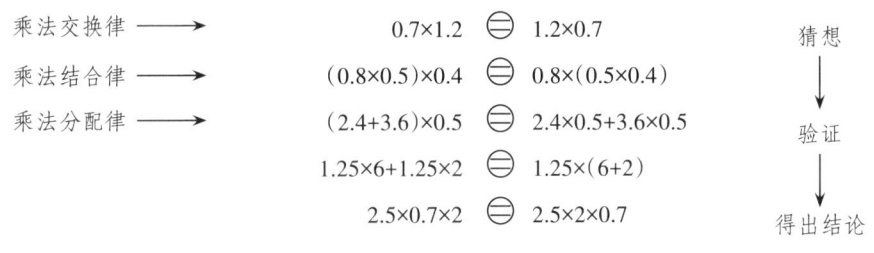

乘法交换律 ⟶　　　0.7×1.2　⊖　1.2×0.7　　　　猜想

乘法结合律 ⟶　(0.8×0.5)×0.4　⊖　0.8×(0.5×0.4)　　↓

乘法分配律 ⟶　(2.4+3.6)×0.5　⊖　2.4×0.5+3.6×0.5　验证

　　　　　　　1.25×6+1.25×2　⊖　1.25×(6+2)　　　↓

　　　　　　　　2.5×0.7×2　⊖　2.5×2×0.7　　　得出结论

　　　　　　　　　　……

【第二次探究】理解"应用乘法运算律,可以使一些小数乘法的计算更简便"。

首先,教师引导学生回到0.25×4.78×4、0.65×201这两个算式中来,让他们拿出计算本再次计算。此时,学生算得又快又好。他们尝试用整数乘法运算律进行简便计算,第一个算式用上了乘法交换律和结合律,第二个算式用上了乘法分配律。接着,教师可以让学生说一说,为什么可以这样计算,以突出观察数据的重要性,如第一个算式中0.25×4刚好等于1,1×4.78=4.78,这样算又快又好。第二个算式的201可以拆成(200+1),使用乘法分配律,就可以把它转换成"小数乘整百数"和"小数乘1",算出结果后再相加。此时,教师可以温柔地提醒学生再想想,像0.25×4=1这样可以帮助我们简算的例子还有哪些。比如2.5×0.4=1、2.5×4=10、0.125×8=1、1.25×8=10、12.5×8=100……仔细观察这些例子中的数据,学生会惊喜地发现:原来它们都是由25×4和125×8演变而来的,因为有了小数点的参与,它们变得更加灵活多变了。最后,教师引导学生再举一些这样的例子,小组之间互赏好题。

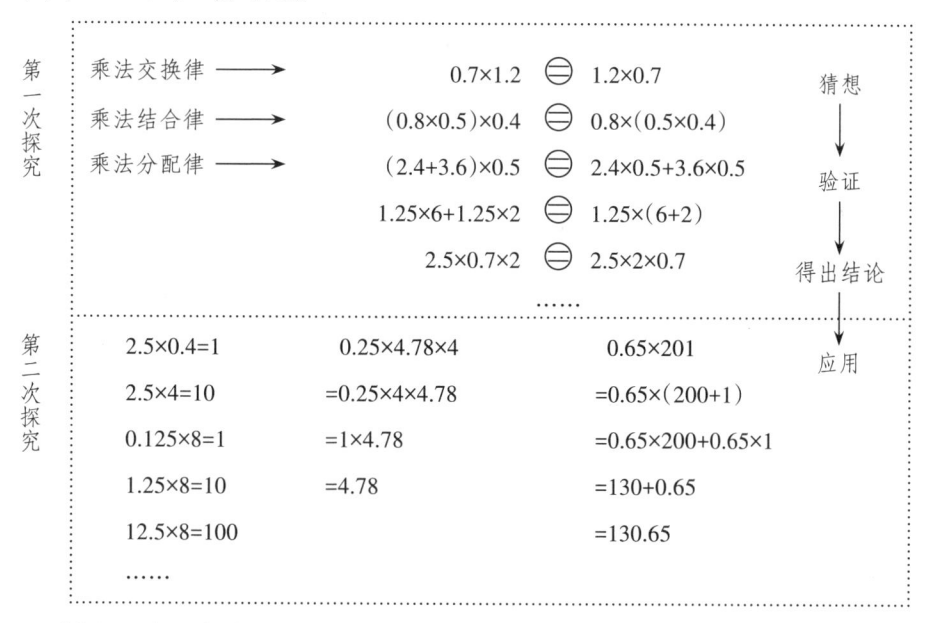

第一次探究	乘法交换律 →	0.7×1.2 ═ 1.2×0.7	猜想
	乘法结合律 →	(0.8×0.5)×0.4 ═ 0.8×(0.5×0.4)	↓
	乘法分配律 →	(2.4+3.6)×0.5 ═ 2.4×0.5+3.6×0.5	验证
		1.25×6+1.25×2 ═ 1.25×(6+2)	↓
		2.5×0.7×2 ═ 2.5×2×0.7	得出结论
		……	
第二次探究	2.5×0.4=1	0.25×4.78×4 0.65×201	应用
	2.5×4=10	=0.25×4×4.78 =0.65×(200+1)	
	0.125×8=1	=1×4.78 =0.65×200+0.65×1	
	1.25×8=10	=4.78 =130+0.65	
	12.5×8=100	=130.65	
	……		

授人以鱼不如授人以渔。作为小学数学教师,我们不能只将知识"给"学生,而应该引导学生自主探究、自主构建,发展能力、提升自信,为以后的学习奠定坚实的基础。

(三)立足核心素养,关注数学语言表达

《义务教育数学课程标准(2022年版)》指出,数学为人们提供了一种描述与交流现实世界的表达方式。通过数学的语言,我们可以简约、精确地描述自然现象、科学情境和日常生活中的数量关系与空间形式;能够在现实生活与其他学科中构建普适的数学模型,表达和解决问题;能够理解数据的意义与价值,会用数据的分析结果解释和预测不确定现象,形成合理的判断或决策;能够形成数学的表达与交流能力,发展应用意识与实践能力。可见,数学语言表达在小学数学教学中有着举足轻重的地位,培养学生的数学语言表达素养是当下数学教学的必然追求。

华东师范大学教授钟启泉认为,数学学科中的表达是指以一种可以传递给他人的形式,将自己内化的知识或内容外化表现出来。"表达"是学生能用自

己的语言从不同角度、不同侧面来阐述看法或发表意见。依据表达方式的不同,可以分为口头表达和书面表达两种。学生数学语言表达的培养是一个漫长的过程,需要教师根据学生的年龄特点和认知规律有意识、有计划、分阶段地进行训练。

1.口头表达:在言说中发展学生的核心素养

(1)营造氛围,让学生敢表达。

小学生是发展中的人,生理和心理都还不成熟,他们的学习容易受到外部环境的影响。教师可以引导学生在一个和谐、平等、民主的课堂环境中学习,通过创设良好的同桌交流、小组交流、全班共享等表达平台,调动学生的表达意愿,从而让学生产生一种乐于表达的心理倾向。如:当学生上台分享的时候,他向全班同学发出邀约"同学们,坐正,眼睛看过来,听我说",然后再开始他的分享。此时,同学们的目光都会汇聚到他身上,他的内心会产生极大的安全感和满足感,从而开始滔滔不绝地分享。座位上的同学们专注地听,并提出自己不同的观点,思维开始碰撞,表达的欲望会越来越强。

(2)提供支架,让学生会表达。

课堂上,教师可以围绕核心问题搭建语言支架,促进学生数学语言表达能力的提高。以语言支架内容为标准,它可以分为学习策略类、学科知识类、元认知类;以语言支架在课堂教学中的出现时间,可以分为前语言支架、中语言支架、后语言支架。语言支架的搭建,有利于学生的学习从理解、应用层面深入到综合分析层面,为深度学习奠定基础。如:在教学"14×12=?"时,教师可以引导学生用语言支架"把12分成2和10,先算2×14=28,再算10×14=140,最后再算28+140=168"来理解其中的算理。再如:在教学"把一张长12分米、宽8分米的长方形彩纸剪成边长为2分米的小正方形,一共能剪出多少个?"时,教师可以用"先分别算出长方形彩纸和小正方形的面积,再用长方形彩纸的面积除以小正方形的面积求出小正方形的个数"或"先看长方形彩纸的长和宽分别能剪出几个小正方形,再用乘法算出小正方形的个数"这样的语言支架来帮助学生理解这道题的两种算法。

(3)积累词汇,让学生善表达。

课堂上,教师希望学生能合理地整理语言,循序渐进地讲解知识,使富有条理的信息传递给同伴,能在进行数学语言表达时做到心中有数,言之成理。那如何才能科学和准确地传递数学信息呢？词汇的积累对数学语言表达十分关键。如"除尽"与"整除"、"除以"与"除"、"最多"与"最少"都只是一字之差，意思却完全不同。再如，当学生在判断"一个图形的面积是1平方分米，那么这个图形一定是边长为1分米的正方形"这句话的时候，常常会感到困惑。因为学生在学习1平方分米这个面积单位的时候，教师可能是这样表达的："边长为1分米的正方形，它的面积是1平方分米。"但当我们把这句话反过来表达的时候需要特别注意它的科学性，否则就容易存在问题。正确的表达应为："一个图形的面积是1平方分米，那么这个图形可能是边长为1分米的正方形。"为了帮助学生积累更多正确、规范的数学语言表达词汇，教师可以鼓励学生通过数学阅读的方式，丰富数学语言体系，完善数学语言表达。数学阅读时，教师要引导学生字斟句酌、咬文嚼字，仔细揣摩每一个字、每一个符号的含义，做到心中有数、融会贯通。

(4)评价激励，让学生乐表达。

小学生年龄小，得到表扬和鼓励时，他们会更加投入，一次比一次乐于表达。因此，教师可以通过创设"部落打卡"等活动，引导学生投入其中。具体评价可以设置为：课上发言的学生加1分、发言正确的学生加2分、发言不仅正确还精练的学生加3分。其次，教师还可以依托工作室开展"理说数学"析题活动，当学生的析题视频在平台上传播的时候，他们的积极性被充分调动，从以前不想说、不爱说、不敢说、不能说到"说"犹未尽。

2.书面表达：在表征中发展学生的核心素养

(1)学会模仿，让表达更加规范。

在平时的教学中，我们发现学生在进行书面表达时，常常会出现这样三种情况：解题过程过于简单，不能组织恰当的语言文字进行有效的说明；不能准确地驾驭数学语言，答非所问；叙述繁冗欠简明，啰啰嗦嗦。针对这些问题，教师的示范可以起到很好的引导作用。教师在通过板书进行书面表达的示范时，首先要注重板书设计的完整性和规范性，其次要注重板书布局的合理性和美观性。在教学过程中，教师一边讲解一边板书，讲解结束，板书也跟着结束。这一过程其实就是学生完整解题过程的呈现，学生在进行书面语言表达时，会有意识地模仿教师，按照表达的逻辑顺序呈现解题的过程。

【示例】题目：学校假日小队组织42人到永定土楼开展实践活动，其中，老师有3人,学生有39人,怎样买票更划算?

解题的时候,首先要进行分类讨论,把买票的情况分成三种,分别进行列式计算。具体如下:

分开买:3×80+39×38=1 722(元)

团体买:(3+39)×50=2 100(元)

混合买:(3+7)×50+(39-7)×38=1 716(元)

票 价
成人票:80元/人
学生票:38元/人
团体票(10人及以上):50元/人

最后通过比较1 716<1 722<2 100,可以得知7位学生和3位老师一起买团体票,剩余的32位学生买学生票最划算了。

在示范中,教师把解题过程规范起来,围绕基本的答题要求、解题步骤、书写格式等进行语言表达,有助于提高学生的数学文字表达能力。

(2)个性思考,让表达富有创意。

教师在进行书面表达的时候,要注意根据题目的内容采用不同的解题方式,引导学生将解题思维过程外显出来,让表达富有创意。

【示例】题目:付老师带480元去商店买排球,发现排球的价格比35元贵。买了12个排球后,钱还没有花完。请问:排球的价格可能是多少?(注:排球的价格为整数。)

当学生看到这道题的时候,可能会一头雾水,该怎么解决呢?我们可以引导学生从已知信息"排球的价格比35元贵"和"买了12个排球后,钱还没有花完"入手,采用列举法进行解题,即列举:36×12=432(元)、37×12=444(元)、38×12=456(元)、39×12=468(元)。这四个价格都比480少,满足"钱还没有花完"这个信息。因此,排球的价格可能是36元、37元、38元、39元。当然,我们也可以先假设480元买了12个排球后钱都花完了,再用说理法进行解题,即:480÷12=40(元)。结合题目中的信息"排球的价格比35元贵""买了12个排球后,钱还没有花完",所以排球的价格比40元少,比35元多,因此,排球的价格可能是36元、37元、38元、39元。

(3)及时总结,让表达变得深刻。

教师还需要引导学生及时进行总结,让数学语言表达变得深刻。

【示例】题目1:在方格纸中画出周长为12 cm的所有长方形和正方形,并分别计算出它们的面积。

我们可以先引导学生在方格纸上画图表示(图1),再分别计算出它们的面积,最后进行比较。学生总结时发现:周长相等的长方形和正方形中,正方形的面积最大。

题目2:在方格纸中画出面积为16 cm²的所有长方形和正方形,并分别计算出它们的周长。

我们可以先引导学生在方格纸上画图表示(图2),再分别计算出它们的周长,最后进行比较。学生总结时发现:面积相等的长方形和正方形中,正方形的周长最短。

至此,这两道题已经解出了。但我们还可以再引导学生仔细观察这两道题中的长方形和正方形,先比较它们的邻边长度,再比较它们的面积和周长。在观察和比较中,学生的思路打开了:长方形的邻边长度越接近,它的面积越大,周长越短。

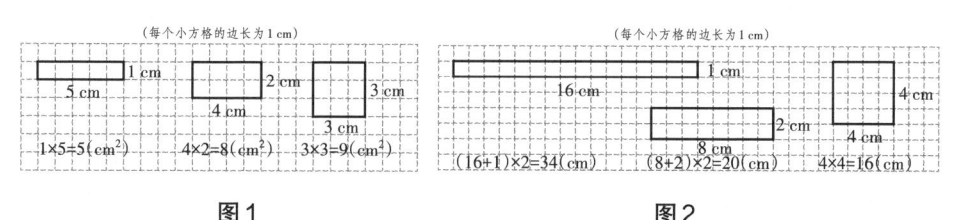

图1 (每个小方格的边长为1 cm)
1×5=5(cm²)　4×2=8(cm²)　3×3=9(cm²)

图2 (每个小方格的边长为1 cm)
(16+1)×2=34(cm)　(8+2)×2=20(cm)　4×4=16(cm)

总之,在培养小学生的数学核心素养方面,数学语言表达是一个重要的实践范式。提升数学语言表达可以优化课堂教学,推进深度学习,提高数学素养,从而达到改善学与教的生态的目标。教师可以通过口头表达和书面表达的练习,帮助学生不断深化对数学知识的理解,强化对数学技能的掌握,学会呈现数学思维过程或解题思路,让学生的数学核心素养落地。[1]

---

[1] 张雅芬.数学语言表达素养培育的实践价值、运行机理与操作策略[J].辽宁教育,2024(5):76-79.

第三节 小学数学课堂教学中的"情理共生"

"情理"是指众人所认同的事物发展规律或所约定俗成的处事法则。"共生",原为生物学概念,指不同种类的生物共同生活的现象。透过生物共生现象,人们认识到共生是人类之间以及人与自然之间形成的一种相互依存、和谐、统一的命运关系。于是,哲学、社会学等领域也开始关注共生效应。共生效应是指一定的参照群体中的人们,在日常的劳动、工作和学习中,受到群体中成员的智慧、能力及以往的劳动成果的影响,在思维上获得启发,能力水平得到有效提高的现象。这种影响在群体成员之间是相互的、潜移默化的,它是发展与发挥个人潜能的社会激发因素之一。[1]在教育中,共生效应也是一股强大的力量。

"情理共生"的小学数学课堂教学主张是指学生在参与数学活动的过程中,所产生的"情"的体验与其所获得的"理"的认知互相促进,和谐生长。"情理共生"的小学数学课堂教学以情感为纽带、以思维为核心、以理性为精神,要求教师通过智慧的教学方式将抽象的、枯燥的数学演绎成学生感兴趣的、可以接受又不失数学本真的形式,展示给学生,并在教学中找到"情"和"理"之间的平衡点,让课堂既有温度,又有高度,还有深度。

一 创设有温度的情境,引发积极情绪

新课程改革以来,情境这一概念受到了普遍关注,创设情境成为广大一线教师课堂教学的基本策略。但在实践过程中,小学数学教学情境出现了形式化、简单化、成人化等诸多问题。在《义务教育数学课程标准(2022年版)》中,情境作为一个高频词,共出现172次,较2011年版、2001年版(实验稿)数学课程标准中的64次、62次明显增多。在《义务教育数学课程标准(2022年版)》中,与"情境"搭配组合而成的常见词语有生活情境、实际情境、现实情境、问题情境、

---

[1] 邓伟志.社会学辞典[M].上海:上海辞书出版社,2009:272-273.

真实情境(包括"真实的情境")、具体情境(包括"具体的情境")等,这构成了对小学数学教学情境的约束与界定。①

从整体来看,2001年版(实验稿)、2011年版、2022年版数学课程标准对情境的重视程度不断增强,具体情境、生活情境、实际情境、现实情境、真实情境等词义虽有差异,但又都指向"三会"核心素养中的"现实世界"。《义务教育数学课程标准(2022年版)》对"真实情境"尤为强调。如,在课程理念中指出"引导学生在真实情境中发现问题和提出问题";在核心素养的主要表现及其内涵中提出"能够在真实情境中理解数的意义""能在简单的真实情境中进行合理估算""会针对真实情境选择合适的度量单位进行度量"等;在课程实施中点明"注重创设真实情境",又详细交代"真实情境创设可从社会生活、科学和学生已有数学经验等方面入手,围绕教学任务,选择贴近学生生活经验、符合学生年龄特点和认知加工特点的素材"。这回应了过去教学情境中存在的一些问题。

知识往往是在情境中产生和发展的,是在情境中迁移和应用的。因此,在教学中积极创设有温度的、有意义的、有应用价值的情境,不仅是构建学生基础知识体系的有效方法,也是提升学生学习能力的必要要求。情境的创设有利于建立知识与经验之间的联系,激发学生的学习动机,增强探究欲望,使学生的学习从被动走向主动,从而提高课堂效率;有利于培养学生获取信息、整合信息、应用信息和分析解决问题的能力;有利于开展学生小组合作探究交流活动,培养学生的探索精神和创新精神,使学生从封闭走向开放。为了确保情境的真实性和有效性,教师应做到以下三点:第一,将学习任务置于具体的、真实的情境中,把情境与学习任务关联起来,更好地激发学生主动学习的兴趣,驱动其进行整合性学习;第二,以情境的设置来限定一个思考范围与边界,推动学生的思维向深度延展;第三,在真实的、具体的情境中,让学生的语言表达有依托,使其语言表达有靶向。

教学中,教师可以通过创设有温度的数学问题情境,使学生产生积极的情感并投入数学思考中,借助情境,加深对数学的理解,感受数学的价值,完成主要的学习任务。首先,我们可以遵循趣味性、数学性、思考性相结合的原则创设情境,激发学生以"乐学"的态度参与到学习中;其次,创设的情境要有数学味,要紧紧围绕数学学习任务的重难点展开;最后,创设的情境中所包含的学习任

---

① 仲崇恒.新课标视域下小学数学教学情境的理解及改造[J].小学教学设计,2023(8):21-25.

务和核心问题要有一定的思维空间与思维深度,这样才能激发学生"跳一跳,可以达到最近发展区"的数学思维。根据学习任务的不同,我们可以创设五种类型的情境:生活展现、故事描述、实物演示、游戏体验、文史再现。下面,我们来看看几个具体的教学案例。

◆**案例1:人教版数学三年级下册"24时计时法"(生活展现)**

教师展示一个钟面,问:这是几时?(4时)

师:猜猜看,平时这个时间,老师可能在做什么呢?

生1:我猜,老师可能在教室里上课。

生2:我猜,老师可能在办公室里备课。

生3:我猜,老师可能在办公室里批改作业。

师:大家都猜老师在工作,事实上是不是这样呢?我们一起来看看吧。(展示老师正在睡觉的画面)咦,这是怎么回事儿?

生4:我知道了!可能是星期六或星期天,所以老师在睡觉。(学生笑)

师:可是实际上,每天的这个时间,老师都在睡觉呀!

生5:我明白了,这是凌晨的4时,所以老师在睡觉。

师:一开始你们认为的4时是什么时候的4时呀?(下午的)而图片上的4时是什么时候的4时呀?(凌晨的)一天中还有不同的4时吗?共有几个4时呀?

生6:一天中有两个4时,一个是下午的4时,一个是凌晨的4时。

> 一天中有两个4时:
> 下午4:00(上课、备课、改作业……)
> 凌晨4:00(睡觉)

[评析]联系教师和学生的生活实际,以生活事例作为教学的切入点,巧妙的情境设置让学生在短短的时间内产生认知冲突。一方面可以激发学生的好奇心和求知欲;另一方面可以让学生直观感受到生活中准确表示时间的重要性,然后生动地引入新课。

◆**案例2:人教版数学四年级下册"小数点移动引起小数大小的变化"(故事描述)**

师:同学们,奇妙的数学王国里每天都有许多新奇、有趣味的事情。(老师开始讲故事)

师:有一天,小数点跑到森林里玩儿,它看见山羊伯伯开了一家快餐店。为了方便小动物们就餐,山羊伯伯把每份快餐100.00元清清楚楚地写在门前的广告牌上。山羊伯伯做起了发财的美梦,可是一连十几天过去了,一个客人也没有。山羊伯伯正坐在门前发愁呢！小数点看了看、想了想,决定要搬家,它想帮助山羊伯伯走出困境。

师:于是,小数点轻轻向左一跳,每份快餐的价格从原来的100.00元变成了10.000元。这时,陆陆续续有小动物来吃饭了,山羊伯伯露出了久违的笑容。

师:小数点很高兴,于是又向左跳了一位,每份快餐的价格变成了1.000 0元。这下可不得了了,来就餐的小动物都快把快餐店的门挤破了。

师:同学们,故事讲完了。从这个故事中你了解到了哪些数学信息?

生1:我知道小数点搬家,每份快餐的价格从原来的100.00元变成了10.000元,后来又变成了1.000 0元,越来越便宜了。

生2:我知道小数点为什么要搬家了,它搬家了,快餐的价格就低了,就吸引来了很多顾客。

生3:我发现小数点的位置发生变化后,数的大小也发生了变化。

师:仔细观察,小数点的位置有什么变化?

生4:小数点向左移动了。

师:小数点每向左移动一位,价格由多少变成了多少?(从100元变成了10元,又变成了1元。)

师:小数点向左搬家,越搬价格越低;那如果向右搬家,价格又会发生什么变化?小数点搬家和小数的大小变化之间存在着什么联系?这节课我们将一起来探究。(板书课题"小数点移动引起小数大小的变化")

```
100.00元  ⟶  10.000元  ⟶  1.000 0元
100元     ⟶  10元      ⟶  1元
```

[评析]当有趣的故事遇上学生已有的生活经验,这样的情境创设能够让学生做到"脑动、口动、情动",寓教于乐,让学生在积极、轻松的氛围中一边听故事、一边思考,为学生后面学习新的内容建立了很好的心理状态和认知基础。

◆案例3:人教版数学四年级下册"三角形的特性"——"三角形的三边关系"(实物演示)

师:同学们,从你们家到学校,有几条路可以走?你们会选择走哪条路呢?(走最近的路)小丽家到学校有两条路,你们瞧。

师：你们能为小丽选择一条最近的路去学校吗？哪一条？为什么不选经过银行的那条呢？(学生回答)

师：哦，生活经验告诉你们，直接去学校比较快，对吗？(学生回答)

师：这位同学的意思是这两条路刚好是一个三角形，上面的两条边加起来会比第三条边更长。你们也是这种感觉吗？嗯，老师把这个猜想先记下来。(板书：三角形两边之和大于第三边？)

师：这只是我们通过生活经验得到的猜想，那么这个猜想成不成立呢？在三角形的三条边里还藏着怎样的奥秘呢？这节课，我们就一起来学习三角形的三边关系。(板书课题"三角形的三边关系")

师：怎样才能知道这个猜想成不成立？(学生回答)哦，要进行验证是吗？好。老师准备了两根小棒，一根7厘米，一根9厘米，上面都按整厘米标上了刻度。请你们用这两根小棒搭三角形，来验证一下我们的猜想。

生1：不能搭，三角形有三条边，而这儿只有两根小棒。

师：那怎么办呢？大家帮忙想想办法。

生2：我们可以把其中一根小棒剪开，这样就可以得到三根小棒，就可以搭三角形了。

师：那请同学们与同桌相互合作，选择一根小棒，按照整的厘米剪开，然后和另一根小棒一起搭三角形。如果能搭成，看它是不是符合我们的猜想。如果搭不成，请你们想想原因是什么。同桌合作，开始。(学生实物操作)

师：刚刚选择剪7厘米小棒的同学，你们搭成三角形了吗？谁来说一说？

生3：我把7厘米的小棒剪开，3根小棒分别为1厘米、6厘米、9厘米，搭不成三角形(图1)。

生4：我把7厘米的小棒剪开，3根小棒分别为2厘米、5厘米、9厘米，搭不成三角形(图2)。

生5：我把7厘米的小棒剪开，3根小棒分别为3厘米、4厘米、9厘米，搭不成三角形(图3)。

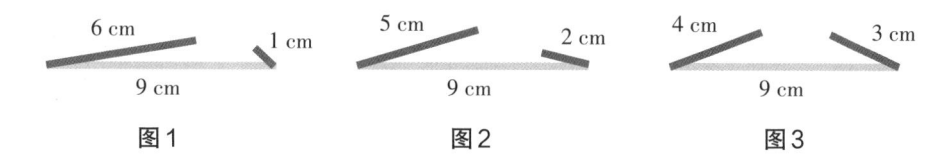

6 cm　　　　1 cm	5 cm　　　　2 cm	4 cm　　　　3 cm
9 cm	9 cm	9 cm
图1	图2	图3

师：把7厘米的小棒剪开，除了上面这三种情况，还有其他情况吗？（没有）请同学们思考下，为什么这些剪法都搭不成三角形呢？

生6：因为他们都是将7厘米的这根小棒剪成两段，再去和9厘米的小棒一起搭三角形的。又因为7厘米小于9厘米，所以才搭不出三角形。

师：看来，如果两根小棒的长度之和小于第三根小棒的长度，三角形是搭不起来的。刚刚的操作符合了我们的猜想。选择剪9厘米的小棒的同学，你们搭出什么结果了呢？

生7：我把9厘米的小棒剪开，3根小棒分别为4厘米、5厘米、7厘米，能搭成三角形（图4）。

生8：我把9厘米的小棒剪开，3根小棒分别为3厘米、6厘米、7厘米，能搭成三角形（图5）。

生9：我把9厘米的小棒剪开，3根小棒分别为2厘米、7厘米、7厘米，能搭成三角形（图6）。

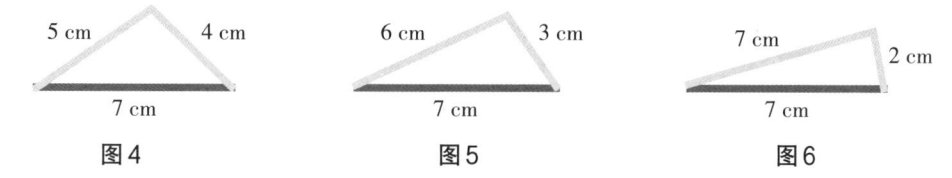

5 cm　　4 cm	6 cm　　3 cm	7 cm　　2 cm
7 cm	7 cm	7 cm
图4	图5	图6

生10：如果我把9厘米的小棒剪开，3根小棒分别为1厘米、8厘米、7厘米，也能搭成三角形。

生11：我不同意，因为我就是这样剪的，但我搭不成三角形。

师：看来，这种得到1厘米、8厘米、7厘米的三根小棒的剪法，引出了两种不同的意见，到底能不能搭成，我们各派一个代表上台演示一下。（学生演示）

师：搭成了吗？哦，好像是拱起来一点点了。（学生发表意见）你的意思是一边的端点没有连在一起。你的意思是小棒太粗了，操作起来可能有误差。是这样吗？那我们来想象一下。这儿有一根小棒，是8厘米，这儿有两根小棒，一根1厘米，一根7厘米（图7）。

师：想象一下，把这两根小棒往下，再往下，再往下，再往下……（声音逐渐变轻),会怎样?会和8厘米的小棒完全重合吗?为什么?

生12:会完全重合,因为1厘米加7厘米等于8厘米。

师:嗯,你们刚才想象的过程是这样的吗?请看课件演示。(播放课件)

图7　　　　　　　　　　　　　图8

师:果然搭不成,我们把9厘米的小棒剪开,这1厘米加8厘米等于9厘米,不是大于7厘米吗?为什么搭不成?难道我们的猜想不对?

生13:虽然1+8>7,但是1+7=8,并没有满足"两边之和大于第三边"这一猜想。

师:这么说,只用其中两条边的和与第三条边比,还不够。要每两条边的和都比第三条边大,才能搭成三角形。大家想想,我们的猜想需要加上一个词,加任何、任意,可以吗?(板书:三角形任意两边之和大于第三边)

师:那我们继续验证。把每两条边的和都相加,再和第三条边进行比较。为了方便你们记录,老师把三角形的三条边分别叫作a边、b边、c边。(学生自主完成验证)

搭建情况	a	b	c	a+b	a+c	b+c	结果
	1	6	9	1+6<9	1+9>6	6+9>1	不成
	2	5	9	2+5<9	2+9>5	5+9>2	不成
	3	4	9	3+4<9	3+9>4	4+9>3	不成
	4	5	7	4+5>7	4+7>5	5+7>4	成
	3	6	7	3+6>7	3+7>6	6+7>3	成
	2	7	7	2+7>7	2+7>7	7+7>2	成
	1	7	8	1+7=8	1+8>7	8+7>1	不成

师:通过进一步验证,你们有什么发现吗?

生14:我发现,必须任意两边之和大于第三边,才能搭成三角形。

生15:我发现,只要是较短两边之和大于第三边,就一定能搭成三角形。

师:同学们,你们真的太棒了! 为什么只要把较短的两边之和与第三边比较就可以了呢?

生16:哦! 如果较短的两边之和大于第三边,那么第三边要么等于、要么大于较短的一边,它们的和一定会大于较短的另一边,所以就不用比较了。

师:这个方法太巧妙了,老师赶快把它记录下来。(板书:三角形的较短两边之和大于第三边)

师:不过,同学们,我们刚刚只用了7厘米和9厘米的小棒来试验,有说服力吗? 你们觉得还要怎样?(用更多的三角形来验证。)现在,请你们每个人任意画一个三角形,量出三条边的长度,再算一算,看是否符合我们的猜想。

[评析]当学习任务中的数学知识抽象,或者思维过程复杂时,可在实物演示的情境中,让学生以化繁为简、化抽象为直观的方法解决问题,这有助于加深学生对数学知识的理解。

◆**案例4:人教版数学五年级上册"可能性"(游戏体验)**

师:同学们,你们玩过"剪刀、石头、布"的游戏吗? 今天我们和计算机来一场人机大战,你们敢接受挑战吗?(进行"剪刀、石头、布"游戏)

师:如果再来一次,他们(它)还一定赢吗? 结果又会怎样呢?

师:其实这小小的游戏中隐藏着数学知识,今天这节课我们就一起来研究"可能性"。(板书课题"可能性")

师:让我们的研究先从放球开始。(展示红球●和白球○若干个)如果让你往袋子里放两个球,你打算怎样放?

生1:有三种情况,第一种情况是放一个白球和一个红球(○●),第二种情况是放两个白球(○○),第三种情况是放两个红球(●●)。

师:我们先来研究第一种情况(○●),如果把它们放在一个不透明的袋子里,任意拿一个球,猜一猜,结果会怎样。拿出的球要放回袋子里后,再进行下一次的拿球。(出示活动要求,学生小组活动,教师巡视指导)

师:仔细观察每组的拿球情况,说说你的体会。

```
第1组：○、●、○、○、●、○、○、●、●、○
第2组：●、●、○、○、○、○、●、○、●、●
第3组：●、●、○、○、●、○、●、○、●、○
第4组：○、●、○、●、●、○、●、○、●、●
第5组：●、●、○、●、●、○、●、○、●、○
第6组：○、●、○、○、●、●、○、●、●、○
```

师：以第2组为例，最后三次都拿到了红球。如果再拿一次，可能会拿到什么颜色的球呢？继续拿下去，第200次呢？

生2：任意拿一个球，两种颜色的球都有可能拿到。

生3：任意拿一个球，可能是红球，也可能是白球。

师：是啊，每次都可能拿出红球，也可能拿出白球；后一次的拿球结果与前一次是没有关系的，任意拿一次，都有两种可能。

师：接着，我们分小组来研究第二种（○○）和第三种（●●）情况。第1、2、3组研究第二种情况，第4、5、6组研究第三种情况，活动开始。（再次出示活动要求，学生小组活动，教师巡视指导）

```
第1组：○、○、○、○、○、○、○、○、○、○
第2组：○、○、○、○、○、○、○、○、○、○
第3组：○、○、○、○、○、○、○、○、○、○
第4组：●、●、●、●、●、●、●、●、●、●
第5组：●、●、●、●、●、●、●、●、●、●
第6组：●、●、●、●、●、●、●、●、●、●
```

师：你们发现了什么？

生4：两个白球（○○），任意拿一个球，一定是白球。

生5：两个红球（●●），任意拿一个球，一定是红球。

师：两个白球（○○），任意拿一个球，一定是白球。那有可能拿到红球吗？（不可能）两个红球（●●），任意拿一个球，一定是红球。那有可能拿到白球吗？（不可能）

师：看来，"一定"的背后还隐藏着"不可能"。

[评析]游戏体验情境是最受学生欢迎的学习情境之一，不但贴合小学生好奇、好动、好玩、好胜的天性，还能让学生以极高的学习热情参与到数学学习中来，快乐地完成学习任务。导入环节的"剪刀、石头、布"游戏背后蕴含着随机事件发生的可能性，而拿球游戏能很好地帮助学生在随机事件和确定事件的比较中充分感受简单的随机现象。

◆**案例5：人教版数学五年级上册"梯形的面积"（文史再现）**

师：同学们，请看教材情境图（图1），汽车的车窗玻璃可以看成什么形状？（梯形）

车窗玻璃的形状是梯形，怎样计算它的面积？

你能用学过的方法推导出梯形的面积计算公式吗？

图1

师：我们先来回顾一下，梯形的特征和各部分的名称是什么。

生1：梯形中，一组互相平行的对边分别是梯形的上底和下底。

生2：梯形中，另外两条不平行的边是梯形的腰。

生3：梯形中，上底和下底之间的垂线段是梯形的高。

师：要想知道一块车窗玻璃的大小，就要求它的什么？（面积）今天这节课我们就一起来研究梯形的面积计算公式及其推导过程。

师：现在请小组长拿出学具袋，按照活动要求，四人小组开始活动。（学生小组合作探究，教师巡视指导并收集学生的作品）

活动要求：
(1)操作：自主选择材料（学具袋里有各种各样的梯形），动手剪、拼、画。
(2)推导：说一说梯形面积计算公式的推导过程，可以使用多种方法。

方法1（倍拼法）：用两个完全一样的梯形拼成一个平行四边形，平行四边形的底等于梯形的上底加下底，平行四边形的高等于梯形的高。因为平行四边形的面积=底×高，所以梯形的面积=（上底+下底）×高÷2（图2）。

方法2（分割法）：把梯形分割成两个三角形，梯形的面积就等于这两个三角形的面积之和。①号三角形的面积=上底×高÷2，②号三角形的面积=下底×高÷2，两个三角形面积相加后利用乘法分配律可以得到梯形的面积=（上底+下底）×高÷2（图3）。

方法3（割补法）：先将梯形沿两腰中点的连线剪开，把梯形分割成上、下两部分，再把上面的小梯形绕着中点 O 顺时针旋转180°，和下面的梯形拼成一个平行四边形。平行四边形的底等于梯形的上底加下底，平行四边形的高等于梯形高的一半。因为平行四边形的面积=底×高，所以梯形的面积=（上底+下底）×高÷2（图4）。

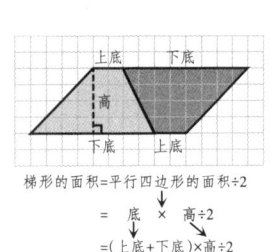

梯形的面积=平行四边形的面积÷2
　　　　　= 底 × 高÷2
　　　　　=(上底+下底)×高÷2

图2

梯形的面积=三角形①的面积+三角形②的面积
　　　　　=上底×高÷2+下底×高÷2
　　　　　=(上底+下底)×高÷2

图3

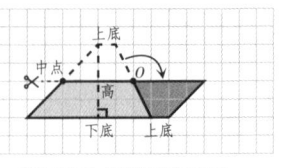

梯形的面积=平行四边形的面积
　　　　　=(上底+下底)×(高÷2)

图4

师：同学们都很善于思考，用不同的方法推导出了梯形的面积计算公式。"倍拼法"是用两个完全一样的梯形拼成一个平行四边形，所以求面积时要除以2；而"分割法"和"割补法"都只用了一个梯形，为什么也要除以2呢？

生4：在"分割法"中，除以2是因为三角形的面积计算公式要除以2；在"割补法"中，除以2是因为平行四边形的高是梯形高的一半，所以要用高来除以2。

师：看来方法不同，"除以2"的意义也不同。因此，我们在学习时要抓住数学的本质，不但要知其然，还要知其所以然。

师：其实，除了这些方法可以推导梯形的面积计算公式，还有其他的方法，我们一起来看看吧（图5）。

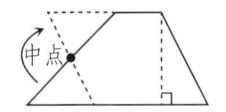

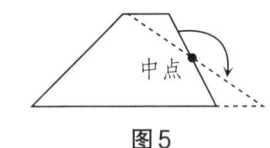

图5

师：这些方法，其实都运用了古代数学家刘徽提出的"出入相补"原理。接下来，就让我们一起跟随视频，来感受古人的智慧。（出示图6，播放视频）

视频原声：刘徽，魏晋时期伟大的数学家，在中国数学史上作出了很大的贡献。他著名的"出入相补"原理解决了很多几何难题，系统地证明了多种图形的面积公式。"出入相补"原理又称以盈补虚，即以多余补不足，是数量的平均思想在几何上的体现，是用于推证几何图形的面积或体积的一种基本原理。

> **你知道吗？**
>
> 我国古代数学家刘徽利用"出入相补"原理计算平面图形的面积。出入相补原理是指：把一个图形分割、移补，而面积保持不变（如下图所示）。你能运用这一原理推导出三角形和梯形的面积公式吗？

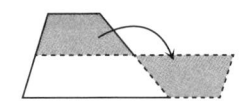

图6

[评析]《义务教育数学课程标准(2022年版)》指出,数学承载着思想和文化,是人类文明的重要组成部分。数学文化是数学课程的组成部分,教学中,教师可以适时地介绍相关背景知识,包括数学在自然与社会中的应用、数学发展史的有关材料,帮助学生了解数学在人类文明发展中的作用,激发学生学习数学的兴趣,感受数学家探索求真的精神。

二 搭建有支架的教学,激活理性思维

"支架"一词原是建筑行业的术语,又称为"脚手架",它在建筑房屋时起暂时支撑的作用。该术语运用在教育领域,用来描述能够帮助学生有意义地解决问题或有效完成任务的各类支持(支架)。支架式这一概念在20世纪就被提出,起初主要应用于心理学研究。随着教育改革的快速推进,支架式教学法逐渐被教育工作者重视,并迅速形成了一套理论体系。目前,教育领域对这种教学方式的主流定义为:教师通过主观引导,构造出一种便于学生理解和接受的概念框架,以这个框架为出发点,开启一系列的学习探索。[1]可以看出,落实支架式教学对教师的素质有着极高的要求,它既要求教师明确学生已知什么、未知什么,以及已知与未知之间的联系,事先将复杂的学习任务加以分解,并搭建支架;又要求教师在实际操作中审时度势,判断何时去增加或减少(撤掉)支架的数量或内容,以便学生能更深入地理解。

这种教学思想基于心理学家维戈茨基的"最近发展区"理论。维戈茨基认为,儿童心理发展有两种水平,一种是实际发展水平,另一种是潜在发展水平。他将这两种水平之间的区域(差异)称为最近发展区。通过教学,儿童在教师的帮助下可以消除这种差异。换句话说,最近发展区是儿童独立解决问题时的实际发展水平(第一个发展水平)和教师指导下解决问题时的潜在发展水平(第二个发展水平)之间的距离。可见,儿童的第一个发展水平与第二个发展水平之间的差距是受教学影响的。因此,教学绝不应消极地适应儿童智力发展的已有水平,而应当主动走在儿童智力发展的前面,不断把儿童的智力发展从一个水平引导到新的更高的水平。

---

[1] 马海英.搭教学支架,立时代风标——小学数学支架式教学探析[J].数学学习与研究,2023(12):137-139.

建构主义理论者正是从维戈茨基的思想出发,借用建筑行业中的"脚手架",强调在儿童学习的过程中,教师应当充分考虑学生的实际水平,着眼于学生的最近发展区,围绕教学主题,在学生现有的知识水平和学习目标之间搭建起学习支架。在学习支架的作用下,将学生引入一定的学习情境,并逐步引导学生进行独立探索。然后再进行小组协商、讨论,使意见纷呈的复杂局面逐渐变得明朗、一致起来。在共享集体智慧成果的基础上达到对当前所学概念比较全面、准确的理解,即最终完成对所学知识的意义建构。

在教学过程中合理嵌入支架可以增强学生完成目标任务的动机,为其解决问题指引方向,降低任务或问题的复杂性,有利于学生抓住问题的核心,帮助其抑制挫折感,整理解决问题的脉络。在小学数学课堂教学中,教师首先需要做好学生能力的预测工作,掌握学生的具体发展情况,评估学生的发展能力,然后在此基础上搭建一个合适的支架。根据不同的标准,学习支架有多种分类。基于功能的视角,张瑾(2017)将学习支架分为情境型、策略型、资源型、交流型和评价型支架;基于功能与形式相结合的视角,夏雪梅(2020)将学习支架分为概念支架、元认知支架、学科实践支架、学习实践支架和资源支架;基于支架表现形式的视角,常见的支架包括图表支架、范例支架、问题支架、工具支架、向导支架、建议支架等形式。依据教学情境的不同,教师可以使用不同形态、功能、表现形式的支架或支架组合,进而为学生的学习提供强有力的支持,打造为理解而教、为深度而教、为素养而教的真实课堂,激活学生的理性思维,促进学生高阶思维的发展。下面,我们来看几个具体的教学案例。

◆**案例1:人教版数学三年级上册"周长"——"怎样拼周长最短"(图表支架)**

【片段一】化繁为简,明确研究方向

师:我们已经学习了周长,也学会了怎样求长方形和正方形的周长。这节课,我们就用这些知识来解决问题。(展示任务,见图1)这个任务你们看得懂吗?你们觉得难吗?难在哪里?

用16张边长为1分米的正方形纸拼1个长方形或正方形。怎样拼,才能使拼成的图形周长最短?

图1

生1：这么多正方形，不知道怎么拼。

师：16个正方形可能确实有点多。那我们就从简单的开始研究吧！

【片段二】分层研究，积累活动经验

1.明确拼法，感悟周长变短的原因

师：(出示1张正方形纸)这是1张边长为1分米的正方形纸，你能求出它的周长吗？

生2：正方形的周长=边长×4，即1×4=4(分米)。

师：指一指，4分米的周长在哪里？(明确周长的意义)

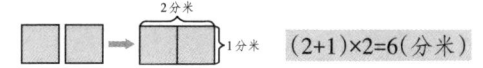

师：如果用2张、3张边长为1分米的正方形纸拼1个长方形或正方形，会是什么样呢？先想一想，再拼一拼，最后算一算它的周长是多少？(学生动手操作)

生3：我用2张边长为1分米的正方形纸拼出了1个长方形，它的长是2分米，宽是1分米，周长是6分米。

生4：我用3张边长为1分米的正方形纸拼出了1个长方形，它的长是3分米，宽是1分米，周长是8分米。

师：其他同学有不一样的拼法吗？(没有)

师：(出示图2)仔细观察，2张正方形纸在没拼起来之前周长一共是多少？将2张正方形纸拼起来之后，周长变了吗？是怎么变的？那3张正方形纸的拼接情况又是如何的呢？小组讨论一下。

图2

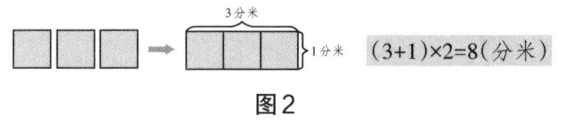

生5：用2张边长为1分米的正方形纸拼1个长方形，没拼之前周长总和是8分米，拼之后周长是6分米，拼成的图形周长比原来的图形周长总和少了2分米。

生6：用3张边长为1分米的正方形纸拼1个长方形，没拼之前周长总和是

12分米,拼之后周长是8分米,拼成的图形周长比原来的图形周长总和少了4分米。

师:大家观察一下,是什么原因导致拼之前和拼之后的图形周长发生了变化?

生7:把2张正方形纸拼起来后,里面"藏"了2条边,每条边长是1分米,所以周长才会少了2分米。(课件演示:2个正方形拼起来后,中间的2条边变为虚线)

生8:把3张正方形纸拼起来后,里面"藏"了4条边,每条边长是1分米,所以周长才会少了4分米。(课件演示:3个正方形拼起来后,中间的4条边变为虚线,见图3)

用2张边长为1分米的正方形纸拼1个长方形或正方形,拼的前后,周长变了吗?是怎么变的?

周长总和8分米　周长6分米　少了1组边长
拼成的图形周长比原来的图形周长总和少了2分米

用3张边长为1分米的正方形纸拼1个长方形或正方形,拼的前后,周长变了吗?是怎么变的?

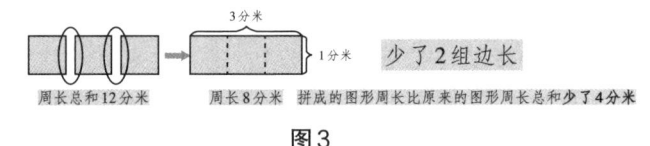

周长总和12分米　周长8分米　少了2组边长
拼成的图形周长比原来的图形周长总和少了4分米

图3

2.感悟拼法的多样性,明确研究方法

师:用4张边长为1分米的正方形纸拼长方形或正方形,怎样拼才能使拼成的图形的周长最短?先想一想,再动手拼一拼。在表格中画下你拼的图形,并标出它的长和宽,计算它的周长。(小组协同操作后展示汇报)

拼法 (先摆一摆,再画一画)	长/分米	宽/分米	周长/分米 (列式算一算)
	4	1	(4+1)×2=10
	2	2	(2+2)×2=8

师:只有这两种拼法吗?仔细观察,你有什么发现?为什么拼成正方形时,得到图形的周长最短?

生9：拼成长方形时能"藏"3组边，而拼成正方形时能"藏"4组边，"藏"的边的组数越多，得到图形的周长就越短。（课件展示，呼应学生的回答）

师：刚才我们是怎么解决这个问题的？（拼图形→算周长→比结果）

【片段三】应用经验，解决实际问题

师：现在回过头来看我们需要解决的问题，如果用16张这样的正方形纸来拼1个长方形或正方形，你认为拼成什么样时周长最短？（正方形）是这样的吗？先想一想，再画一画，并通过计算来解决这个问题，如果有困难可以先试着操作。（小组协同操作后展示汇报）

拼法 （画一画）	长/分米	宽/分米	周长/分米 （列式算一算）
	16	1	(16+1)×2=34
	8	2	(8+2)×2=20
	4	4	(4+4)×2=16

师：只有这三种拼法吗？仔细观察，你有什么发现？

生10：拼成正方形时周长最短。

生11：拼成正方形时，"藏"起来的边的组数最多，所以得到的周长最短。

师：那如果用36张这样的正方形纸来拼，你认为拼成什么样的图形时，其周长最短？（正方形）你能在脑海中想象出它的样子吗？谁来说一说。

生12：拼成一个长6分米、宽6分米的正方形，它的周长是24分米。（根据学生的回答出示图片，见图4）

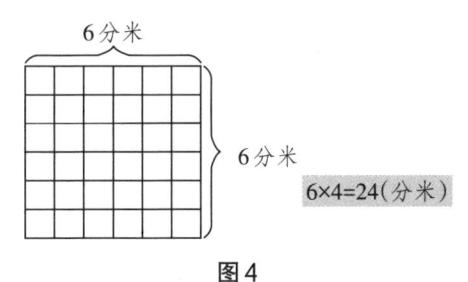

6分米

6分米

6×4=24（分米）

图4

师：那现在我们反过来思考一下，当小正方形的总数量是多少的时候，能够拼成周长最短的大正方形？（4个、9个、16个、25个……）

				......
4个	9个	16个	25个	36个 ......

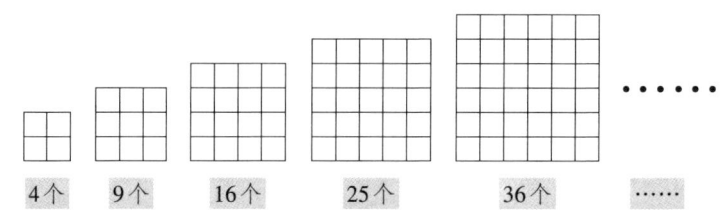

【片段四】拓展延伸，理解问题本质

师：当小正方形的总数量是12个的时候，是拼不出大正方形的。请大家想想，怎样拼才能使拼成的图形周长最短？建议大家采用刚才的表格，按照"拼图形→算周长→比结果"展开研究，相信大家能找到答案。（学生独立思考后展示汇报）

拼法 (画一画)	长/分米	宽/分米	周长/分米 (列式算一算)
	12	1	(12+1)×2=26
	6	2	(6+2)×2=16
	4	3	(4+3)×2=14

师：只有这三种拼法吗？仔细观察，你有什么发现？

生13：拼成的图形相邻两边长度越接近，它的周长就越短。

生14：拼成的图形相邻两边之和越小，它的周长就越短。

生15：拼成的图形越接近正方形，它的周长就越短。

[评析]要解决"怎样拼周长最短"的问题，学生除了需要具备必备的知识基础之外，还需要具备丰富的经验。这里的"经验"指两个方面：一是操作经验，即怎样拼；二是思维经验，即拼起来周长为什么变短了。为了帮助学生积累此类经验，寻找解决的途径与方法，教师引导学生从研究1个正方形开始，再逐步增加，1个到2个、到3个、到4个、到16个、再到36个。其中，用2张、3张正方形纸拼图形的活动可以使学生初步掌握拼的方法和计算周长的方法，用4张正方形纸拼图形的活动可以使学生认识到拼的方法不是唯一的，这一经验为学生后续的研究活动奠定了基础。整个过程中，教师以实物操作作为切入口，以表格辅助记录和计算，促进学生展开想象的"翅膀"，有效促进了学生空间观念的建立。

本课,教师三次使用了图表这一支架,引导学生通过观察、比较、归纳,在"变"与"不变"中感悟周长变短的原因。

◆**案例2**:人教版数学五年级下册"2、5、3的倍数"——"3的倍数的特征"(范例支架)

【片段一】开门见山,揭示课题

师:前面我们研究过2和5的倍数,它们各有什么特征呢?

生1:个位上是0、2、4、6、8的数是2的倍数。

生2:个位上是0、5的数是5的倍数。

生3:个位上是0的数同时是2和5的倍数。

师:判断是不是2和5的倍数,只需要看什么?(个位)那么3的倍数又会有怎样的特征呢?谁来大胆猜想下?

生4:我猜想,个位上是3、6、9的数是3的倍数。

师:真是这样的吗?今天我们一起来研究。(板书课题"3的倍数的特征")

【片段二】聚焦猜想,展开研究

1.呈现"百数表",提出活动要求

师:大家对2、5的倍数的特征有了一定的研究经验,对3的倍数的特征也有了一些猜想,下面我们借助"百数表"来进行研究。

(1)先在"百数表"中把3的倍数都圈出来。

(2)观察"百数表"中3的倍数,验证大家之前的猜想是否正确。

2.呈现资源,进行交流研讨

师:仔细观察"百数表"中3的倍数(图1),你有什么发现?

1	2	③	4	5	⑥	7	8	⑨	10
11	⑫	13	14	⑮	16	17	⑱	19	20
㉑	22	23	㉔	25	26	㉗	28	29	㉚
31	32	㉝	34	35	㊱	37	38	㊴	40
41	㊷	43	44	㊻	46	47	㊸	49	50
㉛	52	53	㊾	55	56	㊼	58	59	㉠
61	62	㊿	64	65	㊻	67	68	㊉	70
71	㊂	73	74	㊄	76	77	㊆	79	80
㊇	82	83	㊈	85	㊊	87	88	89	㊐
91	92	㊌	94	95	㊍	97	98	㊎	100

图1

生5：我发现，3的倍数的个位上有0、1、2、3、4、5、6、7、8、9。

生6：我发现，刚刚我们猜想"个位上是3、6、9的数是3的倍数"是错误的。我可以举个例子来说明，比如13的个位上是3，但它不是3的倍数。

生7：我发现，这些3的倍数中，如果把个位和十位上的数字加起来，它们的和都是3的倍数。比如15，个位是5，十位是1，把个位和十位上的数字加起来是6，6是3的倍数。

生8：我发现，这些3的倍数呈斜线排列，它们的个位和十位上的数字加起来是3、6、9、12、15、18，而这些和都刚好是3的倍数。

师：根据刚才同学们的观察和发现，我们可以得出一个新的猜想，大家一起把它说出来。

生（全班）：各个数位上的数的和是3的倍数，这个数就是3的倍数。

3.统一认识，形成初步结论

师：刚才，大家借助"百数表"找到了3的倍数，验证了"各个数位上的数的和是3的倍数，这个数就是3的倍数"这个猜想是正确的。大家还有什么问题吗？

生9：为什么各个数位上的数的和是3的倍数，这个数就是3的倍数？

生10：对于3的倍数的特征，是否适用于"百数表"以外的数字？

师：这是个好问题，那应该怎么来研究呢？（举例）是的，我们可以举一些例子来研究。

生11：我刚才写了数字123，它的个位、十位和百位上的数字加起来是6，6是3的倍数，所以123也是3的倍数。我又用计算器算了一下，123÷3=41，123果然是3的倍数。

生12：我刚才写了数字4 739，它的个位、十位、百位和千位上的数字加起来是23，23不是3的倍数，所以4 739也不是3的倍数。我又用计算器算了一下，4 739÷3=1 579……2，4 739果然不是3的倍数。

【片段三】追溯原理，拓展应用

师：要想确认3的倍数的特征是否适用于所有的数，仅靠举例是不够的，还要看它是否具有普遍性。想一想，为什么判断一个数是不是3的倍数，看各个数位上的数之和就可以了呢？

活动一：（出示图2）判断17是不是3的倍数，为什么只看1+7就行了？（观看微视频）

[图示:17 十位1捆余1根，个位7根余7根，1+7=8,不是3的倍数]

17不是3的倍数。

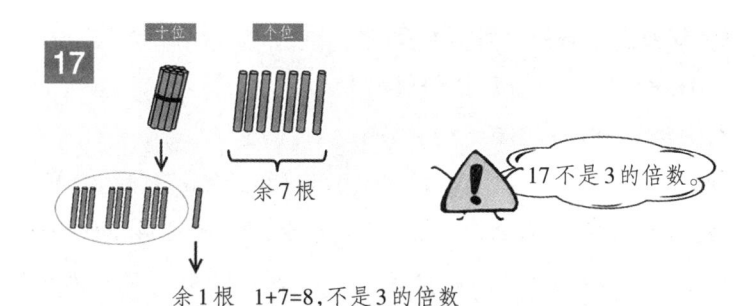

图2

活动二:(出示图3)判断36是不是3的倍数,为什么只看3+6就行了?(让学生在理解的基础上分一分)

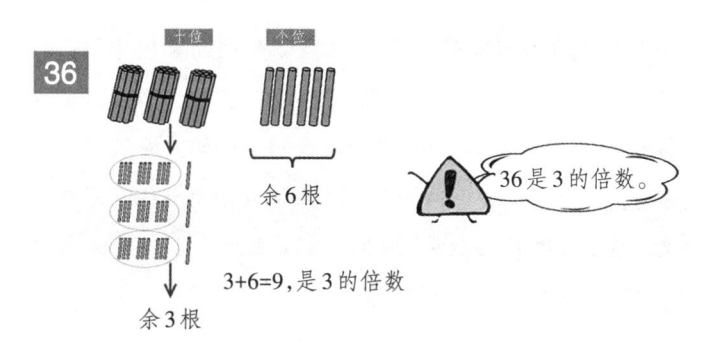

[图示:36 十位3捆每捆余1根共余3根，个位6根余6根，3+6=9,是3的倍数]

36是3的倍数。

图3

活动三:(出示图4)判断118是不是3的倍数,为什么只看1+1+8就行了?(让学生尝试自己举例、自己解释)

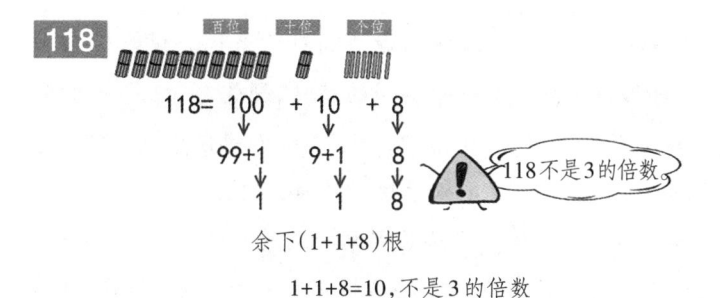

[图示:118= 100 + 10 + 8
         ↓   ↓   ↓
        99+1   9+1   8
         ↓   ↓
         1   1
    余下(1+1+8)根
    1+1+8=10,不是3的倍数]

118不是3的倍数。

图4

师:思考17、36、118的拆分过程和结果,你有什么发现?

生13:我发现,剩余的数的和是3的倍数,这个数就是3的倍数。

生14:我发现,剩余的数的和刚好是这个数各个数位上的数的和。

师：是这样的吗？我们一起来看看。

17=1×10+7×1=1×(9+1)+7=<u>1×9</u>+(1+7)

36=3×10+6×1=3×(9+1)+6=<u>3×9</u>+(3+6)

118=1×100+1×10+8×1=1×(99+1)+1×(9+1)+8×1=<u>99+9</u>+(1+1+8)

师：看来，不管百位、十位上是几个百或几个十，都可以分成几个99和几个1或者几个9和几个1，99和9都是3的倍数，所以只需要看各个数位上的数的和就行了。

[评析]知其然更要知其所以然，只有真正理解了原理，知识才能内化成学生自主建构的知识体系中的一部分。但是，要让学生自己想到方法来解释3的倍数的特征背后蕴含的道理是非常困难的，不适合让学生进行自主探究，因此这个环节设计成了观看微视频的方式。在轻松和谐的氛围中，伴随着幽默有趣的讲解，学生容易理解其中的道理，也愿意跟着去思考。学生理解了，就能举一反三应用到解释其他更大的数。微视频的呈现，为学生提供了一个范例，借助这一范例支架学生不仅明白了3的倍数的特征背后的道理，还会产生探索欲，开始尝试用这一范式，对其他数展开研究，以此验证"各个数位上的数的和是3的倍数，这个数就是3的倍数"这一猜想。

(本案例改编自万珠明老师执教的"3的倍数的特征"一课)

◆ **案例3：人教版数学五年级下册"怎样通知最快"(问题支架)**

【片段一】旧知引入，顺学而导

师：四年级时，我们学习了生活中沏茶和烙饼等的数学问题。怎样沏茶才能让客人尽快喝上茶？怎样烙饼是最快的？谁来说一说。(学生回顾知识)其实，沏茶问题和烙饼问题都有一个共同的特点，那就是"把同一时间内能做的事情统筹安排就能节约时间"。生活中，还有一些其他任务也是需要尽快完成的，今天我们就一起来学习"怎样通知最快"这一数学问题。

师：(展示任务情境)救援队队长水草接到紧急任务，要带领15名队员前往受灾地区，开展救援工作。队长需要尽快通知每个队员，如果用打电话的方式来通知，每分钟可通知1人，怎样通知最快？

师：这个问题的关键信息有哪些，谁来说一说？(引导学生说出通知的人数、通知的方式及用时、通知的要求等关键信息)

师：关于这个问题，课前大家已经做过预学了，我们一起来看看大家回答的情况。

用时/分钟	人数/人	百分比/%
15	1	1.85
9	3	5.56
7	12	22.22
6	4	7.41
5	13	24.07
4	14	25.93
其他答案	7	12.96

生1：逐一通知，需要15分钟。

[方案一]

队长通知队员1，队长通知队员2，队长通知队员3，队长通知队员4，队长通知队员5……队长通知队员15。

生2：分组通知，不同的分组情况，所需的时间可能不同。（引导学生讨论分组通知的情况）

[方案二]

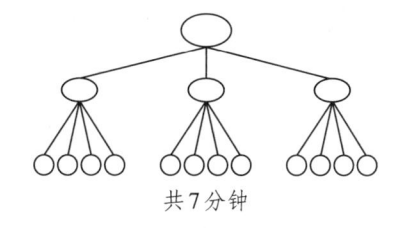

共7分钟

[方案三]

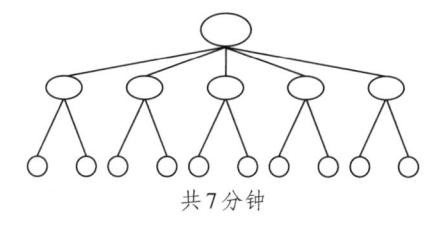

共7分钟

[方案四]

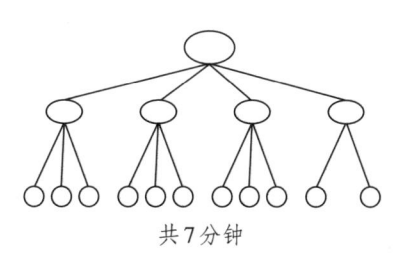

共7分钟

师：这三种方案是怎样分组通知的呢？通知完成需要多长时间？

生3：方案二是分成3个小组，也就是把12个人分成4、4、4，共计用时7分钟。

生4：方案三是分成5个小组，也就是把10个人分成2、2、2、2、2，共计用时7分钟。

生5：方案四是分成4个小组，也就是把11个人分成3、3、3、2，共计用时7分钟。

（教师根据学生的回答，利用课件演示分组打电话的过程）

师：仔细观察，为什么分组通知比队长逐个通知节省时间呢？是不是分的组越多，用的时间越少呢？（学生围绕这个问题展开讨论）

生6：分组通知时，队员也在帮忙通知，所以分组通知更快。

生7：不是分组越多用时越少，具体情况要具体分析。

师：想一想，还有更快的方法吗？

[方案五]

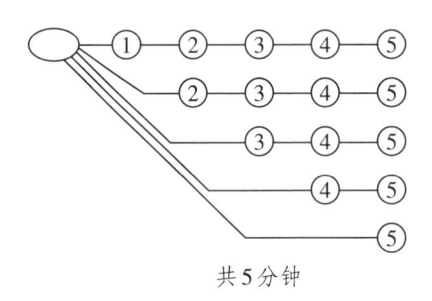

共5分钟

[方案六]

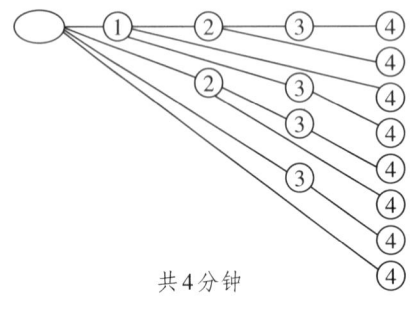

共4分钟

师：对比方案五和方案六，它们的区别在哪里？相同点在哪里？

生8：方案五中，当队长在通知队员时，个别队员有闲着的时候；而方案六中队长和队员都没有闲着，所以更省时。

生9：方案六中每个接到通知的队员包括队长都没有闲着，所以这是最省时的方案。

【片段二】依托表格，建立模型

师：结合刚才的画图和分析，请拿出学习单，完成学习单上的表格。填写表格后，仔细观察并思考。你发现了什么规律？

第几分钟	1	2	3	4	5	6	……
新接到通知的人数							
接到通知的总人数							

（教师展示画图分析结果）

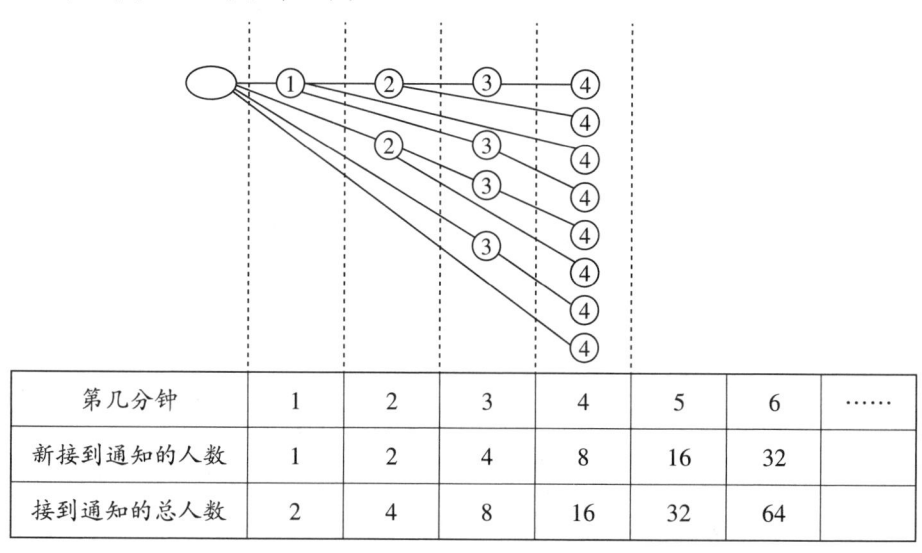

第几分钟	1	2	3	4	5	6	……
新接到通知的人数	1	2	4	8	16	32	
接到通知的总人数	2	4	8	16	32	64	

师：第1分钟，通知了几个人？已经通知的总人数是多少？第2分钟，通知了几个人？已经通知的总人数是多少？按照这样的规律，第4分钟，通知了几个人？已经通知的总人数是多少？你发现什么规律了吗？

生10：下一分钟发出通知的人数是前面接到通知的人数总和。因此，第1分钟后发出通知的有2人，往后每加1分钟就乘以一个2，所以第n分钟发出通知的总人数为2的n次方，所有接到通知的总人数为2的$(n+1)$次方。

【片段三】应用模型，解决问题

（教师布置题目）

第一题：按上面的方式，5分钟最多可以通知多少人？第5分钟新接到通知的有多少人？要通知50人，至少要用多少分钟？水草队长按方案六的方式打电话通知队员，一共花了6分钟，算一算他可能通知了多少人？

第二题：阿米巴原虫是用简单分裂的方式繁殖的，每分裂一次要用3分钟。请问一只阿米巴原虫18分钟后繁殖成了几只阿米巴原虫？

【片段四】整理回顾，拓展延伸

师：刚才讨论的这些方案都是理想化的状态，是不考虑任何特殊情况的。这需要我们提前设计好打电话通知的方案，队长和每一个接电话的队员都应明确知道按照什么顺序通知哪位队员。只有严格执行方案，才能节约时间，提高效率。

师：老师遇到了这样一份工作，有两种薪资发放方式，考虑再三不知该如何选择，你们能帮帮我吗？

方式A：一个月给30万，每天给一万元。

方式B：按天发放，第一天给一分钱，之后，后一天是前一天的2倍。

师：如果你是我，是选择方式A，还是方式B？请说明理由。

[评析]本课主要是引导学生经历解决"打电话"问题的探究过程，准确辨析最优方案，能指出最优方案的特点，可以用简洁的方法记录方案并发现事物隐含的规律。学生在经历制订方案，解决具体问题的过程中，体会数形结合的思想、优化思想在生活中的应用，进一步养成归纳推理和应用数学模型解决实际问题的能力。为了帮助学生更好地理解和掌握其中所蕴含的规律，教师设计了这样几个问题支架：为什么分组通知比队长逐个通知节省时间？是不是分的组越多用的时间越少？对比方案五和方案六，它们的区别在哪里？相同点在哪里？填写表格后，仔细观察并思考，你发现了什么规律？围绕这些核心问题，学生经历了文字表征、图示表征、表格表征，通过观察、对比、分析，理清了最优方案的思路，提升了合情推理和逻辑推理的能力。

(本案例改编自彭晓霞老师执教的"怎样通知最快"一课)

◆案例4：人教版数学二年级下册"用2~6的乘法口诀求商"——"用除法解决问题"(工具支架之学习单)

【片段一】在对比中解决问题

★学习示例1

师：(展示课件)从中，你知道了哪些数学信息？根据这些信息，你能提出什么数学问题？

生1：有15个粽子，平均放到3个笼屉里。

生2：每个笼屉里放几个？

师:怎么解决这个问题呢?请同学们拿出手中的学习单,先读一读、画一画、算一算,完成后再与你旁边小伙伴说一说。

"用除法解决问题"学习单

班级:_____ 姓名:_____ 座号:_____

读一读	①15个粽子,平均放到3个笼屉里,每个笼屉里放几个?	②15个粽子,每个笼屉里放5个,要用几个笼屉?
画一画 算一算 ……		

师:老师这边有两份作品,我们一起来看看。你能跟大家说一说你的想法吗?(学生展示自己的作品)

师:感谢这两位小朋友,那应该怎么列式呢?

生3:15÷3=5(个)。

师:算式中的15、3和5分别表示什么意思?

生4:"15"表示一共有15个粽子,"3"表示平均放到3个笼屉里,"5"表示每个笼屉可以放5个。

师:解答正确吗?有什么检验的好法子?

生5:可以从头到尾再算一遍,或者看看刚才的图就知道是否正确了。

师:让我们静下心来想想,刚才咱们是怎么解决问题的?(一看:你知道了什么?二想:怎样解答?可以借助画图来理解题目中的数量关系。三查:解答是否正确?)

★学习示例2

师:(展示课件)从中,你知道了哪些数学信息和数学问题?你能按照读一

读、画一画、算一算的步骤来解决问题吗?完成后与身边小伙伴说一说你的想法。(学生独立完成学习单)

师:我们来看看这两位小朋友的画法,能清楚地反映出题目中的数学信息和问题吗?(学生展示自己的作品)

"用除法解决问题"学习单
班级:_____ 姓名:_____ 座号:_____

读一读	①15个粽子,平均放到3个笼屉里,每个笼屉里放几个?	②15个粽子,每个笼屉里放5个,要用几个笼屉?
画一画算一算……		

"用除法解决问题"学习单
班级:_____ 姓名:_____ 座号:_____

读一读	①15个粽子,平均放到3个笼屉里,每个笼屉里放几个?	②15个粽子,每个笼屉里放5个,要用几个笼屉?
画一画算一算……		

师:感谢这两位小朋友的分享,让我们清楚地知道粽子总数是15,每个笼屉里放5个,要求的问题是需要用几个笼屉,那应该怎么列式呢?

生6:15÷5=3(个)。

师:算式中的15、5和3分别表示什么意思?

生7:"15"表示一共有15个粽子,"5"表示每个笼屉放5个,"3"表示要用3个笼屉。

师:为什么这道题也用除法计算?(平均分)从哪里看出这是平均分的?

生8:每个笼屉里放5个,5个一份,每份都一样。

师:15个粽子,每个笼屉里放5个,其实就是求15里面有几个5,所以用除法计算。

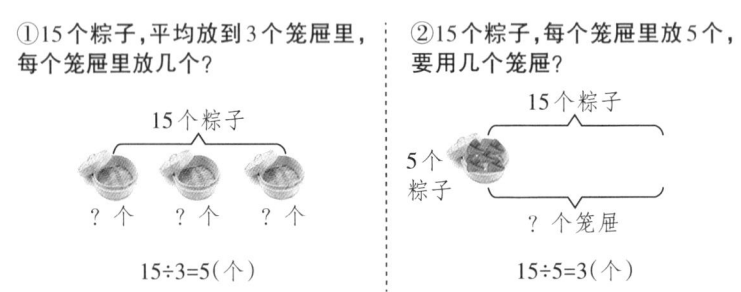

①15个粽子,平均放到3个笼屉里,每个笼屉里放几个?

15÷3=5(个)

②15个粽子,每个笼屉里放5个,要用几个笼屉?

15÷5=3(个)

师:现在咱们把两道题放在一起,请大家仔细观察,想一想,它们有什么相同和不同的地方?

生9:都可以用"三五十五"这句口诀求商。

生10：都可以用除法列式计算。

生11：不同的地方是，第一题是把15个粽子平均放进3个笼屉里，求每个笼屉里放几个。第二题是有15个粽子，每个笼屉里放5个，求要用几个笼屉。

师：把15个粽子平均放进3个笼屉里，求每个笼屉里放几个，其实就是要把15平均分成3份，也就是等分除。而有15个粽子，每个笼屉里放5个，求要用几个笼屉，其实就是求15里面有几个5，也就是包含除。不管是等分除，还是包含除，都可以用除法计算。

【片段二】在变式中辨析问题

师：下面的这些题目你会计算吗？拿出练习单，看图列式并计算。

"用除法解决问题"练习单

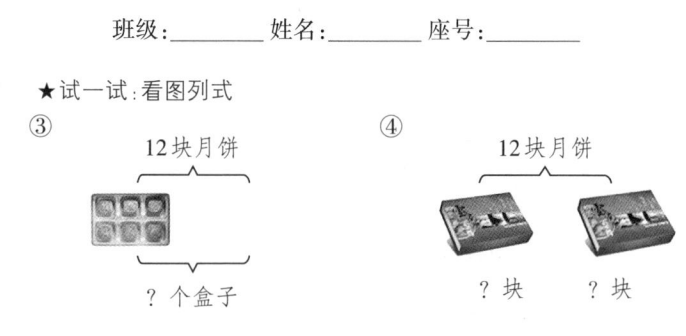

班级：_____ 姓名：_____ 座号：_____

★试一试：看图列式

③ 12块月饼 ？个盒子

④ 12块月饼 ？块 ？块

师：这两道题中的数学信息和数学问题分别是什么？应该怎么列式计算？它们有什么共同点？（都用除法计算）

师：孩子们，你们都太棒了！现在，我们把两道练习题和两道例题放在一起，对比一下，如果让你给它们分类，想想分类的标准是什么？小组内讨论一下。

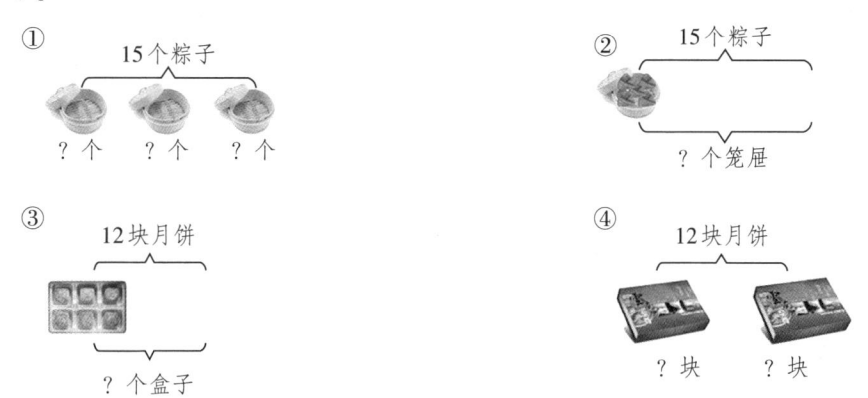

① 15个粽子 ？个 ？个 ？个

② 15个粽子 ？个笼屉

③ 12块月饼 ？个盒子

④ 12块月饼 ？块 ？块

生12：第①和④题分一类，它们都是已知粽子或月饼的总数和平均分的份数，要求每个笼屉或每个月饼盒里放几个。第②和③题分一类，它们都是已知粽子或月饼的总数和每个笼屉或每个月饼盒里放几个，要求需要几个笼屉或几个月饼盒。

生13：第①和④题，它们都是等分除；第②和③题，它们都是包含除。

生14：第①和④题，它们都是"总数÷份数=每份数"；第②和③题，它们都是"总数÷每份数=份数"。（跟着学生的回答，教师适时板书）

师：孩子们，你们真的太了不起了！不仅会分类，还把分类的标准讲得清清楚楚、明明白白的。

【片段三】在生活中拓展问题

师：今天这节课，咱们学习了什么？你都有哪些收获？

师：请你从下面的这两组题中，任选一组，先说说左边的图表示什么意思，应该怎么列式计算；再根据右边的图编一道生活中的除法题。（以小组的形式开展）

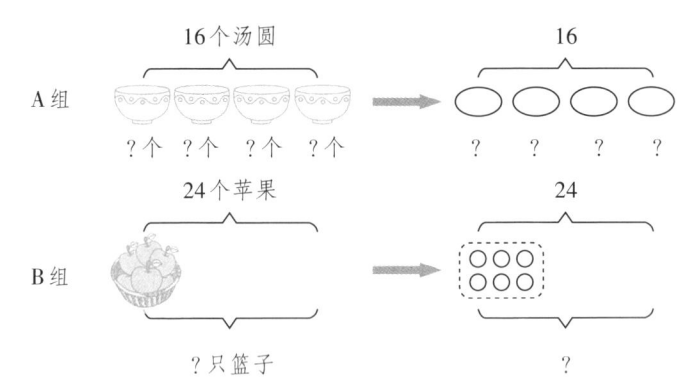

A组
16个汤圆 → 16
？个 ？个 ？个 ？个   ？ ？ ？ ？

B组
24个苹果 → 24
？只篮子   ？

生15：我选的是A组题，左边表示的是把16个汤圆，平均放在4个碗里，求每个碗里放几个汤圆。列式计算为"16÷4=4（个）"。我编的题目是："二年级三班有16个同学在跳绳，平均分成4组，请问每组有几个同学？"

生16：我选的也是A组题，我编的题目是："郑老师买了4支笔，一共花了16元，请问每支笔多少钱？"

生17：我选的是B组题，左边表示的是有24个苹果，每只篮子放6个苹果，求需要几只篮子。列式计算为"24÷6=4（只）"。我编的题目是："张老师有24条小鱼，每6条放进一个鱼缸里，请问需要几个鱼缸？"

生18：我选的也是B组题，我编的题目是："妈妈做了24个包子，每6个包子装进一个保鲜袋里,请问需要几个保鲜袋?"

……

[评析]本节课的目的是丰富学生理解题意的方式,使学生更好地理解数量关系,并逐步学会表达自己的思考过程。教师依托学习单搭建起思维的支架,让学生自己尝试画图,并将学生所画的图进行比较,突出问题的结构特征,明确数学信息和问题,让学生直观感知数量之间的关系。进而引导学生结合图示,用语言表达自己的思考过程,重点是将对数量关系的分析与平均分配联系起来,说明选择除法的道理。教师通过图形表征、动作表征和语言表征等多种形式,将具体问题和运算的意义联系起来,使学生有理有据地选择算法,从而理解除法含义的本质。

(本案例改编自钟丽梅老师执教的"用除法解决问题"一课)

三 设置有挑战的习题,触发深度思考

习题设计是小学数学教学活动的重要组成部分。指向学习力成长的小学数学习题设计能够有效减轻学生的学业负担,提高教学质量,提升学生的数学素养。当前,部分小学数学教师受传统教育理念影响,创设的习题形式单一,过于注重"量",而忽视了学生的心理需求,与"双减"政策中的"减负增效"目标相背离。一道好的习题,不仅能使学生获得"四基"、发展"四能",还能开发智力、拓展思维。对此,教师应加深对习题设计的思考,赋予习题新背景、新内涵,将习题的价值最大化,以期达到"会用数学的眼光观察现实世界""会用数学的思维思考现实世界""会用数学的语言表达现实世界"的数学核心素养目标。

佐藤学教授指出,学习共同体的课堂应坚持公共性、民主性、卓越性。所谓卓越性,就是在课堂中寻求具有挑战性的学习。学习共同体的课堂以提升学习力为最终学习目标,把设计具有挑战性的问题作为提升学习力的重要策略之一,在学生课本学习的基础上,提供超越课本但是又在学生最近发展区的与课本有关的挑战性问题,让学生在解决挑战性问题的过程中既享受成功的愉悦,又获得认知上的"跳一跳摘到果子"的锻炼,让学生的学习力在经历解决挑

战性问题中得到提升。① 下面,我将从趣味性、层次性、开放性这三个方面出发,谈谈如何设计有挑战性的习题,做到分层有序、精练有度。

(一)遵循趣味性的挑战性习题设计

学习动力是学习主体进行学习的原动力,主要包括学习需要、学习情感和学习兴趣。在真实的情境中学习,习得的知识会更具意义。没有适合学生学习的情境,理解就没有载体。② 因此,教师需要设定一个真实的生活情境,让学生在这个情境中,感受到所学的数学知识与生活密切相关,使学生产生学习的动力,提高运用所学知识解决实际生活问题的积极性,从而深入理解数学知识,感悟数学思想和方法,提升数学素养。

【示例1】在学完人教版数学三年级上册第三单元"测量"后,教师可以设计一道帮助马小虎修改日记的挑战题。

> 今天,爸爸要带我们去方特梦幻王国玩,我和姐姐开心极了。早晨,我一早就从2分米长的床上爬起来,走进3厘米宽的卫生间,糊里糊涂地拿起13毫米长的牙刷,用力挤出1分米长的牙膏,开始刷牙。刷完牙,我吃了一块200千克的蛋糕和一个50千克的鸡蛋就出门了。爸爸开着一辆大约5米长的小汽车,以每小时90米的速度行驶在宽36厘米的高速公路上。全家在车上有说有笑,其乐融融,不知不觉就到达了200米外的方特梦幻王国。

学生看到这么荒唐的日记,会忍不住哈哈大笑,同时也产生帮忙修改的冲动和欲望,学习动力十足。解决这道题需要学生提取之前学习的所有长度单位(千米、米、分米、厘米、毫米)和质量单位(吨、千克、克)的知识,并结合生活经验进行分析判断:有的以自己身边熟悉物体的长度和质量为参照,有的通过单位换算来判断。在愉悦的情绪中,学生不断地比较、辨析,综合运用所学的长度单

---

① 张小琴.设置挑战性问题 提升学生数学学习力[J].福建基础教育研究,2019(3):70-72.
② 吴玉国.学科学力:基于课程目标、内容与设计的自然生长——以苏教版小学数学五年级下册《简易方程》为例[J].江苏教育研究,2016(13):56-59.

位和质量单位知识来解决问题。

【示例2】在学完人教版数学六年级上册第二单元"位置与方向(二)"后,教师可以设计一道挑战题(如下图,图中用1个小格的边长表示10米)。

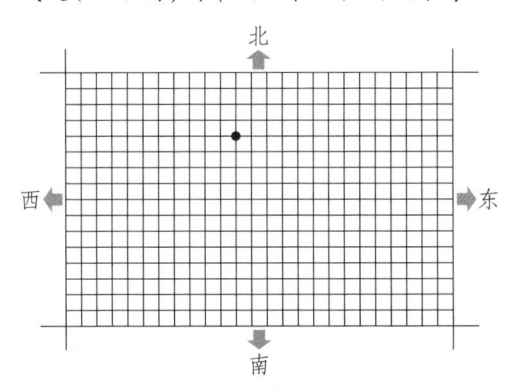

同学们观看了庆祝中华人民共和国成立70周年阅兵式,当空中梯队的飞机飞过天安门上空时,生为中国人的自豪感油然而生。在中华人民共和国成立80周年时,同学们风华正茂。假如你是阅兵指挥官,你能根据要求在平面图上设计阅兵式中的飞机编队吗?请试着完成以下题目:

①已知长机的位置在图上的黑点处,两架僚机的位置分别位于长机的南偏西50°、距离40米处和南偏东50°、距离40米处。请在图上标出两架僚机的准确位置。

②如果再增加9架检阅机,你能给这些飞机编号吗?请你用今天所学的知识,描述每架飞机的具体位置。

③为了成功完成检阅任务,请说一说你的建议。

《义务教育数学课程标准(2022年版)》指出,应使学生通过数学的学习,形成和发展面向未来社会和个人发展所需要的核心素养。通过改编习题,连接位置与方向知识,将数学知识与生活密切联系,开拓学生的视野,激发他们的爱国主义情怀及想象力与创造性,使数学学习更合理、更优质、更有效。

(二)遵循层次性的挑战性习题设计

好的习题设计,必须要有层次性。教师要根据学生的学习过程,按照循序渐进的原则,精心设计练习层次。练习内容要做到由易到难,由浅入深,环环紧扣,逐步提高。既要设计一定数量的基础练习,又要设计一些变式练习,以利于新旧知识的融会贯通,拓展学生的思路。还要设计一些综合性比较强的思考性

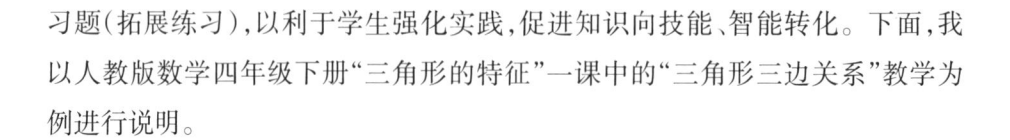

习题(拓展练习),以利于学生强化实践,促进知识向技能、智能转化。下面,我以人教版数学四年级下册"三角形的特征"一课中的"三角形三边关系"教学为例进行说明。

1.在有序思考中巩固"三边关系"(基础练习)

【示例】题目:有7根小棒,分别长18 cm、10 cm、8 cm、6 cm、6 cm、6 cm、2 cm。任意选3根,能围成几个不同的三角形?请学生独立完成,并在小组内进行交流。

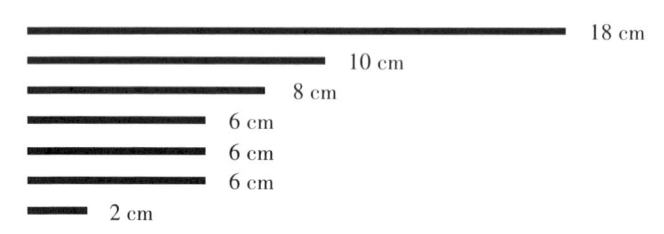

```
━━━━━━━━━━━━━━━━━━ 18 cm
━━━━━━━━━━ 10 cm
━━━━━━━━ 8 cm
━━━━━━ 6 cm
━━━━━━ 6 cm
━━━━━━ 6 cm
━━ 2 cm
```

学生口答,教师板书,根据三角形三边关系(三角形任意两边之和大于第三边或三角形较短两边之和大于第三边)逐一进行判断,发现能围成5个不同的三角形,其三边长度分别为:10、8、6,10、6、6,8、6、6,6、6、6,6、6、2。此时,教师追问:"为什么没有用到18 cm这根小棒?"学生回答:"18 cm的小棒太长了,即使用剩下最长的10 cm和8 cm的小棒,也无法围成三角形。"

2.在逐渐延伸中发展空间观念(变式练习)

【示例】题目:有3根小棒,分别长3 cm、5 cm、8 cm,它们为什么不能围成三角形?把5 cm的小棒替换成几厘米的小棒,就能围成一个三角形呢?请试着在学习单上画一画。

大部分学生认为,只要比5 cm长都可以。真的是这样吗?教师借助课件演示,让8 cm的小棒保持水平位置不动,3 cm的小棒慢慢往外旋转,替换的第三根小棒就会变得越来越长,长度从5.2 cm到6 cm,到8.5 cm,再到10.8 cm。第三根小棒是否还可以无限伸长?结果发现,第三根小棒不能达到和超过11 cm,当它达到11 cm时,3+8=11,第三根小棒会和8 cm、3 cm的小棒重合。最终,学生可以得出,第三根小棒的长度可以为5~11 cm(不包括5 cm和11 cm)的任意长度。

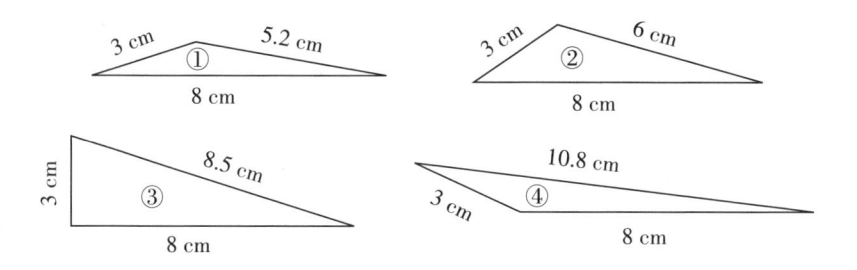

3.在分类讨论中加深思维深度(拓展练习)

【示例】题目:把一根10 cm长的小棒剪成3段,将其围成一个三角形,第一刀不能剪在哪里?如果第一刀剪在点C处,那第二刀不能剪在哪里?请说明理由。

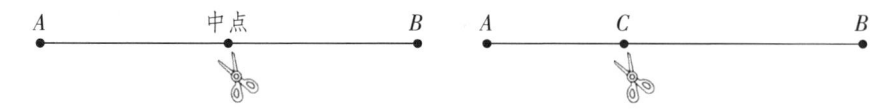

在任务探索中,学生发现第一刀不能剪在中点,若第一刀剪在中点,那么第二刀不管怎么剪,都会出现"较短两边之和等于第三边"的情况。如果第一刀剪在点C处,那么第二刀不能剪在中点或者线段AC之间。理由是:AC是较短的线段,如果第二刀剪在线段AC之间,就会出现"较短两边之和小于第三边"的情况,无法围成三角形。

"三角形三边关系"教学的这三个层次的习题(基础练习→变式练习→拓展练习)设计,让全体学生都参与到了数学活动中来,不同学生的数学素养可以得到不同程度的发展和提高,从而体验到成功的快乐。正如美国心理学家华莱士指出的那样,学生显著的个体差异和教师指导质量的个体差异,在教学中必将导致学生在创造能力、创造性人格方面的显著差异。

(三)遵循开放性的挑战性习题设计

为了培养学生的创造意识和灵活解决问题的能力,教师可以根据题目特点和考查目的合理设计开放性习题来发散学生的思维,同时给不同层次的学生提供自主探究、自我展示的空间,从而激发学生的学习兴趣,锻炼其思维的灵活性。

【示例1】在学生学习了人教版数学三年级上册"数学广角——集合"这节课后,教师可以设计这样的开放性挑战题:学校要举办运动会,根据学校要求,每个班级要选拔9名同学参加跳绳比赛,7名同学参加跑步比赛,你觉得三年级(1)班一共有多少人参赛?

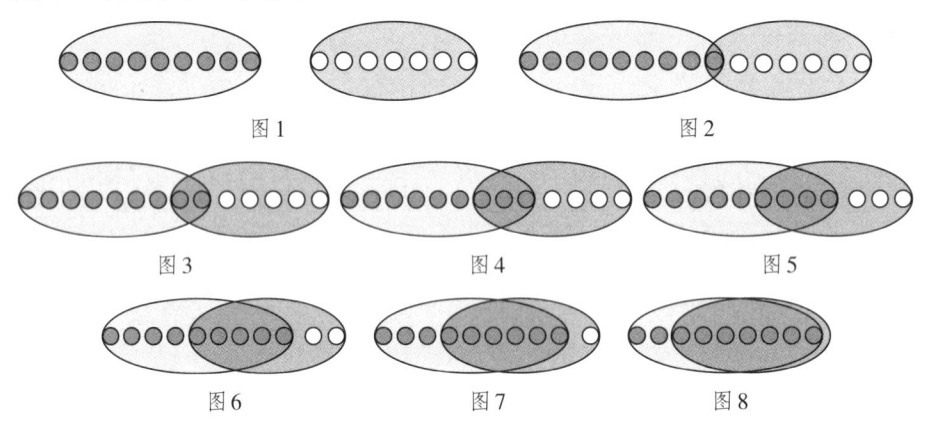

图1　　　　　　　　　　　图2

图3　　　　　　图4　　　　　　图5

图6　　　　图7　　　　图8

学生经历独立思考、小组交流后,发现三年级(1)班参赛的人数可能是9~16人,进一步理解了人数最多的情况就是参赛的人都只参加一个比赛项目(没有重叠),人数最少的情况就是有7人既参加跳绳比赛又参加跑步比赛。

学生在探索开放性问题的过程中,反复画图、思考,最终发现所有的可能性。在这个习题的探索中,学生既体验到了探究的美妙,又提升了有序的思维能力和推理能力。

【示例2】在学生学习了人教版数学三年级上册"分数的初步认识"这节课后,教师可以设计这样一道开放性挑战题:请选择合适的图形,表示出下列分数。

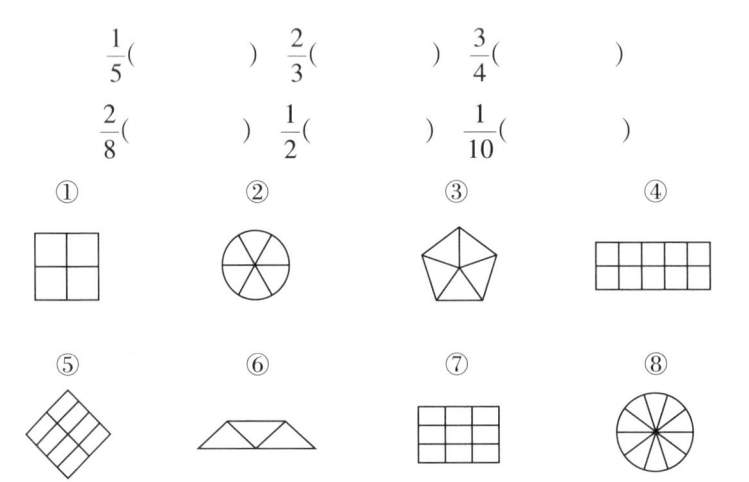

$\frac{1}{5}$(　　)　　$\frac{2}{3}$(　　)　　$\frac{3}{4}$(　　)

$\frac{2}{8}$(　　)　　$\frac{1}{2}$(　　)　　$\frac{1}{10}$(　　)

①　　②　　③　　④

⑤　　⑥　　⑦　　⑧

该开放性挑战题要求学生从8个图形中选择合适的图形表示出列举的分数,引发学生运用新知识的需求。以$\frac{1}{5}$为例,首先,学生需要理解$\frac{1}{5}$这个分数的意义,进而去寻找哪些图形是平均分成了5份的,从而找到正确的图形。学生找到图③和图④,发现它们都可以表示出$\frac{1}{5}$这个分数。只不过,图④是需要把两个小正方形看成一份来表示的。

在这个过程中,理解分数、寻找合适的图形是思维的关键。传统的题型一般是一个分数对应一个图形,上述的开放性挑战题会让学生的思维空间扩大,而这样的挑战性几乎是所有学生都能接受的。这类习题一方面起到了巩固新知识的作用;另一方面拓宽了学生对分数意义的理解。

【示例3】在完成了人教版数学四年级上册"平行四边形和梯形"中"梯形的初步认识"教学后,教师可以设计这样的开放性挑战题:下图的方格中已画出梯形ABCD的三个顶点和两条边,请你标出第4个顶点,并将梯形补全。(要求:至少画出4种不同形状的梯形)

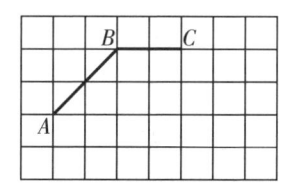

该习题提供了方格图作为思维工具,不仅可以考查学生能否以水平方向的线段BC为底,过点A做线段BC的平行线,并取线上的一个点D,使线段AD大于或小于线段BC,形成常规思维中的梯形ABCD。还可以考查学生会不会打破思维定式,用斜线AB为底,过点C做线段AB的平行线,并取线上的一个点D,使线段CD大于或小于线段AB,形成非常规思维中的梯形ABCD。

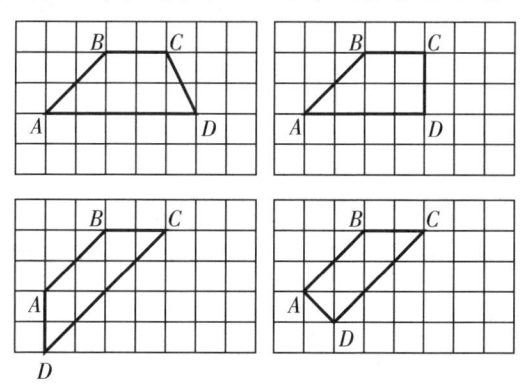

该习题结合操作与想象,难度不大却富有探索性,可以在培养学生空间想象和直观推理的同时,考查学生是否真正理解了梯形的本质特征。

综上所述,一道或一组富有挑战性的习题,在激发学生学习动力、提升学生学习能力、锻炼学生学习毅力等方面有着重要的意义。因此,教师要充分运用教学智慧,结合学生的心理特点与学科本质,设计不同类型的符合学生实际水平的挑战性习题,从多角度提升学生的学习力,为学生的终身学习奠基。

四 关注有策略的表达,提升数学素养

"读思达"教学法是余文森于2021年提出的,这一教学法的理论依据来自认知加工理论。余文森指出,学习本质上是一种认知的过程,完整的认知过程包括认知输入、认知加工、认知输出三个环节。与此相对应的,完整的学习过程包括阅读、思考、表达三个环节。《义务教育数学课程标准(2022年版)》把"三会"作为学生核心素养的构成要素,即会用数学的眼光观察现实世界,会用数学的思维思考现实世界,会用数学的语言表达现实世界。从教学的角度看,"三会"与认知加工理论中的三个环节可契合:在观察中"读",为信息输入铺路;用思维思考,为信息加工导航;用语言表达,为信息输出赋能。基于这些认识和理解,以小学数学问题解决为例,探寻小学生数学语言表达能力提升的基本步骤。

(一)读:厘清脉络,为信息输入铺路

从学生认知的角度来说,阅读是基础和前提,是学生与文本的对话。数学问题的呈现形式是多种多样的,因此,教师可以通过读文、读图、读表等方式来引导学生读懂题目中的相关信息,让他们在头脑中重建题干文本,从而发现问题并提出问题。

1.全面感知数学信息

首先,教师可引导学生通过粗读,了解题干中的文字信息、图片信息、表格信息等。读的时候,提示学生可以默读也可以读出声,但不可以漏读,要把题干的信息读完整、读明白。其次,可引导学生通过细读,在题干中找出重点词或重点句,提示学生可以采用边读边标记的方式,增强对题干信息的理解。

【示例】题目:从一块长方形铁板上剪去4个边长为5 cm的正方形,用剩余部分焊接成一个铁盒。

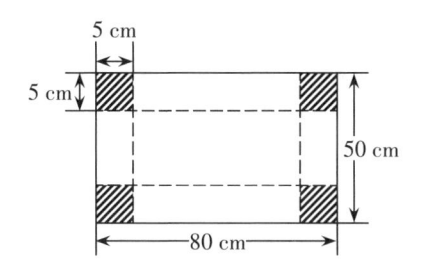

在粗读中,学生会读到这些信息:这个长方形铁板的长为80 cm、宽为50 cm,要从长方形铁板的4个角上分别剪去一个边长为5 cm的正方形。学生在描述这些数学信息的时候,教师要引导他们注意信息的先后顺序,这样有利于学生更好地理解题干信息。在细读中,学生又会发现"用剩余的部分焊接成一个铁盒"这个重要的数学信息。有了粗读和细读做铺垫,学生的脑海里会形成一系列的数学问题,例如:"焊接成的这个铁盒是什么形状?""它的长是多少?""它的宽是多少?""它的高是多少?""它的体积是多少?""它的表面积是多少?"等。

2.细致梳理关键信息

当学生遇到一道题干信息冗长的数学问题时,内心可能是不安的,也可能是崩溃的。此时,教师应引导学生利用画线段图、矩形图、表格等方式细致梳理关键信息,让数学信息可视化、清晰化。

【示例】题目:厦门地铁的收费标准为起步价2元4 km(含4 km);超过4 km后,4～12 km(含12 km),按4 km加收1元计费(不足4 km按4 km计费);12～18 km(含18 km),按6 km加收1元计费(不足6 km按6 km计费);18～28 km(含28 km),按10 km加收1元计费(不足10 km按10 km计费);28～43 km(含43 km),按15 km加收1元计费(不足15 km按15 km计费);43 km以上,按每20 km加收1元计费(不足20 km按20 km计费)。小明乘坐地铁从镇海路站到厦门北站(大约29.2 km),需要花费多少钱?

这是一道典型的分段计费问题。借助线段图,学生可以清楚地看到厦门地铁收费的具体分段情况,而镇海路站到厦门北站的总路程29.2 km处于28～43 km之间,根据"不足15 km按15 km计费"这一信息把29.2 km看成43 km。这样一来,需要花费的总价格包括了线段图的5段,只要先分别算出每段的收费总价,再把它们加起来就完成题目的解答了。

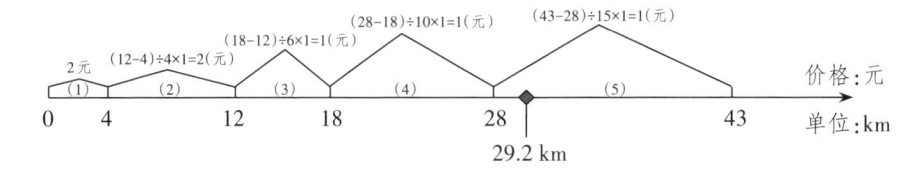

```
2元   (12-4)÷4×1=2(元)   (18-12)÷6×1=1(元)   (28-18)÷10×1=1(元)   (43-28)÷15×1=1(元)
 (1)        (2)                (3)                  (4)                   (5)              价格:元
 0    4            12                 18                     28                      43    单位:km
                                                         29.2 km
```

3.深入挖掘潜藏信息

有一些数学信息是呈现在题干表面的,也有一些数学信息是潜藏在题干中的,这样的信息需要学生通过对比观察、深入分析才能挖掘出来。教师可以通过"你知道了什么?你还能想到什么?"这样的问句来引导学生。

【示例】题目:小明用一张梯形纸做折纸游戏,他先上下对折使两底重合,得到图1。此时,测出未重叠部分的两个三角形面积之和是20 cm²。然后再将图1中的两个空白小三角形向内翻折,得到图2。经测算,图2的面积相当于图1的六分之五。请问,这张梯形纸的面积是多少?

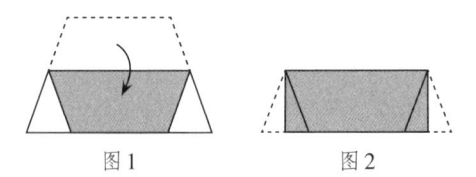

图1   图2

读题时,学生不难发现图1中左下角和右下角两个三角形的面积之和是20 cm²这一信息,但对于"图2的面积相当于图1的六分之五"这个数学信息容易把握不了。此时,教师应该引导学生对比图1和图2,找到两图相差的部分,即在图2左下角和右下角两个空白三角形的面积之和为$20÷2=10(cm^2)$。当这一潜藏的数学信息被挖掘出来,该题的解题思路就浮出水面了。

(二)思:抓住关键,为信息加工导航

从学生认知的角度来说,思考是关键和核心,是学生与自我的对话。当学生读完题目,厘清了题目中的所有信息后,信息输入已顺利完成。此时,教师应该引导学生不断与自我对话,借助表格、图形、线段图等工具探索解决问题的思路,为分析问题提供支架。

1.借助表格描述问题

实践表明,尽管有些数学问题信息描述得比较浅显,学生在实际答题的过程中仍然感觉困难重重。此时,教师可以引导学生借助表格,分别从横向和纵向两个角度来思考,打开思维之窗。

【示例】题目:文体商店中,两个毽子卖7元,五根跳绳卖32元。为了奖励在数学小达人活动中表现进步的同学,钟老师准备买10个毽子和20根跳绳。请问,一共要花多少钱?

在横向观察中,学生可能本想借助"总价÷数量=单价"这一数量关系先得出毽子和跳绳的单价,但由于学生还没有小数除法的认知基础,故无法解决这个问题。于是教师可以引导学生进行纵向观察,打开学生的思路。由于10个毽子是2个毽子的5倍,所以10个毽子的总价就是2个毽子总价的5倍,通过列式计算"10÷2×7"就可以得出10个毽子的总价。相同的思路可以计算出跳绳的总价。当学生分别算出10个毽子和20根跳绳的总价,再将两者相加,题目就迎刃而解了。

毽子		跳绳	
2个	卖7元	5根	卖32元
10个	卖( )元	20根	卖( )元

（5倍、5倍、4倍、4倍）

2.借助图形突破难点

当数学问题的情境较抽象时,学生在分析问题的过程中就容易存在一定的困难。因此,教师要引导学生养成画图的习惯,借助图形去分析问题,突破问题的难点。

【示例】题目:小明测量了一个平行四边形的底、邻边和高的长度,可是他只记得3个数据,即6 cm、5 cm和4 cm,却忘记了这3个数据分别对应的是哪条线段。你能根据这些数学信息算出这个平行四边形的面积吗?

读题时,学生不难知道解决这个问题的关键是找出这个平行四边形的底和高分别是多少,但如何才能又快又准地找出这个平行四边形的底和高呢?教师可以引导学生通过画图,把这3个数据进行排列组合,不重复也不遗漏地画出6种情况,结合"直角三角形的斜边大于直角边"这一原理,推理得出图2、图4、图6才是符合条件的。因此,这个平行四边形的面积可能是6×4=24(cm²)或者 5×4=20（cm²）。

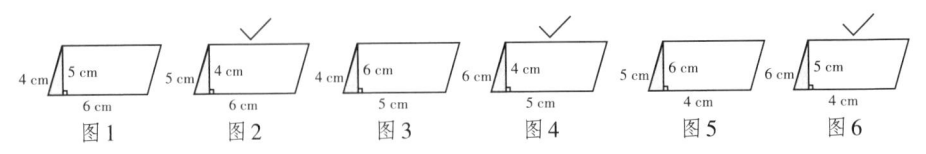

图1　图2　图3　图4　图5　图6

3.借助线段图分析数量关系

分析数量关系是小学阶段解决数学问题的关键,线段图能将题目中抽象的数量关系以形象、直观的方式呈现出来,学生学会依据线段图分析数量关系就能又快又好地解决一部分数学问题。

【示例】题目:一辆轿车和一辆货车同时从甲、乙两城出发,相向而行,两车在距中点15 km处相遇。轿车每小时行60 km,货车每小时行52 km。甲、乙两城相距多少千米?

通过画线段图,学生很容易发现:轿车比货车多行驶的路程为15+15=30（km）,用30 km除以两车的速度差就能求出相遇时间,再用两车速度之和乘相遇时间就能求出两城之间的距离。即（15+15）÷（60-52）=3.75（h）,（60+52）×3.75=420（km）。

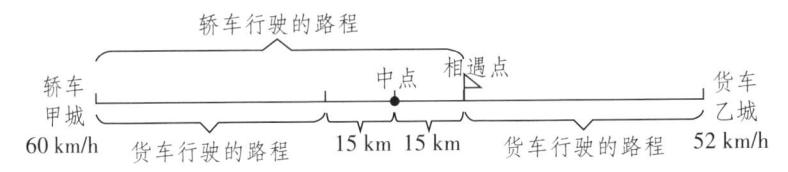

（三）达:对话交流,为信息输出赋能

从学生认知的角度来说,表达是归宿和提升,是学生与他人对话。在表达和倾听的过程中,同伴们分享彼此的认识、经验和见解,更正、补充、丰富彼此的看法。当学生在与文本、与自我进行深入对话,厘清题目中的所有信息以及抓住解题关键后,信息输入和信息加工才算顺利完成。此时,教师应引导学生采用语言、文字、图形等多种表达方式,为信息输出赋能,让问题的解决过程简洁清晰地呈现在同伴或教师面前,主要有以下两种方式。

1.口头表达,让信息输出立体化

数学语言是数学知识的载体,也是数学思维的工具,当学生能够准确地将自己的思考过程或思考结果用数学语言口头表达出来时,头脑里的思维活动就会更加清晰。因此,首先,教师要善于把握学生的心理,创设宽容和谐的氛围,激发学生用数学语言表达的欲望。例如,提供对话平台,让学生以四人小组为单位上台展示。一人主讲,一人板书,其他两人补充,班级其他同学当听众,倾听之后提出自己不一样的看法。又如,鼓励学生开展亲子说理互动,让说数学变得和做数学一样有趣、有味。再如,依托公众号平台,鼓励学生录制和展示说理视频。其次,教师要引导学生在进行口头语言表达时运用一定的表达技巧。第一,用支架性语言让学生言之有物,如"……的排列规律是以……为一组依次重复出现的"这样的语言。学生循着这个框架就可以清晰、流畅、准确地表达他所看到的规律。第二,用关键性语言让学生言之有序,如"我先由……想到……它的列式是……"这样的语言。第三,用推理性语言让学生言之有据,如"先通过剪、移、拼把平行四边形转化为长方形,通过观察发现,平行四边形的底等于长方形的长,平行四边形的高等于长方形的宽,因为长方形的面积等于长乘以宽,所以平行四边形的面积等于底乘以高"。

2.书面表达,让信息输出结构化

解决数学问题的思维活动过程和结果除了可以用口头语言表达,还可以用书面语言来表达。学生通过思考,在相应题目的答题处将自己的所思所想记录到纸上,同伴或教师通过阅读纸上呈现出来的答题过程,了解该学生的答题思路。实践中,教师会发现由于缺乏规范,有些学生常常出现表达过程不清晰、表达不准确等现象。因此,教师可引导学生采用"三段论"的方式进行表达,让书面表达结构化呈现。

【示例】题目:1米的八分之七和7米的八分之一一样长吗?说说你的理由。

这是一道说理题,学生从分数的意义出发,可以借助文字或借助算式进行描述。首先阐述过程,其次说明理由,最后呈现结论,让内在思维过程跃然纸上。

| 1米的$\frac{7}{8}$表示把1米平均分成8份,其中的7份就是$\frac{7}{8}$米;
7米的$\frac{1}{8}$就是把7米平均分成8份,其中的1份也是$\frac{7}{8}$米。
因为:$\frac{7}{8}$米=$\frac{7}{8}$米
所以:1米的$\frac{7}{8}$和7米的$\frac{1}{8}$一样长。 | 1米=100厘米,7米=700厘米
根据分数的意义:100÷8×7=87.5(厘米)
$\qquad$700÷8×1=87.5(厘米)
因为:87.5厘米=87.5厘米
所以:1米的$\frac{7}{8}$和7米的$\frac{1}{8}$一样长。 |

学生的书面表达能力需要经过系统训练,因此教师要有意识地引导:可以从日常的板书示范、表达示范、要求规范等方面入手;也可以让学生先在脑海中将思路想一遍,然后再用纸和笔记录下来;同时还要回顾、反思整个过程。[①]

总之,"情"和"理"构成了小学数学情理共生课堂的两大基本要素,是不可分割的统一体。"情"是血肉,"理"是灵魂;"情"是"理"的基础,"理"是"情"的深入;以"情"感人是手段,以"理"服人是目的;"情"使人饱满,"理"使人增慧。情理共生课堂的实践,促进了"情"和"理"的相互渗透与有机融合,促进了数学学科人文性与工具性的统一,契合了课程标准所提出的核心素养要求,契合了国家立德树人的根本要求,是构建学生精神家园的必然途径。

---

① 张雅芬.读思达:小学生数学语言表达能力提升三步骤[J].课程教育研究,2023(8):67-69.

第四章

情理共生的小学数学
课堂实践探索

第一节 情理共生的小学数学课堂的基本框架

情和理在人的生命中是统一的：理是人存在的价值形式，情是人存在的具体形式。有情斯有理，无情必无理；理从情出，情通理得。"理也者，情之不爽失也；未有情不得而理得者也。""在己与人皆谓之情，无过情无不及情之谓理。"（《孟子字义疏证》）理性以情感为内容，理性要通过情感表现出来，情感以理性为规范，只有拥有中节、正当、合理的情感，人才能走向更好的生命。[1] 重情而不纵情，重理而不唯理，二者相辅相成。情理共生的小学数学课堂教学是一种基于学生情感和生活经验，指向学生成长的教学主张，它关注学科育人和学科教学的辩证统一，强调数学教学应该情理并重、和谐共生，倡导教师充分挖掘数学教材和课堂中的"情感"和"理思"成分，融情入理，以理怡情，激发学生积极的情感，点燃学生理思的火花，达成情理共生的绿色课堂生态。

一 情理共生的小学数学课堂的框架解读

情理共生的小学数学课堂这一教学主张有两个分支，一支为"情"，一支为"理"。"情"是世界存在的本源动力，是世间一切的基础；"理"是宇宙自然的终极律则，是不断追求的本质。

情理共生的小学数学课堂，一方面指向非智力因素中的"情"，另一方面指向智力因素中的"理"。非智力因素又称非认知因素，指人在智慧活动中不直接参与认知过程的心理因素，对学习活动起着启动、导向、维持和强化作用。非智力因素可划分为三个不同层次：第一层次，指学生的理想、信念、世界观，它属于高层次水平，对学习具有广泛的制约作用，对学习活动具有持久的影响；第二层

---

[1] 谭小熙.通情以达理：中国传统书院教育的价值诉求[J].扬州大学学报（高教研究版），2022，26（4）：51-57.

次，主要指学生的个性心理品质，如需求、兴趣、动机、意志、情绪、情感、性格与气质等，它们属于中间层次，对学习活动有着直接的影响；第三层次，指学生的自制力、顽强性、荣誉感、学习热情、求知欲望和成就动机等，会对学习活动产生具体的影响。智力因素指记忆力、观察力、思维力、注意力、想象力、语言力、操作力等认知能力的总和，它是人们在对事物的认识中表现出的心理性，是认识活动的操作系统。

情理共生的小学数学课堂的基本框架（平面）如图4-1所示。情理共生的小学数学课堂中的"情"可以从以氛围生情、以评价促情、以文化润情三个方面展开，为学生营造安心安全、积极向上的情绪场，从而产生"数学好玩"的情感和"希望玩好数学"的信念，从根本上遏制消极学习情绪的滋长，提升学生的情绪体验，调动学生的情绪力量。情理共生的小学数学课堂中的"理"可以从明产生之理、探形成之理、达应用之理三个方面展开，引导学生在具体的、复杂的、真实的教学情境中发现问题、提出问题、分析问题、解决问题，在经历知识的产生、形成、应用的过程中学理、知理、明理，打造对话思辨、迁移应用的学习域，进而实现"玩转数学"的终极目标。

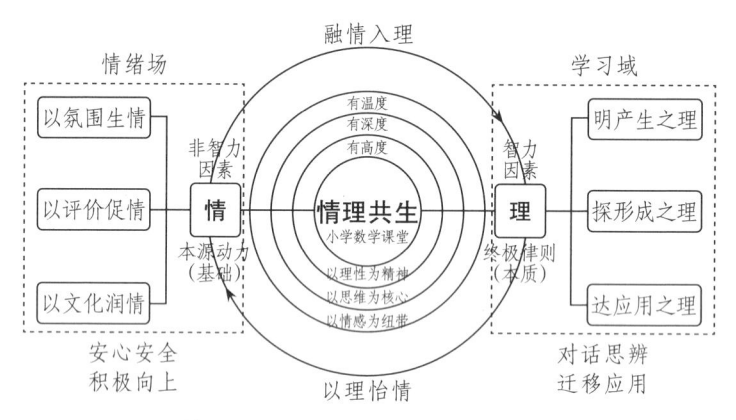

图4-1 情理共生的小学数学课堂的基本框架（平面）

情理共生的小学数学课堂强调以情感为纽带，这样的课堂必定是有温度的课堂；强调以思维为核心，这样的课堂必定是有深度的课堂；强调以理性为精神，这样的课堂必定是有高度的课堂。这三点是情理共生的小学数学课堂的内核。基于情感，撬动思维，走向理性，由外向内逐渐叩问数学的本质；理性表达充分，思维迅速发展，情绪体验愉悦，由内向外逐步感受数学的美好。这个内核如同水面上荡起的涟漪，一圈又一圈，生生不息。

图4-2呈现了情理共生的小学数学课堂的基本框架(立体)。情理共生的小学数学课堂,首先要做到"融情入理",让学生带着美好的情感、情绪进入理性课堂的探究中;其次要做到"以理怡情",引导学生在讲理、析理、辨理的过程中进入"理越辨越清""理越辨越明""理越辨越透"的高级境界。此时,学生的体内会产生一种神奇的物质——内啡肽,它会让身体和大脑感受到一种"润物细无声"的美好,让学生的数学情绪再度升华,向更稳定的方向发展。这样,"融情入理""以理怡情"循环往复、循序渐进、螺旋上升,使小学数学课堂情理共生、情理交融,美好的情绪场和质朴的学习域相得益彰。情理共生的小学数学课堂一方面解决了学生"不爱学"的问题,另一方面解决了学生"不会学"的问题。

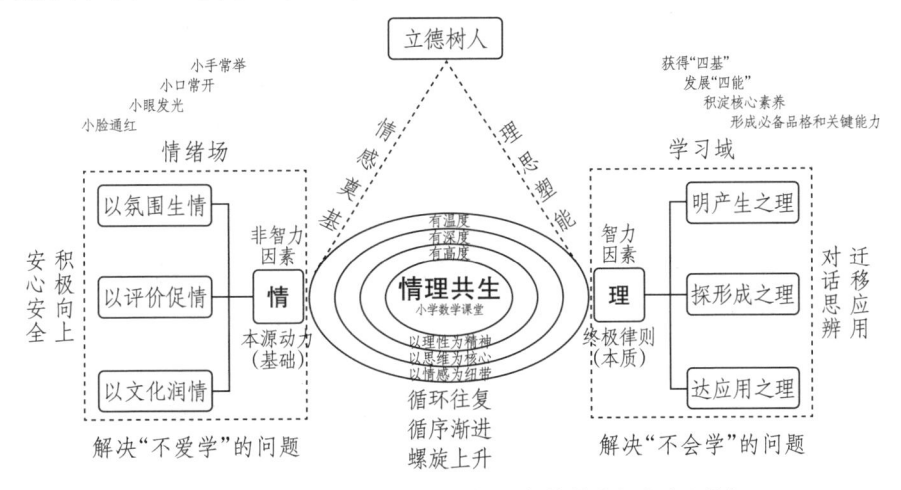

图4-2 情理共生的小学数学课堂的基本框架(立体)

在实践中,我们可以看到,在安心安全、积极向上的情绪场中,学生非常愿意投入到学习活动中,他们的目光会追随教师,往往渴望回答每一个问题,常常会因为一个观点而争得面红耳赤。此时,学生的状态是小手常举、小口常开、小眼发光、小脸通红的。我们还可以看到,在对话思辨、迁移应用的学习域中,学生获得了"四基",发展了"四能",积淀了核心素养,形成了必备品格和关键能力。情感奠基,理思塑能,奏响了"立德树人"的华美乐章,实现了教育的根本任务。

我国著名学者吕型伟说过,教育是事业,事业的意义在于奉献;教育是科学,科学的价值在于求真;教育是艺术,艺术的生命在于创新。这要求教师要打造说理的课堂,营造情感的场域,通过构建情理共生的课堂让理性的科学知识裹上一层甜甜的情感"糖衣",让数学教学焕发出无穷的活力。

二 情理共生的小学数学课堂的实施向度

（一）营造安心安全、积极向上的情绪场

人产生动机的原因是满足某种需求或维持某种行动所产生的内部驱动力。动机产生的源泉在于人的需求，一旦满足了人的某种需求即可有效激发和调动其积极性，这是马斯洛需求层次理论的核心要义之一。在马斯洛需求层次理论中，人的需求大致可分为五个层次：生理需求、安全需求、爱与归属需求、尊重需求以及自我实现需求。这五个层次的需求呈阶梯状排列（图4-3），其中，生理需求位于最低层，是人最基本的需求。马斯洛需求层次理论认为只有较低层次的需求得到满足后，才能激发高一层次的需求。当这个理论应用于实际教学中时，小学生最需要的一般为爱与归属需求和尊重需求，而这必须建立在有安全感之上。安全感是个体对所处情境的心理体验，是人们获得保护、内心安定、不受威胁、消除恐惧和焦虑情绪的状态。因此，在小学数学课堂教学过程中，教师要着手构建新型教学关系，营造安心安全、积极向上的情绪场，充分尊重学生人格，重视保护学生的自尊心，并不断完善激励机制，使学生感受到爱与尊重，从而激发起向上的学习动机，帮助他们挖掘潜能，实现梦想。①

图4-3 马斯洛需求层次理论模型

1.以氛围生情

创设良好的课堂氛围对于激发学生情感，提高学生学习效果至关重要。想象一下，如果课堂氛围是轻松愉悦的，那么学生的情绪就容易被调动，这不仅能

---

① 曲辉，王玉芬.探究小学数学教学中如何有效激发学生学习动机——基于马斯洛需求理论[J].学周刊，2018(4)：27-28.

使学生积极主动地去学习,而且还会大大提高学习的效果。反之,如果课堂氛围是沉闷压抑的,那么学生的学习动机会弱化,学习效果将会大打折扣。因此,作为教师,我们应该努力营造一种积极、和谐的课堂氛围,让每个学生都能感受到学习的乐趣。下面介绍几种常见的做法。

(1)建构和谐的师生关系。

师生关系即教师和学生之间的关系,它在本质上反映着师生间寻求满足社会需要的心理状态。美国心理学家罗杰斯认为,成功的教学依赖于一种真诚的相互理解和信任的师生关系。师生关系和谐的关键在于心灵和谐,教师要能够正确处理教师权威与学生尊严、教师教权与学生学权之间的平衡关系,懂得师生之间建立心理契约的重要性,学会保持师生情感关系的适度张力。建立和谐、民主的师生关系,形成良好的学习氛围,是上好一堂课的基础。明代教育家王阳明曾说:"今教童子,必使其趋向鼓舞,中心喜悦,则其进自不能已。"教学也一样,教师不能戴着有色眼镜去看待学生,要让每个学生都能发现自己的长处,懂得欣赏自己,体验成功的喜悦。教师要充分运用"亲其师,信其道"的心理效能,强化师爱的作用:从你步入教室的那一刻起,把微笑带进课堂,把激励带进课堂,把合作带进课堂;从宣布上课并向学生问好的那一刻起,用自己的情绪去感染学生,让你的眼神、表情、话语、举动都充满着爱;从肯定学生点滴进步的那一刻起,让你的期待住进学生的心里,为他们指点迷津,做学生成长的引路人……良好的师生关系并不是在课堂上一下子形成的,而是在平日里逐渐培养起来的。因此,教师应该平易近人、言行得体、关心学生,还要有良好的教学声誉以及精巧的教学智慧。这样,教师在学生中有了威信,让学生觉得教师是可敬、可亲、可信的。下面和大家分享我的两个小故事。

2022年9月,我新接了一个班级的教学工作。开学第一课,我这样向学生们介绍自己:"我有三个名字。第一,因为我姓张,所以你们可以称呼我为'张老师';第二,因为我的QQ名和微信名叫芽儿,所以你们也可以称呼我为'芽儿老师',我喜欢绿色,喜欢芽儿向上的生命力;第三,因为我觉得自己很自信、内在很美丽,所以你们还可以称呼我为'最美老师'。"此话一出,班级里一下子炸开了锅,孩子们闪动着好奇的双眼望着眼前这位看起来小小的,却浑身充满趣味的老师。"哇,最美张芽儿老师,您好!"不知道从哪个角落里溜出了这样一句稚嫩的话语,然后全班同学都跟着喊了起来。后来,我发现,那天的第一次相处,让我和孩子们之间的师生关系有了一个亲切、和谐的开端。

2023年10月的一个早晨,我走进教室,看到可爱的曼灵同学正盯着我,便顺手将手里拿着的一颗煮鸡蛋送给了她。这个举动恰巧被班级里的同学看到了,一位男同学开始起哄说:"零蛋,零蛋,老师是想让你考零蛋!"曼灵同学脸上的笑容逐渐变得僵硬,然后慢慢消失了。我灵机一动,对着全班同学说:"灵蛋、灵蛋,对,就是灵蛋呀!"转身,我在黑板上写下了"灵蛋"两个字。此"灵蛋"非彼"零蛋",起哄的同学不好意思地低下了头,而此时,曼灵同学脸上的笑容又悄悄回来了。那天以后,曼灵同学在学习上变得更加专注和努力,成绩越来越好,其他同学也开始佩服曼灵,渐渐地,班级里掀起了一股学习的"热潮"。

(2)创设愉悦的心理环境。

一个人的心理素质,不仅会影响他的行为动力,还会影响他的行为方式。孔子曾言"知之者不如好之者,好之者不如乐之者"。在课堂教学中,想方设法创设轻松、愉快的心理环境是提高课堂教学效率的核心。因此,在教学中,教师要倾注自己的热情,架设起心灵沟通的桥梁,从学生的心理特点、个性特点出发,为学生创设轻松、愉快的心理环境,以此产生强有力的"乐学"磁场,激励学生积极主动地参与学习过程,并在学习过程中学会学习。首先,教师应以积极、热情的状态微笑面对学生。微笑是人际交往中快速拉近距离的一种最好方式,微笑会让学生对教师没有恐惧感,让课堂气氛和谐。倘若教师板着脸孔,摆出高姿态,让学生感觉到压抑,那他们在学习时就会有紧张感,课堂气氛容易变得生硬、冷漠,不利于教学的开展。其次,创设和谐、平等的课堂氛围是关键。教师要尊重每一个学生,与他们平等交流,鼓励他们自由发表意见。这样,学生才能在一个宽松、自由的环境中学习,进而享受学习的乐趣。

例如,在课前预备铃响时,教师可以安排一位班级管理员打开电脑上保存的经典古诗唱诵的视频或音频(每周一曲,每个年级不一样,可以和小学生必备古诗词配套)。一部分学生已经做好课前准备,随着音乐轻轻摆动身体参与唱诵,一部分学生会一边做课前准备一边参与唱诵。慢慢地,所有的学生都沉浸其中,轻柔美妙的唱诵声让学生的心逐渐安定下来。待上课铃响,教师轻轻关掉音乐,师生问好后即可上课。这其实是一种变式的正念,通过经典古诗唱诵,吸引学生的注意力,让学生的情感与之共鸣,学生一方面能够领会诗歌意蕴,另一方面能够产生良好的学习情绪。

又如,我们常见的课堂问候语是"上课—起立—同学们好—老师好—请坐",或者"下课—起立—同学们再见—老师再见"。长久的缺少新鲜感的问候,难免让学生产生一种厌倦的感觉,师生间的问候成了索然无味的机械应答,学生对课堂学习的期待也会随之减弱。于是,我大胆做了一些尝试,收获了良好的效果。对于低年级的学生,我们可以这么做:教师扫视学生后说"上课",学生坐在座位上双手掌心向上做出开花状;教师说"同学们好",学生一边说"老师好"一边拍掌;掌声结束,学生再说"我爱数学!耶!"话音落下,学生双手比"耶"放于脸颊处。通过这样的问候语,我能够感受到学生脸上洋溢着的是幸福,是快乐,更是一种期待!对于中、高年级的学生,我们可以这么做:教师扫视学生后说"上课",课代表高呼"起立";教师朗诵"少壮不努力",学生接着朗诵"老大徒伤悲";教师朗诵"读书有三到",学生接着答"心到、眼到、口到";教师再朗诵"一寸光阴一寸金",学生精神振奋,应声答"寸金难买寸光阴"。问候结束后,学生个个"两眼放光",兴奋之情溢于言表。这样的师生问候方式,一方面能吸引学生的注意力,另一方面能振奋学生的精神,还渗透了珍惜美好青春年华的思想教育,可谓"一石多鸟"。

(3)设计丰富的学习过程。

小学生的自我表现欲望和参与意识强烈,容易对新鲜、有趣的事物产生兴趣,但他们的注意力容易分散,自制力较差。因此,教师要特别注重教学过程的设计与实施,要根据学科特点,充分利用游戏、表演、竞赛等形式组织课堂教学活动,综合考虑其针对性、层次性和趣味性,降低学生的枯燥感和疲劳感,激发学生的积极性和求知欲,保证每个学生都能够参与并乐于参与,通过这些活动真正帮助学生实现学有所乐、学有所获。在教学中,教师要为学生提供具有挑战性的学习材料,让学生经历丰富的学习过程,从不同角度、不同方式来观察、对比、分析、推理、验证。这样才能让学生的体验更多元,认识更深刻。

【示例】在"认识百分数"一课的教学中,教师可以结合学生实际创设一个比赛的情境。

"王涛同学和李强同学比赛投篮,王涛5投3中,李强6投4中。他们两人的命中率分别是多少?谁的命中率高?"

在观察中,学生会发现这两名同学投球的次数和命中的次数各不相同,无法直接用比较命中次数的方法来比较他们的投篮水平,而应该比较他们命中次数占投球次数的比率(命中率)。从这一点出发,学生会用分数表示出两名同学的投篮水平,并通过通分将这两个分数变成分母为100的分数。

$3÷5=0.6=\frac{60}{100}=60\%$，$4÷6≈0.67=\frac{67}{100}=67\%$，王涛和李强的命中率分别是60%、67%，60%<67%，因此，李强的命中率高。

在顺利比较出两名同学的投篮水平之后，教师可以展示几个生活中的百分数，例如：75%的乙醇、安装程序格式化14%、100%的聚酯纤维、A品牌销售额今年比去年同期增长120%。请学生说说这几个百分数的意义。之后，再展示几个"10×10"的方格图，让学生选择其中的1~2个百分数，在方格图中涂色表示出来，加深他们对百分数意义的理解。

从具体情境认识百分数的由来，到联系生活理解百分数的意义，再到采用方格图表征百分数的意义，层层递进。丰富的学习过程会让学生发现百分数源于分数，而且还保留了分数的很多属性，这会使学生自然地将百分数融入原有的知识体系中去。

(4)运用教师的教学艺术。

李如密在《教学艺术论》一书中提到，教学艺术乃是教师娴熟地运用综合的教学技能技巧，按照美的规律而进行的独创性教学实践活动。也就是说，教学艺术是教师引领学生达到课堂最佳教学效果的方法、技巧和创造能力的综合表现，它主要体现在教师对教学过程的把握和对教学方法的运用上。在影响课堂氛围的诸多因素中，教师的教学艺术是一项重要因素。教学艺术集中表现在教学语言美、内容结构美、板书设计美等方面。

①教学语言美。

苏霍姆林斯基曾说过，教师的语言修养在极大程度上决定着学生在课堂上的脑力劳动效率。因此，教师准确、精练、生动、自然的语言表达是课堂成功的关键，更是学生高效学习的基础。在小学数学课堂教学中，数学语言是数学思维活动的载体，它以严谨规范著称。其语言规范包含了三个方面：一是语言的准确性；二是语言的科学性；三是语言的逻辑性。

语言的准确性指对概念的描述要正确，不可含糊其词，语言要精确，不宜模棱两可。如，有教师在进行三角形概念的教学时，先让学生用三根小棒摆成一个三角形，同时提问："三角形是由几条线段组成的？什么样的图形是三角形？"学生回答说："三角形是由三条线段组成的，由三条线段组成的图形叫三角形。"而三角形的构成应同时满足两个条件：其一，有三条线段；其二，三条线段首尾相连能围成一个图形。如果表述为三条线段"组成"，那将会出现多种不同的情况,而三角形的构成只是其中的一种特殊情况。

语言的科学性指教学语言不仅要准确,而且要严谨,对每一个概念的描述都要使用专业术语,不允许出现知识性的错误。具有科学性的数学语言应当含义准确、措辞精当、周到严密、不生歧义,这样才能给学生清晰明了的正确认识。如果词不达意、模糊不清,或用语含糊、模棱两可,只能使学生信疑不定,甚至引起判断失误,造成学生思维混乱。数学语言上的一字之差,可能会有不同的含义,如"除"与"除以"、"增加"与"增加到"、"扩大"与"扩大到"等。

语言的逻辑性指教学语言要条理清晰、层次清楚、结构合理,要抓住精华、突出重点、有取有舍,不能前言不搭后语。数学是一门逻辑性很强的学科,其内容的编排上体现出很强的连贯性、逻辑性和系统性。因此,教师的教学语言要符合认识事物从浅入深、由表及里、从具体到抽象、从特殊到一般的规律。否则,经由教师语言呈现出来的知识就会像一盘散沙,不仅容易使学生对数学学习失去信心,还容易使学生陷入错误的思维之中。如,在描述三角形的分类时,教师应该把大概念和小概念之间的关系阐述清楚:"按角分,三角形可以分为锐角三角形、直角三角形和钝角三角形;按边分,三角形可以分为等边三角形、等腰三角形和一般三角形。"从而增强学生对知识内在逻辑的理解。

②内容结构美。

《义务教育数学课程标准(2022年版)》鲜明地提出了"结构化"的观点,从课程理念、课程目标到课程实施,"结构"一词出现了近二十次。可见,结构化教学已经成为新课改的重点,是学生核心素养培育落地的重要切入点。数学是一门结构性很强的学科,但知识点被分散在一节节的课中,很容易被视作数学知识和基本技能的简单堆砌和排列。结构化教学能打破这种碎片化的教学样态,它基于学生的认知经验和思维特点,用高观点、大视野和关系思维统摄多个独立而又具有关联的知识点,引领学生经历层次化、结构化、逻辑化、整体化的学习过程,通过主动迁移、彼此融合、抽象建模、整体架构等建构知识网络。[1]

例如,人教版数学五年级下册"分数的基本性质"一课,教师围绕"$\frac{1}{2}$,$\frac{2}{4}$,$\frac{4}{8}$的大小关系是如何的?"这一核心问题,可以先引导学生通过折一折、比一比的方

---

[1] 王翠.以结构化教学化数学知识为数学素养[J].江苏教育,2022(89):71.

法,发现这三个分数是一样大的;再引导学生通过观察分子、分母的变化规律,初步猜想"分数的分子和分母同时乘或除以相同的数,分数的大小不变";接着通过举例验证的方法总结得出"分数的分子和分母同时乘或除以相同的数(0除外),分数的大小不变"这一规律。从动手操作到发现规律,再到举例验证,最后总结规律,学生对分数基本性质的理解水到渠成。此时,教师可以引导学生联系前面"分数与除法"一课中学过的分数和除法的关系,建立起分数的基本性质和商不变的规律之间的联系,从而建构起分数的基本性质和商不变的规律之间的关系模型,而这一结构化的认知还将进一步迁移应用到六年级下册"比例的基本性质"的学习中,从而建构起比例的基本性质、分数的基本性质和商不变的规律三者之间的关系模型。此外,这种结构化的学习经验将对学生之后的学习产生深远的影响。在遇到类似的问题或困难时,学生会有意识或无意识地激活已有的基础知识:哪些已学过的知识与这部分知识有关?这对探索新知识有何启发?长此以往,学生主动探究问题的意识和能力都将得到大大提高。

③板书设计美。

板书是教师在备课中构思的艺术结晶,是学生感知信息的视觉渠道,是发展学生智力和引导学生思维的主要桥梁,它在课堂上起着举足轻重的作用。好的板书是教学内容和教学过程的高度浓缩,它集教材编者的"编路"、教材内容的"文路"、教师的"教路"和学生的"学路"于一体,是教师"教"与学生"学"的微型教学案。板书的设计直接影响课堂教学的质量,影响着学生的思维和学习方法。板书设计一要遵循内容美,即用词准确、内容精练、重难点突出;二要遵循形式美,即条理清楚、图文结合、布局合理;三要遵循书写美,即字迹工整、合乎规范、美观大方。

【示例】人教版数学四年级下册"数学广角——鸡兔同笼"。

"鸡兔同笼"问题是我国民间广为流传的数学趣题,最早出现在《孙子算经》中。该课一方面欲通过生动有趣的古代数学问题让学生感受我国数学文化的源远流长,激发民族自豪感和爱国热情;另一方面欲引导学生在解决问题的过程中了解解决问题的不同方法和策略,积累解决问题的经验,培养学生有序思考及逻辑推理的能力。"鸡兔同笼"问题的解法包括:画图法、列表法、假设法、抬脚法等。基于对教材的深度理解和整体把握,教师可设计如下板书。

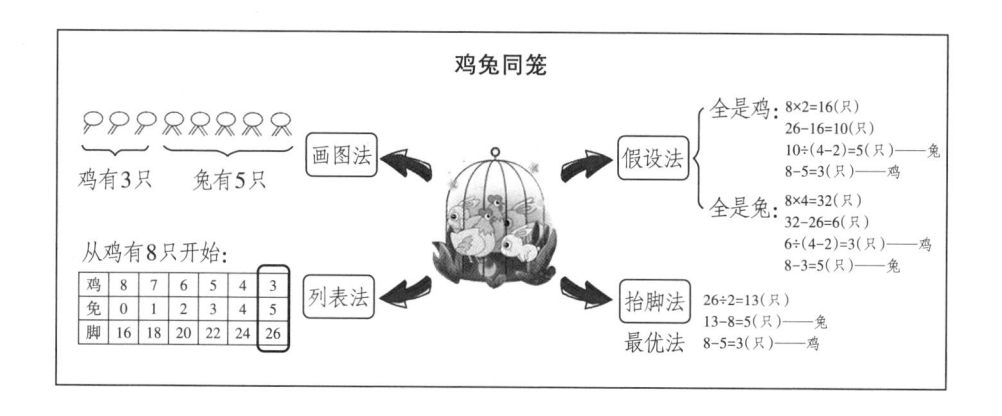

```
                          鸡兔同笼
    ♀♀♀♀♀♀♀♀                            全是鸡: 8×2=16(只)
                    画图法        假设法          26-16=10(只)
  鸡有3只  兔有5只                              10÷(4-2)=5(只)——兔
                                              8-5=3(只)——鸡
  从鸡有8只开始:                        全是兔: 8×4=32(只)
   鸡 8 7 6 5 4 3                              32-26=6(只)
   兔 0 1 2 3 4 5    列表法                    6÷(4-2)=3(只)——鸡
   脚 16 18 20 22 24 26                        8-3=5(只)——兔
                                抬脚法  26÷2=13(只)
                                最优法  13-8=5(只)——兔
                                        8-5=3(只)——鸡
```

2. 以评价促情

中共中央、国务院于2020年10月印发了《深化新时代教育评价改革总体方案》，该方案要求改革学校评价，推进落实立德树人根本任务，提出加快完善各级各类学校评价标准，坚决克服重智育轻德育、重分数轻素质等片面办学行为，促进学生身心健康、全面发展。该方案明确了评价改革的主要方向，要求改进结果评价，强化过程评价，探索增值评价，健全综合评价，让评价办法更加多元。

目前，多元评价已成为许多学者关注的热点。何其凡认为多元评价是指形成性评价和终结性评价等多种评价学生的方法。[①]杨艳和魏东认为多元评价结合了教学评价和实践，以帮助学生更高效地学习，强调学生自主思考所学习的内容并形成自己独特的理解，引导学生在探索和挖掘有价值的学习经验的时候，逐渐形成高效且适合自己的良好学习习惯和方法，使学生在学习中树立自信心，得到满足感。[②]向颖和何国良认为多元评价可以为学生发展提供全新的视角。[③]张维忠和江漂认为对学生的评价不是简单评价学生的书面学习成绩，而是要帮助学生了解自己的优缺点，进而通过不断查漏补缺来完善自己，同时也可以帮助教师从多方面更好地了解学生，并调整适合学生的教学策略和

---

① 何其凡.运用多元性评价,提升生物学核心素养[J].课程教育研究,2020(7):193-194.

② 杨艳,魏东."互联网+"背景下小学生多元评价的若干思考[J].中国新通信,2022,24(12):161-163.

③ 向颖,何国良.多元评价促进学生发展[J].思想政治课教学,2019(8):77-80.

方法。[①]

被誉为"教育评价之父"的泰勒提出,评价过程实质上是一个确定课程与教学计划实际达到教育目标的程度的过程。而课堂评价主要指任课教师在实施教育教学的过程中,对学生的学习过程和结果进行及时有效的评价,通过评价来促进学生的学习,提高教师的教学效果和质量,是"教师为主导,学生为主体"的师生共同成长的评价方式。

(1)优化课堂评价内容。

①拓宽评价维度。

素质教育要求实现学生德智体美劳的全面发展,培养符合时代发展需要的人才,这就要求教师在进行教学时,不仅要使学生获得适应未来生活和进一步发展所必需的数学基础知识、基本技能、基本思想、基本活动经验,而且要使学生具备发现问题、提出问题、分析问题和解决问题的能力,形成良好的学习习惯并建立学好数学的信心,从而做到智力因素和非智力因素的全面发展。因此,在小学数学课堂上,教师要依据课程标准,针对学生的身心发展和认知特点,思考学生"学什么""学到什么程度""怎么学"。

【示例】人教版数学三年级上册第六单元"多位数乘一位数"这一课程,从课程内容的分解到单元学习目标的制定,教师可将抽象的目标分解为可观察、可检测、可解释的学习目标,切实处理好教学过程中教师"教什么""评价什么""达成什么"的问题,保障"教—学—评"的一致性,从而有效提高教学质量。

"多位数乘一位数"课程内容分解

目标	课程内容	课标分解(核心素养、学业质量)
内容要求 (学什么)	探索并掌握多位数的乘法,感悟从未知到已知的转化	探索多位数乘法:理解算理 掌握多位数乘法:掌握算法 感悟从未知到已知的转化:借助已有知识进行推理(推理意识)
学业要求 (学到什么程度)	能计算两位数、三位数乘一位数	能用竖式计算多位数乘一位数(运算能力)

[①] 张维忠,江漂.素养导向的数学核心素养评价——《义务教育数学课程标准(2022年版)》的新变化[J].中小学课堂教学研究,2022(7):1-3.

续表

目标	课程内容	课标分解(核心素养、学业质量)
教学提示 (怎么学)	1.将数的认识和数的运算有机结合,感悟计数单位的意义,了解运算的一致性 2.理解算理与算法之间的关系,在这样的过程中,感悟如何将未知转化为已知,初步形成推理意识 3.引导学生在具体的问题情境中选择合适的单位进行估算,体会估算在解决实际问题中的作用	1.经历独立思考、合作交流等过程,将多位数乘一位数转化成表内乘法进行计算,感悟如何将未知转化为已知(推理意识) 2.通过拆分与合并的方法,理解算理与算法之间的关系,了解运算的一致性(运算能力) 3.根据具体问题的实际情况,判断何时大估、何时小估,选择合适的单位进行估算

"多位数乘一位数"单元学习目标

目标序号	目标内容
单元目标1	借助小棒等直观模型探索算理,提炼计算方法,初步理解运算的一致性,能准确进行两位数乘一位数的口算,初步形成推理意识和运算能力
单元目标2	通过在点格图中圈一圈、画一画等活动,找到表内乘法与多位数乘法运算之间的关系,感悟按照计数单位拆与合的价值,发现多位数乘一位数的核心,增强推理意识
单元目标3	通过解决真实的生活问题,体会估算的价值,学会用估算方法解决问题,提高学习兴趣,培养发现问题、提出问题、分析问题和解决问题的能力
单元目标4	通过独立思考、自主探索、合作交流等方式,理解和体悟运算的一致性,学会用竖式进行计算,提高运算能力,逐步形成质疑问难、自我反思和勇于探索的科学精神

随着数学教学活动的开展,教师应该根据预先设计的目标和维度对学生进行评价,并从不同方面进行分析,使学生在数学学科的学习上获得多角度的感受和进步。

②注重过程评价。

过程性评价是对学生学习的动机态度、过程和效果进行的三位一体的评价,它不仅仅关注学生的知识和技能学习成果,还关注学生的学习过程,以及学习过程中表现出来的非智力因素,也就是说,所有与教育有关的方面都应该关注。过程性评价强调通过评价对学习过程进行干预,强调对个体的帮助与反馈。它可以帮助教师及时了解学生对知识的掌握情况以及高阶能力的形成情况,便于调整教学策略并给学生提供必要的指导和帮助。过程性评价的评价指标和评价内容如表4-1所示。

表4-1 过程性评价的评价指标和评价内容

评价指标	评价内容
学习态度和学生参与度	观察学生在课堂讨论、小组合作、作业完成情况等方面的表现
学习策略的运用	观察学生在学习过程中的时间管理、资源利用、问题分析、方案提出、问题解决等方面的能力和高阶思维能力提升的情况
知识与技能的掌握	通过小测验、作业、实验报告、活动方案等形式,动态了解学生对知识和技能的掌握情况
学生自我评价和同伴互评	在教学过程中、教学活动完成后,让学生进行自我评价和同伴互评,引导学生反思自己的收获与不足,并从他人视角了解自己的表现,培养他们的批判性思维以及自我监控、自我调整的能力

(2)创新课堂评价方式。

①教师评价与学生自评、互评相结合。

对于不同的评价对象和评价内容,教师应采取不同的评价方式。例如,就基础性知识而言,采用教师评价即可,学生掌握的基础性知识可以为后续学习做好铺垫。如果评价的内容是要求学生掌握重点知识,可以采用同桌互评或点名让学生互评的方式,以帮助学生强化重点,在评价中反复记忆知识点。在互评的过程中,学生是以评价者的身份面对同桌或同学的,他们之间是平等的,评价是真实具体的。此外,教师可以在学生互评的基础上进行补充评价,指出学生没有提到的内容,可以是优点也可以是缺点。这样的评价体现了学生是学习的主体,有利于增进师生之间和生生之间的交流,符合课程标准提倡的积极评价理念。

此外,教师既可以引导学生对自己的学习表现进行评价,找出自己的优点和不足,进行自我反思,也可以引导他们将自己的进步与过去的表现加以比较,进行个体内差异评价,从而提高、发展自我。基于此,每周我都会给学生布置一份复盘的作业,具体包括四方面的内容:这周你有什么收获?你的感受是怎样的？目前，你还存在哪些不足？下一步努力的方向是什么？我们来看看牧垚同学的复盘内容，他是这样写的：本周我学习了数据收集和整理，还认识了除法；学完之后，我发现自己在统计人数、分东西时可以更快、更简单地解决问题，所以很开心；不足是面对开放性题目时，我总找不到关键点；需要改进的地方是，我可以尝试着在阅读理解题干时圈出关键字眼，找准数量关系，再解决问题。我们再来看看曼灵同学的复盘内容，她是这样写的：本周我学习了数据收集和整理，学会了一首钢琴曲《天空之城》，还在铁路文化公园散步时听妈妈介绍了鹰厦铁路；感受是我这一整周心情都很愉快；不足是我的卫生习惯不好，而且经常忘记记作业；改进的方向是，我要养成良好的卫生习惯，规范记作业的行为，想尝试看《梦溪笔谈》。在这样的复盘活动中，学生一方面可以回顾、评估过去一周的学习、生活状态；另一方面可以在分析的基础上提出改进的方向和措施，从而形成一个完整的闭环，以实现学习能力的持续优化和提高。

②定量评价与定性评价相结合。

定量与定性相结合的评价是课程标准提倡的评价方式。在实际教学中，单靠量化方法来对学生进行评价是不够的，教师还需要采用表现性评价、成长记录袋等"质性"的方法来进行综合评价，同时需要充分考虑各方面因素对评价的影响。

【示例1】有的教师会在黑板的一个角落贴上课堂表现记录表，方便统计学生的表现情况。下图展示的就是万珠明教师设计的部落课堂表现记录表。

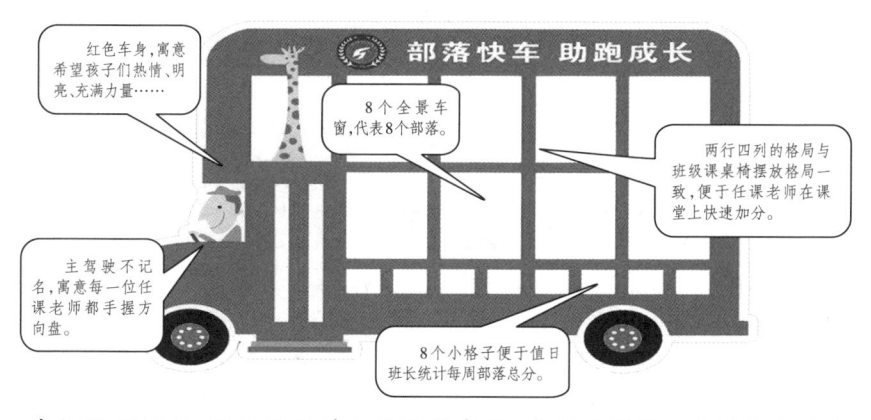

部落课堂表现记录表

表格使用说明：教师根据学生的课堂表现，在相应的格子处进行加减分，每周统计一次，得分高的部落拟为集体明星部落。

【示例2】有的教师会给学生发放"学生学习与成长月记录卡",让学生根据自己的课堂表现,以及作业、周末练习、单元小结等的完成情况进行自我评价。在此基础上,再进行部落评价,让学生推荐个人学习之星和集体明星部落。

厦门××小学( )年级( )班学生学习与成长月记录卡(数学)
——我爱数学,我会成长!

( )年( )月

班级		部落		座号		姓名		
××月积分	第1周		第2周		第3周		第4周	
	作业情况	课堂表现	作业情况	课堂表现	作业情况	课堂表现	作业情况	课堂表现
周一								
周二								
周三								
周四								
周五								
周末练习								
单元小结								
月总分	日日行,不怕千万里;常常做,不怕千万事。 作业情况( )分+课堂表现( )分+额外加减分( )分=月总分( )分。							

备注:作业情况——G+3分、A+2分、B+1分、C-1分;课堂表现——个人发言+2分/次,部落发言+1分/次;额外加减分——学科优秀认证+5分,进步认证+3分。每月末汇总个人总积分、部落平均分进行评比。

表格使用说明:由个人根据约定进行加减分,每月一汇总,计入部落学习月评价表(数学)。

厦门××小学( )年级( )班部落学习月评价表(数学) ( )年( )月									
部落	座号	姓名	作业情况	课堂表现	周末练习	单元小结	额外加减分	总分	位次
黄河部落									
长江部落									
……									

表格使用说明:由课代表进行统计,结合学生学习与成长月记录卡(数学),每月一汇总,评选出个人学习之星和集体明星部落。

(3)扩大评价对象范围。

在小学数学课堂中,教师要关注每一位学生,确保评价公正、客观且全面,这对于提升教学质量和促进学生的个性化发展至关重要。首先,教师要考虑学生在学习能力、兴趣爱好、知识基础等方面的差异,制定个性化的评价标准,以更准确地反映每个学生的实际情况。其次,教师要通过课堂观察,记录学生在课堂上的表现,包括参与度、合作能力、创新思维等方面,以全面了解学生的学习状态。再次,教师要鼓励学生展示自己的学习成果,如作业、项目、报告等,通过作品的质量和创新性来评价学生的学习效果。最后,教师要针对每位学生的评价结果,给予个性化的反馈和建议,帮助他们了解自己的优点和不足,制订改进计划。教师可以定期与学生进行沟通,了解他们的学习进展和困惑,从而及时调整教学策略和评价方法,以满足学生的差异性需求。

此外,越来越多的教师更加注重对整个小组的评价,通过评价小组合作的情况间接地评价小组中每一位成员的学习情况,将对小组的评价和对个人的评价有机结合,实现评价对象范围的扩大。同时,教师也可以通过评价学生个人的方式起到对全体学生的强化作用,使个人带动集体,让每位学生都能充分参与到课堂中来。小组评价是一个很重要的环节,它可以帮助教师了解小组成员的优势和不足,以便促进他们更好地协作和进步。在评价时,教师可以从多个角度进行考量,比如任务完成情况、团队合作精神、创新能力等。在任务完成情况方面,可以关注每位成员是否按时完成了分配的任务,完成的质量如何,以及是否主动承担了更多的责任;在团队合作精神方面,可以观察成员之间是否能够相互支持、沟通顺畅,以及是否愿意为团队的整体利益而付出努力;在创新能力方面,可以关注成员是否提出了新颖的想法或解决方案,是否敢于尝试新的方法和技术。创新能力是团队发展的重要推动力,可以帮助学生在激烈的竞争中脱颖而出。在进行小组评价时,教师需要注意评价的公正性和客观性,避免个人情感或偏见影响了评价结果。同时,教师也要鼓励小组成员积极参与评价过程,提出自己的意见和建议,以便更好地改进不足和提升团队的协作能力。

【示例】在人教版数学五年级上册"平行四边形的面积"一课中,在驱动任务"想办法将平行四边形转化成一个已经会计算面积的图形"的引领下,教师可引导学生以小组为单位展开操作探究。在小组讨论中,学生得出只要沿着平行四边形的高,将其剪成两个图形,再把左边的图形平移到右边即可拼成长方形(如下图)。

此时,教师可以评价学生:"每一组同学的方法都很好,都善于思考,我们来给自己鼓鼓掌!"紧接着,教师可以引导学生围绕"平行四边形和转化后的长方形之间有什么联系?"这一问题展开小组讨论,进一步推导出平行四边形的面积计算公式。这时,教师可以评价学生:"通过观察,大家都推导出了平行四边形的面积计算公式,说明你们都有一双善于发现的眼睛!"

在这一教学片段中,教师引导学生经历小组合作,探究平行四边形面积的计算过程,并通过评价小组的合作表现,赞扬了组里每一位成员的课堂表现和合作意识。这个过程有助于学生发散性思维的发展,增强学生对数学学科的热爱。

(4)完善课堂评价语言。

通过课堂观察可以发现,很多小学生不愿意上数学课,主要是因为他们认为数学课枯燥乏味,再加上小学生的学习自制力较差,难免在课堂上开小差。这时候,教师若能有技巧地使用评价语言,是可以使学生对数学课提起兴趣的。然而,很多教师虽然能够运用引导和表扬的评价语,但评价语言大多是"好"与"不好"这类千篇一律的词汇,缺乏新意。因此,针对不同情况,教师采用的评价语言也应该是不同的。例如,对胆子小、想举手发言又不敢的学生,教师可以试着让他回答一些简单的问题。当他回答正确时,可以表扬他:"回答得很好,希望下次能够再听到你的答案!"当他回答不正确时,可以激励他:"你能够站起来回答已经很棒了,再开动脑筋想一想。"这样的语言对学生来说具有启发性和激励性,使他们备受鼓舞,有利于增强他们的自信心。

完善课堂评价语言是一个持续且重要的过程,它不仅涉及语言的选择,还涉及与学生互动和反馈的方式。首先,教师应该使用正面和肯定的语言,如"你的回答很有见地,能够深入挖掘问题的本质"。其次,教师要提供具体的反馈,描述学生在课堂上的具体表现,如"你在讨论中提出了几个很有深度的观点,这显示出你的深入思考"。再次,教师要关注学生努力、尝试和学习的过程,如"我看到你在解题过程中尝试了多种方法,这种探索精神很值得赞赏"。最后,在评价结束后,教师还可以提出一些开放性的问题,引导学生对自己的表现进行反思,如"你觉得自己在这堂课上的表现如何?有哪些方面可以改进?"通过这种方式,教师可帮助学生建立自我评估的能力,促进他们自主学习。

此外,教师在课堂中使用幽默风趣、富有情感的评价语言,可以营造一种轻松和谐的课堂氛围,使学生对数学课堂充满兴趣,帮助他们将注意力集中到教师所教的内容上来,增强他们学好数学的信心。例如,在"三角形的认识"全课总结的时候,教师可以这样提问学生:"假如你是一个可爱的三角形,可以向大家介绍一下你自己吗?"学生回答后,教师可以这样评价:"大家都说得很好,看来可爱的三角形宝宝们已经掌握了这节课的内容。"在这个教学片段中,教师抓住学生即将下课注意力不够集中的特点,以幽默的方式进行提问,可以很好地引起学生的注意。同时,学生在课堂上可能随时会产生一些奇怪的问题,这时候教师要善于运用教学智慧去巧妙地化解,即使自己一时半会儿回答不了,也应该要利用合适的语言进行分析,让学生在教师富有情感的语言中受到感染,获得启迪,增强善于思考的能力。

总之,教师应该不断学习和借鉴其他教师的优秀的评价语言和方法,让评价语言充满真诚和热情,让学生感受到关注和鼓励。

3.以文化润情

在一部分人眼里,数学似乎就是那些冰冷的符号、运算、法则、定理等,既抽象又枯燥。产生这种感觉的主要原因是传统教学过分强调机械的解题训练,割裂了数学与生活的密切联系,漠视了数学本身所蕴含的鲜活的文化背景,忽略了人类不断探索、不断发现的精神本质。从广义上来说,数学文化是指数学与人类其他知识领域之间的联系。美国著名数学家克莱因曾指出,知识是一个整体,数学是这个整体的一部分。每一个时代的数学都是这个时代更广阔的文化运动的一部分,我们必须将数学与历史学、哲学、经济学、艺术、文学、逻辑学等相关学科联系起来,并尽可能地组织材料,使数学的发展与我们的社会和文化发展联系起来。参照已有文献中对数学文化的分类,可以将数学文化分为数学史、数学与现实生活、数学与科学技术、数学与人文艺术四大类。其中,数学史包括数学故事、数学家的生平简介、数学概念的历史和背景、数学名题等;数学与现实生活包括数学在经济金融、日常生活、学习、工作、娱乐等方面的应用;数学与科学技术包括与数学紧密联系的物质科学、生命科学、地球科学等;数学与人文艺术包括融入了数学的语言、美术、音乐、建筑等。与纯粹的数学知识相比,融入数学文化的教学更加突出数学知识的来源与发展过程,呈现数学家发现和研究数学的过程,展示数学家质疑、求真、求美的良好品质,体现数学对促进人的思维发展和创新人们生活的价值和作用。

《义务教育数学课程标准(2022年版)》指出,义务教育数学课程应使学生通过数学的学习,形成和发展面向未来社会和个人发展所需要的核心素养。有研究表明,数学文化在增加学生数学知识量、领会数学方法和思想等方面起着重要的作用,尤其为数学思维、数学眼光等数学核心素养提供了发展环境。因此,教师应该思考如何将数学文化与课堂教学有机结合起来,助力学生数学核心素养的养成。

(1)在情境中渗透数学文化。

【示例】在开展人教版数学四年级上册"数学广角——优化"一课的"田忌赛马"教学时,教师可以用"田忌赛马"这一数学经典文化故事导入。先播放第一部分的故事视频,引导学生梳理齐王和田忌各场的派马情况,思考"都是同样等次的马,为什么齐王赢了,田忌却输了?"学生很快就能得出"齐王每个等次的马都比田忌同等次的马脚力要强"这一答案。抓住"田忌怎样才能赢齐王"这一问题,教师接着播放第二部分的故事视频,引导学生讨论"孙膑的计策为什么可以让田忌反败为胜?"学生通过列表比较,可以总结得出"田忌的上等马快于齐王的中等马、田忌的中等马又快于齐王的下等马"。此时教师可以提出问题:"田忌所用的这种策略是不是唯一能赢齐王的方法?"围绕这一核心问题,教师可引导学生借助学习单有序整理、分析各种方案,验证田忌战胜齐王方案的唯一性。

在这一教学片段中,学生经历了观察、分析、比较以寻求最优策略的过程,感悟孙膑"以弱制强"谋略所蕴含的智慧。这样的情境设计符合小学生的年龄特点和心理特征,能引起他们的学习兴趣,为学生积极参与后续的学习活动打下良好基础。

(2)在探究中体验数学文化。

人教版数学六年级上册"圆的面积"一课,是小学数学"图形与几何"知识教学的典型课程。教材上呈现的方法是不是学生学习圆的面积的唯一方法?学生在学习之前对这种方法是否完全陌生?为了回答上述问题,有教师追溯了圆的面积测量方法的发展历程,并通过问卷调查了解学生的学习起点,他们发现学生关于圆的面积的探索思路各有不同。[①]因此,在课堂上,教师可以通过再现古人对圆的面积的探究历程,帮助学生层层深入地进行学习。具体示例如下。

【示例】人教版数学六年级上册"圆的面积"一课教学思路。

1.化圆为方

从数学史看,当人们对圆这个曲线图形束手无策的时候,首先想到的大都是把圆与正方形关联起来。教师可引导学生在圆内和圆外作正方形,并以此作

---

① 王艳玲,王春英.追本溯源 把握起点 设计有效学习活动——"圆的面积"教学设计思考[J].小学教学(数学版),2017(9):32-34.

为探求圆的面积的方法,分小组进行汇报。教师可提示学生进行对比思考:这种方法不仅可以大概描述圆的面积,而且相当于给圆的面积确定了一个范围。然后,教师可与学生共同用含有圆的半径的式子表示出两个正方形的面积,从而对这个圆的面积范围进行更准确的描述:圆的面积在这个圆半径平方的2倍和4倍之间。

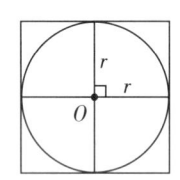

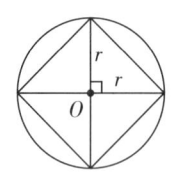

2.化大为小

将相同面积的圆呈现在方格大小不同的纸上,通过对比,引发学生思考:如果用规定的单位面积进行测量,怎样才能使测量的结果更加准确呢?由此引导学生猜想,当用来作单位面积的方格越来越小,满格覆盖的方格面积会越来越大,边缘带有曲边部分的方格面积越来越小,直至用来作单位面积的方格无穷小的时候,可以覆盖整个圆,所有小方格的面积就是圆的面积了。此时,教师可以借助多媒体技术,让学生感受视觉上的变化过程。

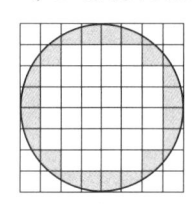

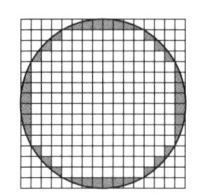

3.化曲为直

教师可引导学生回顾之前学习平行四边形、三角形、梯形面积计算公式的推导过程,让他们思考通过切割、拼组,把圆转化成已经学过的图形,进而推导出圆的面积计算公式。这个思路既有"化圆为方"的思想,更有"极限"的思想。这时,教师可以利用多媒体演示一个圆被等分成8份、16份、32份……后拼插所得到的图形。让学生在观察有限分割的基础上想象无限分割,根据变化趋势想象终极状态,从而感悟将圆无限分割后拼成的是一个真正的平行四边形(长方形)。最后,根据圆和平行四边形(长方形)之间的等量关系推导出圆的面积计算公式:$S=\pi r^2$。

从上图中可以看出圆的半径是 r，长方形的宽近似于(圆的半径)，长近似于(圆周长的一半)。

因为：长方形面积 = 长 × 宽

所以：圆的面积 = πr × r = πr^2

(3)在总结中感受数学文化。

在人教版数学六年级上册"圆的周长"一课中，当学生通过实验发现"圆的周长总是比直径的3倍多一些"时，教师可引出圆周率的故事：两千多年前，中国古代的数理天文学著作《周髀算经》中就有"周三径一"的说法，意思是圆的周长约是它的直径的3倍；南北朝时期，中国有一位伟大的数学家、天文学家——祖冲之，他计算出圆周率在3.141 592 6 和3.141 592 7 之间，是世界上第一个把圆周率的值精确到小数点后7位的人，这一成就比国外大约早了一千年。这时，教师可以给学生布置一项拓展作业：查阅资料，了解圆周率的发展历史、古人计算圆周率的方法、圆周率的计算历史、祖冲之的生平及故事等。在这个过程中，学生不仅可以了解我国古代数学家计算圆周率的方法和圆周率的计算历史，更能体会古代数学家的伟大和他们所创造的辉煌成就，学生的民族自豪感会油然而生。

在人教版数学六年级上册"圆的认识"一课中，在学生掌握了圆的特征以及正确的画圆方法，理解了圆心、半径、直径等概念的基础上，教师可以向学生介绍我国古代关于圆的记载。例如，早在两千多年前，我国伟大的思想家墨子，在他的一部著作中有这样的描述"圆，一中同长也"，这个发现比西方整整早了一千多年。再如，在《周髀算经》里有这么一句话"圆出于方，方出于矩"。通过这样的介绍，可以激起学生强烈的民族自豪感，达到爱国主义教育的目的，从而让学生从小建立起为强国建设、民族复兴而发奋读书、顽强拼搏、积极奉献的信念。

(4)在解题中感悟数学文化。

将数学文化融入题目设计中，是一种创新且富有意义的教学方式，它旨在通过数学题目让学生更深入地理解和感悟数学文化的魅力。教师可以挖掘数学史上的重要事件、人物或定理作为题目背景，让学生在解题中了解其历史渊源；可以从数学文化故事中提取素材，设计富有趣味性和启发性的题目，让学生在解题中感受数学魅力；可以设计一些开放性的探究题目，鼓励学生通过观察、实验、推理等方式自主发现数学规律并得出结论,让学生在探究的过程中体验数学乐趣;还可以在题目设计中融入数学文化的元素,如数学美、数学精神等,让学生在解题过程中得到数学文化的熏陶和启迪。下面,我们来看一些具体的示例。

【示例1】题目:甲、乙、丙、丁、戊、己、庚、辛、壬、癸被称为"十天干",子、丑、寅、卯、辰、巳、午、未、申、酉、戌、亥被称为"十二地支"。"天干"和"地支"按照干支顺序相配,构成了"干支纪年法"。其相配顺序为:甲子、乙丑……癸酉、甲戌、乙亥……癸未、甲申……癸巳……癸亥。60年为一个纪年周期,周而复始。按照"干支纪年法",公元2021是辛丑年,则中华人民共和国成立100周年(公元2049年)是( )。

A.己未年　　B.辛巳年　　C.庚午年　　D.己巳年

解析:利用转化的思想,将"天干"视为以10为公差的等差数列,"地支"视为以12为公差的等差数列。2021年是辛丑年,以2021年的"天干"和"地支"分别为首项,从2021年到2049年经过28年。因28÷10=2……8,则2049年的"天干"为己;又因28÷12=2……4,则"地支"为巳。因此,公元2049年是己巳年。

【示例2】题目:清代李汝珍所著《镜花缘》第九十三回"百花仙即景露禅机 众才女尽欢结酒令"中,众才女在赏灯时遇到了以下问题。"楼下灯有两种:一种一大球,下缀二小球;一种一大球,下缀四小球。大灯球共三百六十个,小灯球共一千二百个。问两种灯各有多少盏?"请你试着解决这一问题。

解析:假设360个大灯球全部为"下缀二小球"的情况,那么小灯球就一共有360×2=720(个)。可实际上小灯球有1 200个,1 200-720=480(个),表示小灯球少算了480个。这里的480个小灯球应该再挂上去,480÷(4-2)=240(个),说明"下缀四小球"的灯应该为240盏,而"下缀二小球"的灯应该为360-240=120(盏)。这其实是一道"鸡兔同笼"问题的变式题。

【示例3】题目:《九章算术》是我国古代内容极为丰富的数学著作,全书分为九卷,共收有246个应用问题。其内容涉及算术、代数、几何等诸多领域,并与实际生活紧密相连,充分体现了中国人的数学观与生活观。其中,卷五《商功》主要讲各种几何体的体积计算。书中记载了这样一道题:今有仓,广三丈,袤四丈五尺,容粟一万斛,问高几何? 意思是说,现有粮仓(长方体),宽3丈,长4丈5尺,可装谷子10 000斛,问该粮仓的高是多少? 请你帮古人算一算吧!(1丈=10尺,1斛=2.7立方尺)

解析:长4丈5尺即长45尺,宽3丈即宽30尺,装谷子10 000斛即体积为27 000立方尺。根据公式 $h=V\div(a.b)$,可以算出 $h=27\,000\div(45\times30)=20$(尺)。故粮仓的高为20尺。

【示例4】题目:《孙子算经》载,"今有物不知其数,三三数之,剩二,五五数之剩三,七七数之剩二。问物几何?"它的意思是,有一些物品,不知其数量:3个3个地数,最后剩下2个;5个5个地数,最后剩下3个;7个7个地数,最后剩下2个。这些物品最少有( )个。

A.38　　　　　B.23　　　　　C.18　　　　　D.107

解析:根据题意可知,这些物品的个数减去2就是3和7的最小公倍数,减去3是5的倍数,因此,只要求出3和7的最小公倍数再加上2即可。因为3和7是互质数,所以3和7的最小公倍数是3×7=21。加上2即21+2=23(个)。故答案为23。

【示例5】题目:意大利著名数学家斐波那契在研究兔子繁殖问题时,发现有这样一组数:1,1,2,3,5,8,13,…。请问,计算"$1^2+1^2+2^2+3^2+5^2+8^2+13^2+\cdots$"这样的算式时有简便方法吗?丁丁遇到这个问题时,想到用数形结合的方法来探究,于是他以这组数中的各个数作为正方形的边长来构造成正方形,再拼成如下图所示的长方形来研究。

图形	□□	▭	▭	▭	……
算式	1^2+1^2	$1^2+1^2+2^2$	$1^2+1^2+2^2+3^2$	$1^2+1^2+2^2+3^2+5^2$	……
序号	①	②	③	④	……

问题一:观察上面的图形和算式,你能把下面的算式补充完整吗?

$1^2+1^2=1\times 2$

$1^2+1^2+2^2=2\times 3$

$1^2+1^2+2^2+3^2=(\quad)\times(\quad)$

$1^2+1^2+2^2+3^2+5^2=(\quad)\times(\quad)$

问题二:若按此规律继续拼长方形,则序号为( )的长方形的面积数是714。

解析:通过观察,我们发现这里每个数列相加的结果等于最后一项乘上数列最后两项的和。如:$1^2+1^2+2^2+3^2=3×5$,$1^2+1^2+2^2+3^2+5^2=5×8$。我们只要顺着这个数列写下去,就会发现$1^2+1^2+2^2+3^2+5^2+8^2+13^2+21^2=21×34=714$。这时候,我们对照表格中的图形和算式,数一数,发现序号为⑦的长方形的面积数是714。

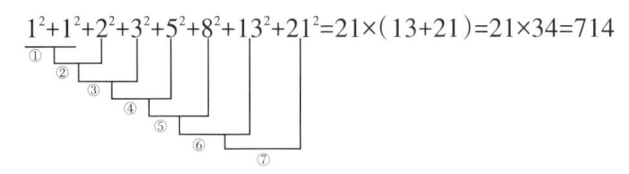

$$1^2+1^2+2^2+3^2+5^2+8^2+13^2+21^2=21×(13+21)=21×34=714$$

(5)在游戏中亲近数学文化。

著名教育家杜威认为,任何时代任何人,对于儿童的教育,尤其是对于年幼儿童的教育,无不在很大程度上依赖于游戏和娱乐。游戏一直是人类学习的主要载体之一,数学游戏更是能锻炼思维的灵活性和敏捷性。在数学发展的过程中,形成了一系列动眼、动手、动脑的数学思维游戏。适合小学生的数学游戏活动有汉诺塔、华容道、九连环、鲁班锁、魔方、24点、抢数、七巧板、扑克魔术等。除此之外,还有用数学知识揭示和认识现实生活的"谜题"游戏,比如揭穿算命先生的把戏、抽签原理、标签大反转等。这些游戏活动既能激发学生的学习兴趣,又符合他们的思维水平。其中,大多数内容适合学生反复探索,能够使他们在"玩"中学数学。下面介绍几种数学游戏的玩法。

【游戏1】24点

24点不仅是一种数学游戏,也是适合亲子互动和多人参与的一种娱乐方式。24点的游戏规则为:玩家通过"加减乘除"四则运算和增加括号,来运算扑克牌中的4张数字牌,使其计算结果等于24。游戏用的扑克牌去掉了大、小王和A、J、Q、K牌。游戏开始时,玩家从数字牌中随机抽取4张。每张牌的数字必须且只能使用一次。此外,24点还有一些变化的玩法,例如增加时间限制和得分系统,或者使用不同的数字范围和运算规则等。

【游戏2】七巧板

七巧板是一种经典的益智玩具,它通常由七块不同形状、不同颜色的木板组成,这些木板包括不同大小的三角形、正方形、平行四边形等。七巧板有多种玩法,适合不同年龄段的人进行娱乐和学习。常见的玩法包括:认识形状——通过观察和触摸,学习认识不同的几何图形;图形搭建——可以将七巧板自由搭建成各种图形;依图成形——根据给定的图形,使用七巧板拼出相同的图案;

见影排形——通过变换板块的位置和方向,来填充一个轮廓;创意画——使用七巧板拼出图形后,将其轮廓描在纸上,然后进行自由绘画创作;数学研究——利用七巧板来求解或证明数学问题,如计算面积、探索几何形状的关系等。这些游戏活动,有助于培养孩子的空间想象力、创造力以及学习数学几何知识。

【游戏3】汉诺塔

汉诺塔又称河内塔,是一个源于印度古老传说的益智玩具。游戏开始时,有三根柱子,其中一根柱子(起始柱子)从下往上按大小顺序摆着一系列圆盘。玩家的目标是按照大小顺序将所有圆盘从起始柱子移动到目标柱子上。移动圆盘时,必须遵守以下规则:每次只能移动一个圆盘;小圆盘只能放在大圆盘上面。游戏难度会随着圆盘数量的增加而增加,因为需要思考每个步骤的顺序,以确保圆盘正确移动。对于奇数层数的汉诺塔,第一层圆盘可以直接移动到目标柱子上;对于偶数层数的汉诺塔,第一层圆盘需要放在过渡柱子上。玩家可以通过重复简单的步骤来解决问题,例如先移动三层圆盘到目标柱子,然后将剩下层数的圆盘按照相同的方式移动到目标柱子上。该游戏需要耐心和逻辑思考,虽然难度不高,但需要仔细规划和执行每一步。

(6)在活动中欣赏数学文化。

数学为科学技术研究提供了精确简洁的语言、量化分析和计算的方法、逻辑推理的工具等,因此,数学与其他学科的联系非常紧密。马克思认为:"一种科学只有在成功地运用数学时,才算达到了真正完善的地步。"为了使学生认识到数学的基础性以及学好数学对学习其他学科的重要性,教师有必要引导学生从数学的角度去认识其他学科,了解数学与其他学科之间的联系。适合小学生学习的数学与其他学科联系的内容主要包括:数学在艺术(包括音乐和美术)中的应用,例如黄金分割、黄金比、幻方、剪纸中的数学、藏在琴弦中的比、蒙娜丽莎之美、标志中的数学美等;数学在科学中的应用,即从数学的角度认识科技带来的好处,比如开普勒的探索与发现、人造地球卫星、图灵的密码等;数学在体育与健康中的应用,即从数学角度认识与健康相关的指标或知识,如数字解读人体骨骼、人体温度、水与健康、不可或缺的微量元素、身体质量指数等。展示数学在其他学科中的应用及联系能够引导学生认识数学发展为人类生活创造的价值,加深理解数学与其他学科之间的联系,增强学习数学和其他学科的兴趣。

除此以外,教师要充分挖掘数学中美的元素,让学生体会数学知识中所蕴含的美,促进学生的审美发展。数学美,是自然美的客观反映,是科学美的核心。关于数学之美,古今中外有许多学者、数学家从不同的方面做过生动的描述。古希腊数学家普洛克拉斯曾说:"哪里有数,哪里就有美。"英国大学者罗素这样形容他对数学之美的感受:"数学,如果正确地看它,则具有……至高无上的美——正像雕刻的美,是一种冷而严肃的美,这种美不是投合我们天性的微弱的方面,这种美没有绘画或音乐的那些华丽的装饰,它可以纯净到崇高的地步,能够达到严格的只有最伟大的艺术才能显示的那种完美的境地。一种真实的喜悦的精神,一种精神上的亢奋,一种觉得高于人的意识——这些是至善至美的标准,能够在诗里得到,也能够在数学里得到。"[①]中国著名数学家华罗庚说过:"就数学本身而言,是壮丽多彩、千姿百态、引人入胜的……认为数学枯燥乏味的人,只是看到了数学的严谨性,而没有体会出数学的内在美。"数学之美主要体现在对称美、简洁美、统一美和奇异美等方面。

①对称美。

对称性指组成某一事物或对象的两个部分的对等性。从古希腊时代起,对称性就被认为是数学美的一个基本内容。数学中的这种对称性处处可见,常给我们一种舒适优美的感觉。比如,算式"111 111 111×111 111 111=12 345 678 987 654 321",等式的一边是9个1乘以9个1,另一边的计算结果是1~9这9个数字的排列且它以对称结构呈现,真的太美妙了。匀称性可以看成对称性概念的延伸发展。线段的黄金分割就是一个典型的例子,由此构成的长方形给人以匀称美的感觉。黄金分割比(比值约为0.618)被誉为"人间最美妙的比例"。其应用有很多,例如:世界上许多著名的建筑广泛采用黄金分割比;一些名画的主体、电影画面的主体放在画面的黄金分割点附近;一些乐曲中较长的一段,大约是总曲长的0.618;等等。

②简洁美。

数学作为逻辑性很强的学科,它的语言表达却非常简洁。简洁性(或称简单性)也是数学美的一个基本内容。数学语言可以用最简洁的文字,反映极其深刻的客观规律。许多复杂的客观现象,总结为一定的规律时,往往可以呈现

[①] 人民教育出版社中学语文室.全日制普通高级中学语文读本(试验修订本·必修):第六册[M].北京:人民教育出版社,2002:22.

为十分简单的公式。欧拉给出的公式"$V-E+F=2$",堪称"简单美"的典范。多面体有多少,没有人能说清楚。但它们的顶点数 V、棱数 E、面数 F,都符合这个公式呈现出的规律。一个如此简单的公式,概括了无数种多面体的共同特性,令人惊叹不已。在数学中,像上述公式这样形式简洁、内容深刻、作用重大的公式或定理还有许多。比如:圆的周长公式为"$C=2\pi r$",任意一个圆,它的周长都满足该公式;勾股定理"直角三角形两条直角边的平方和等于斜边的平方",所有的直角三角形都满足这样的关系。数学中绝大部分公式,都体现了形式的简洁性和内容的丰富性。

③统一美。

统一美是指部分与部分、部分与整体之间的和谐。它反映的是审美对象在形式或内容上的某种共同性、关联性或一致性,能给人一种整体和谐的美感。数学的统一性通常表现为数学概念、规律、方法的统一。比如:由倒数的概念延伸出"除以一个不等于零的数等于乘上它的倒数",于是乘法与除法得到了统一。又如:平面几何中的相交弦定理、割线定理、切割线定理和切线长定理等,均可统一到圆幂定理之中;在体积计算中,有所谓的"万能计算公式",它能统一应用于棱(圆)柱、棱(圆)锥及棱(圆)台的体积计算。

④奇异美。

奇异美是数学美的一个重要特征,它反映了世界中非常规现象的一个侧面,也是数学发现中的重要美学元素。在数学领域中,一些新观念的产生,就是来自对奇异美的追求。比如:$2×9=18$,$1+8=9$;$13×9=117$,$1+1+7=9$;$26×9=234$,$2+3+4=9$;$56×9=504$,$5+0+4=9$;$78×9=702$,$7+0+2=9$。我们可以看到,在上述列式中,任意的一个自然数乘以9,积的各个数位上的数之和均为9。这样一个美妙的发现,在给人以喜悦体验的同时,也让我们体会到数学这种独特的奇异美。

(二)打造对话思辨、迁移应用的学习域

"学习金字塔"是一种现代学习方式的理论,它用数字形式形象显示了采用不同的学习方式,学习者在两周后还能记住内容的多少(学习内容留存率),即不同的学习方式会带来不同的学习效果。如图4-4所示,塔尖至塔底,学习方式依次为听讲、阅读、听与看、示范或展示、小组讨论、实作演练、转教别人或立即应用。听讲这种最传统的学习方式,学习效果是最差的,两周后学习内容留存率仅为5%;阅读的两周后学习内容留存率稍高一些,为10%;听与看有学习者的多感官参与,两周后学习内容留存率达到20%;示范或展示可以让学习者更直观地理解知识,两周后学习内容留存率为30%;小组讨论这种方式能促使学习者积极思考、交流观点,两周后学习内容留存率达到50%;实作演练则让学习者在实际操作中掌握知识和技能,两周后学习内容留存率为70%;转教别人或立即应用是效果最好的学习方式,两周后学习内容留存率高达90%。

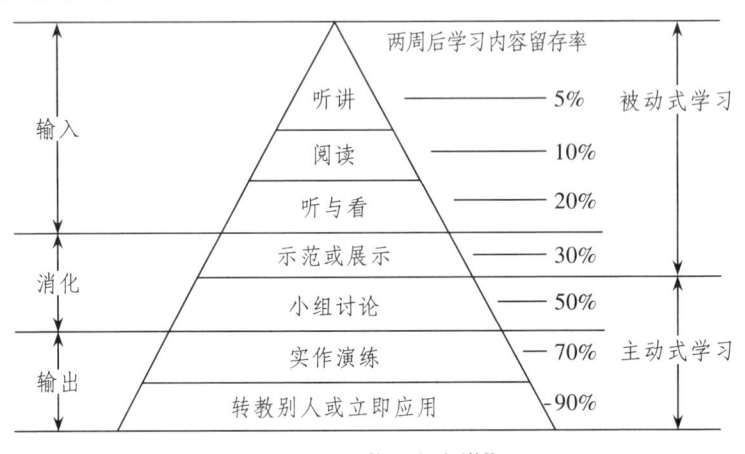

图4-4 "学习金字塔"

"学习金字塔"可分成三个层次:输入、消化、输出。第一层是输入,包括听讲、阅读、听与看;第二层是消化,包括示范或展示、小组讨论;第三层是输出,包括实作演练、转教别人或立即应用。学习金字塔还可分为两个区域:被动式学习与主动式学习。其中,听讲、阅读、听与看、示范或展示都属于被动式学习,即大脑单纯地接收信息,没有积极地主动参与到知识的构建中;小组讨论、实作演练、转教别人或立即应用属于主动式学习,即都有学习者的主动参与。因此,一个高质量的学习方案,其中主动式学习占据的时间应该是绝大多数,且实作演练、转教别人或立即应用这类输出式学习方式应该被优先选用。这样可以大大提高知识的留存率和学习的效果。同时,教师也可以根据"学习金字塔"的原理,设计更加丰富、有效的教学活动,以促进学生的学习和成长。

苏霍姆林斯基曾说,最完美的教学,是发展智力和智能的教学。他指出,教师应当教会学生学习,而不是让学生死记硬背,变成不断积累知识的工具。教学的过程不是教师单方面传授知识的过程,而是教师传授知识与学生获取知识的双向互动过程。苏霍姆林斯基的观点其实就是深度学习理论的雏形,他认为学习不但要让学生"知其然",还要"知其所以然",他主张教学应致力于学生"知识和智能"的同步提升。智能主要包括:能够把握知识之间的深度联系,并能够将这些知识灵活地衔接重组;能够理论联系实际,在实际生活中运用这些知识解决问题;能够探究知识产生的根源,对知识的内涵、外延有充分的了解,并能够在加工之后产生新的知识;能够内化知识,并懂得在不同环境下变换使用这些知识。

罗鸣亮老师提出,数学知识本身蕴含着严谨的道理,它承载的数学思维是灵活、批判而又深刻的。基于学生的认知规律和心理特征,在数学教学中,教师更应从学习设计者的角度去思考学生的学习,以知识为载体,以问题为引领,在开放思考、协同探究、深度建构中追寻知识的本质道理,经历知识的再发现、再创造,进而从朴素的经验上升到科学的、有逻辑的思维高度。①

1. 教学案例阐释

下面,我以人教版数学五年级下册"分数的基本性质"这节课的教学为例,分别从明知识产生之理、探知识形成之理、达知识应用之理三个方面进行阐述。

(1)明知识产生之理。

【教学片段1】

①游戏:教师一组一组地呈现下列分数,引导学生先找规律填分数,再进行分数的大小比较。

组别	找规律填分数	大小比较	你发现了什么?
第1组	$\frac{1}{2}$, $\frac{1}{3}$, $\frac{(\ )}{(\ )}$	$\frac{1}{2} > \frac{1}{3} > \frac{1}{4}$	分子不变,分母变了,分数的大小也变了。
第2组	$\frac{1}{4}$, $\frac{2}{4}$, $\frac{(\ )}{(\ )}$	$\frac{1}{4} > \frac{2}{4} > \frac{3}{4}$	分母不变,分子变了,分数的大小也变了。
第3组	$\frac{2}{8}$, $\frac{3}{8}$, $\frac{(\ )}{(\ )}$	$\frac{2}{8} > \frac{3}{8} > \frac{4}{8}$	

---

① 罗鸣亮.说理,迈向思维纵深处——"三位数乘一位数"一课的思考与实践[J].小学数学教与学,2022(9):52-55.

②思考:仔细观察这3组分数,你有什么发现呢?

③感知:在这9个分数中,你觉得哪些分数的大小有可能相等?($\frac{1}{2}$,$\frac{2}{4}$,$\frac{4}{8}$)告诉老师,为什么?(分子、分母都变了且有规律地在变,它们有可能会相等)

④操作:这3个分数真的会相等吗?你们手中有3张同样大小的正方形纸片,拿出来,动手折一折、涂一涂,分别表示出这三个分数的大小。

⑤反馈:(展示学生的作品)

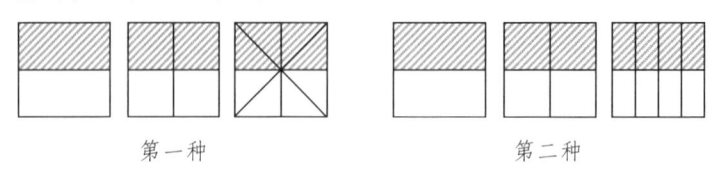

第一种　　　　　　　　第二种

⑥重叠:把这3个正方形重叠起来,你发现了什么?(阴影部分完全重合,证明$\frac{1}{2}=\frac{2}{4}=\frac{4}{8}$)

⑦观察:仔细观察这组分数,什么没变,什么变了?(分数的大小没变,分数的分子和分母都变了。从左往右看,分子和分母一起在变大;从右往左看,分子和分母一起在变小)

⑧小结:通过刚才的例子,我们发现"分数的分子和分母都在变且按照一定的规律在变,分数的大小不变"。

[评析]在分数基本性质概念揭示的过程中,教材采用静态的方式进行呈现:先直接给出三幅图,要求用分数表示图中涂色部分分别占整个图形的几分之几;接着引导学生通过重叠发现阴影部分面积一样大,即这三个分数大小相等;最后引导学生观察发现分数大小不变,但分数的分子和分母都变了且它们按照一定的规律在变。设计时,教师充分考虑到学生的年龄特点和认知水平,变静态为动态,找准新旧概念的连接点和生长点,巧设"找规律填数"的游戏,再辅以学生的动手操作、观察思考,将分数基本性质概念的引入置于一个游戏和操作实践之中,这不仅可以激发学生的学习欲望,还能突出概念的本质属性,为后续概念的抽象和理解做好铺垫。

(2)探知识形成之理。

【教学片段2】

①观察思考:在$\frac{1}{2}$,$\frac{2}{4}$,$\frac{4}{8}$这组分数中,分数的分子和分母是怎样变化的?(学生先独立思考并完成助学单的填写,再在四人小组中交流自己的发现)

"分数的基本性质"助学单

班级:＿＿＿＿＿＿ 姓名:＿＿＿＿＿＿ 号数:＿＿＿＿

◆从左往右观察：

把第一个数和第二个数比较,分子(　　),分母(　　),分数的大小不变。

把第二个数和第三个数比较,分子(　　),分母(　　),分数的大小不变。

把第三个数和第一个数比较,分子(　　),分母(　　),分数的大小不变。

◆从右往左观察：

把第三个数和第二个数比较,分子(　　),分母(　　),分数的大小不变。

把第二个数和第一个数比较,分子(　　),分母(　　),分数的大小不变。

把第一个数和第三个数比较,分子(　　),分母(　　),分数的大小不变。

◆尝试总结：在以上的观察中,你发现了什么?(小组内说一说)

②比较分析。(小组汇报,教师板书如下)

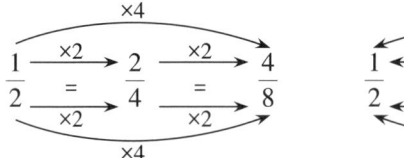

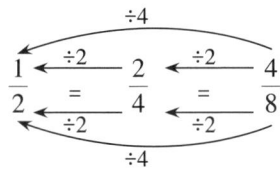

$$\frac{1}{2} \xrightarrow{\times 2} \frac{2}{4} \xrightarrow{\times 2} \frac{4}{8} \qquad \frac{1}{2} \xleftarrow{\div 2} \frac{2}{4} \xleftarrow{\div 2} \frac{4}{8}$$

③初步抽象：你能试着用自己的语言说说你的发现吗?(分数的分子和分母同时乘或除以2、4,分数的大小不变)

④举例验证：如果换成同时乘或除以其他的数,分数的大小是否不变?请同学们举例验证。

预设如下：

生1：$\frac{1}{2} \xrightarrow{\times 20} \frac{20}{40}$。通过观察得出：$\frac{1}{2}$和$\frac{20}{40}$这两个分数中的分子都是分母的一半。

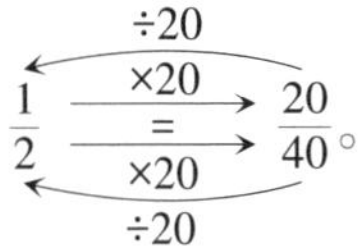

生2：$\frac{3}{4} \xrightarrow{\times 5} \frac{15}{20}$。通过计算得出：$\frac{3}{4}=3\div 4=0.75$,$\frac{15}{20}=15\div 20=0.75$。

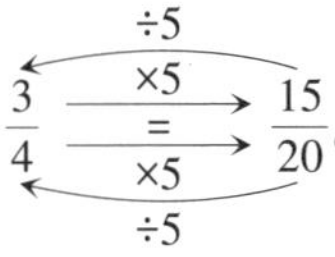

生3：$\frac{1}{3} \xrightarrow{\times 3} \frac{3}{9}$。通过画图得出：

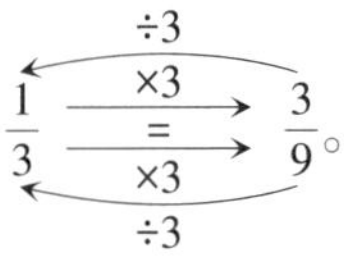

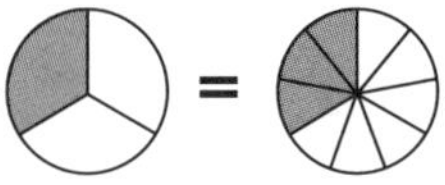

……

⑤再次抽象:刚才同学们举了这么多例子,有没有举出反例的呢?(没有)没有举出反例,说明什么?(说明所有的分数都符合这样的变化规律)

谁能把刚才的发现用自己的语言表述出来?(分数的分子和分母同时乘或除以相同的数,分数的大小不变)

⑥完善举例:这个相同的数可以是0吗?说说你的理由。(不可以是0,因为0作为除数在除法算式里是没有意义的)

⑦最后抽象:分数的分子、分母同时乘或除以相同的数(0除外),分数的大小不变。这就是分数的基本性质。

[评析]在这个教学片段中,教师采用问题引领的方式要求学生按从左往右和从右往左的顺序观察这组分数,在对比中分析,在分析中逐步抽象。从初步抽象(尝试用自己的语言表达规律)到再次抽象(通过举例验证规律)到最后抽象(通过归纳概括,用数学语言表达规律),教师有意识地鼓励学生将内部的思维语言转化为外部的有声表达,用相对具体的语言符号来描述抽象的数学概念。教师还引导学生通过举例验证,采用不完全归纳的方法,逐步发现并概括出其中的本质属性,彰显了合情推理的魅力。

【教学片段3】

①提问:在分数的基本性质这段文字里,哪几个词语最重要?(同时、相同的数、0除外)

②说说:你对这3个词语是如何理解的?

③反证:在上一环节中,我们对 $\frac{1}{2}=\frac{2}{4}=\frac{4}{8}$ 进行了深入的探究,经过观察思考、举例验证,归纳概括出了分数的基本性质。如果分数的分子和分母没有同时乘或除以,或者同时乘或除以的数不是相同的数,那么分数的大小会不会变?(学生若有所思)让我们回到课前的"找规律填分数"游戏中,从这9个分数中任选两个进行验证。

预设如下:

生1:我选的是 $\frac{3}{4}$ 和 $\frac{1}{4}$ 这两个分数, $\frac{3}{4} \xrightarrow[\text{不变}]{\div 3} > \frac{1}{4}$ ($\frac{3}{4}=0.75$, $\frac{1}{4}=0.25$)。

生2：我选的是 $\frac{1}{2}$ 和 $\frac{3}{8}$ 这两个分数，$\frac{1}{2} \underset{\times 4}{\overset{\times 3}{\longrightarrow}} > \frac{3}{8}$（$\frac{1}{2}$=0.5，$\frac{3}{8}$=0.375）。

生3：我选的是 $\frac{2}{4}$ 和 $\frac{3}{8}$ 这两个分数，$\frac{2}{4} \underset{\times 2}{\overset{\times 1.5}{\longrightarrow}} > \frac{3}{8}$（$\frac{2}{4}$=0.5，$\frac{3}{8}$=0.375）。

……

④明确：如果分数的分子和分母没有同时乘或除以，或者同时乘或除以的数不是相同的数，那么分数的大小一定会变。如果分数的分子和分母同时乘或除以的数为0，是没有意义的。

[评析]在这个教学片段中，首先，教师引导学生将"同时""相同的数""0除外"这3个关键词语从分数的基本性质这一概念整体中剥离出来，并加以验证明确。其次，教师引导学生从教学片段1的游戏中的9个分数里任选两个进行观察、对比和分析，在反证实例中加深学生对这3个关键词的理解。在教学片段2的设计中，学生是从正例验证的角度出发的，采用的是合情推理的方式；而在教学片段3的设计中，学生是从反例辨析的角度出发的，采用的是演绎推理的方式。可以说，正例帮助学生理解了概念的内涵，反例促进了学生对概念的辨析，两种方式相结合，强化了学生对概念的理解。

(3)达知识应用之理。

【教学片段4】

①思考：你能根据分数与除法的关系，说说分数的基本性质与整数除法中商不变的规律之间的联系吗？

②交流：因为分数的分子相当于除法中的被除数，分数的分母相当于除法中的除数，而分数的大小相当于除法中的商。所以，分数的基本性质和商不变的规律在本质上是相同的。

分数的基本性质：分数的 分子 和 分母 同时 乘或除以相同的数（0除外），分数的大小 不变。

商不变的规律： 被除数 和 除数 同时 乘或除以相同的数（0除外）， 商 不变。

③练习：你能根据分数的基本性质，把一个分数化成分母不同而大小相等的分数吗？请动笔试试。

把 $\frac{2}{3}$ 和 $\frac{10}{24}$ 化成分母是 12 而大小不变的分数。

$$\frac{2}{3} = \frac{2 \times \square}{3 \times 4} = \frac{\square}{12} \qquad \frac{10}{24} = \frac{10 \bigcirc \square}{24 \bigcirc \square} = \frac{\square}{12}$$

[评析]解读教材，我们不难发现分数的基本性质研究的是分子、分母和分数值之间变与不变的关系，而商不变的规律研究的是被除数、除数和商之间变与不变的关系。抓住分数与除法之间的联系，找到分数的基本性质和商不变的规律之间的联系点，发现分数的基本性质和商不变的规律之间的联系。这样的设计让学生豁然开朗，明白了分数的基本性质其实就是商不变的规律的另一种形式表达。此时，分数的基本性质这个新知识点才被完整、系统地纳入到了学生已有的知识系统中。最后的练习是补充教学分数的基本性质的具体应用，为学生后续学习约分和通分做好铺垫。

总之，对小学生而言，要接受、理解数学概念并把新的数学概念纳入到已有的概念系统中，要经历一个复杂的学习过程。在概念教学的过程中，有的教师重结论而轻过程，有的教师重过程而轻结论，这容易让学生在概念学习上陷入一知半解的尴尬境地。因此，教师可以引导学生经历"引入概念→抽象概念→理解概念→深化概念"这四个阶段，既重过程又重结论，在层次分明、逻辑清晰的活动情境中建构并完善学生对数学概念的认识。从直观到半直观半抽象再到抽象，既有合情推理，又有演绎推理，且两种推理相互印证，可以加深学生对分数基本性质的理解和掌握，从而达到非常好的教学效果。[①]

2.其他案例阐释

为了可以更好地帮助学生明知识产生之理、探知识形成之理、达知识应用之理，教师可以通过以下方式营造说理的氛围，让学生在说理表达中不断对话思辨、迁移应用，不断促进他们对知识的理解和运用，从而促进其数学高阶思维的发展。

（1）书写中记录：化平为奇。

数学日记是指学生以日记的形式记述自己在数学学习和知识应用过程中的感受和体会。它既是师生情感交流的平台，也是学生反思学习的一个窗口。

[①] 张雅芬.小学数学概念教学的四阶段——以人教版《分数的基本性质》为例[J].数学学习与研究,2021(17):71.

它有助于学生发现身边的数学问题,增强探求数学知识的渴望,形成应用数学的意识;也有助于学生完善知识结构,掌握数学思想与方法,提升数学核心素养。

【示例】一位学生在书上看见了一道题,题目是:如果每人每天节约1分钱,全国13亿人一天就能节约1 300万元,一年就能节约大约50亿元,这笔钱可以新建5 000所希望学校,能让近千万名失学孩子重返校园。于是,他思考后,写下了这样一篇数学日记:

看了题目的信息,我想,这可真是人多力量大啊!"人多力量大"在题目的情境中是好的,而在浪费水资源方面就是不好的。不信,我们一起来算算吧。如果每人每天浪费1滴水,全国13亿人一天就会浪费13亿滴水,那13亿滴水大约有多重呢?我做了一个小实验,我先打开水龙头滴1 000滴水,用称称了一下,1 000滴水重约40克;接着,我又动笔算了一下1 300 000 000÷1 000×40=52 000 000(克)=52(吨)。真是不算不知道,一算吓一跳呀!如果按一个人一个月用3吨水来计算,那么52吨水就能让这个人用上1.5年了。我去问爸爸:"1吨水能够发多少度的电?"爸爸说:"1吨水能发0.27度的电。"也就是说,52吨的水可以发14.04度的电。所以,我呼吁,从小事做起,节约每一滴水,让我们一起共创美好未来。

(2)活动中探究:化乏为趣。

在小学数学教学中,为了避免学生由于数学抽象而产生乏味情绪,教师可以以布置主题实践活动作业的形式,让学生通过实际操作和活动体验,加深对特定数学概念和原理的理解,培养其数学思维和解决问题的能力。活动中,教师可以借助"实践单"要求学生详细记录实践过程,包括使用的材料、遇到的问题以及解决方法等,鼓励学生以图文并茂的方式展示实践成果,如绘制图形、制作统计图表或拍摄实践过程照片等。这样的作业形式有助于激发学生的学习兴趣,提高数学学习的主动性,增强数学教学的有效性和趣味性。

例如,人教版数学二年级下册"1 000以内数的认识"一课。教学前,我做了一个学情调研,发现课程中"大数的理解和感悟"对于小学生来说是抽象的,学生很难感知并理解大数到底有多大。基于这一学情,我设计了"数数小超人"主题实践活动作业,通过数豆子活动,引导学生感受数据的累加是一个由少到多的过程,深刻体会计数单位的累积和相邻计数单位之间的关系。通过这一主题实践活动作业,学生对大数有了新的认识,对抽象的数字有了更直观的感悟。在数豆子的过程中,他们会动脑探究出许多新方法,让数学学习变得好玩。经过知识技能与生活经验的结合、智慧与耐心的"交融",学生的数学素养将得到较大的提升。该主题实践活动作业的表格设计如下例所示。

【示例】"数数小超人"主题实践活动作业。

数数小超人

班级:_____ 姓名:_____ 号数:_____

◆任务1:数1 000粒豆子或其他物品,体验数数的乐趣。

(温馨提醒:这可是个大工程呀,你打算怎么数?)

	文字或算式说明
数的思路	
数的过程	
数的感受	

◆任务2:把数数的过程拍下来,贴在下面的表格中。

数的照片	

下面我们来看一些孩子们的作业吧(教师誊抄后的展示如下)。

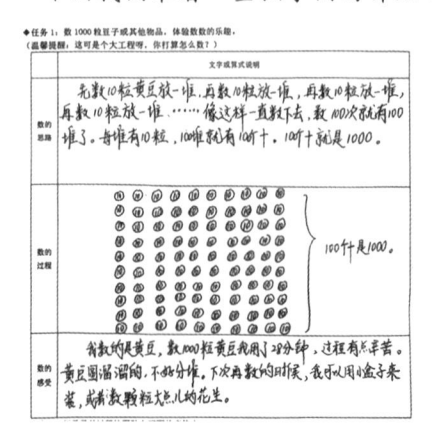

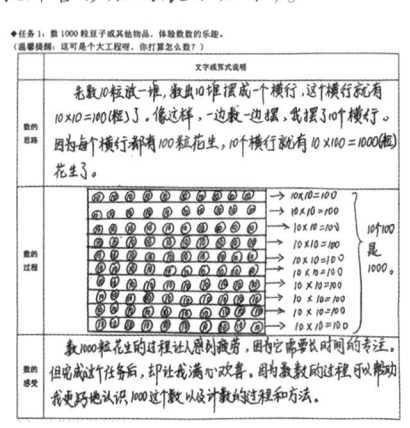

(3)画图中辨析:化难为易。

对小学生来说,"画数学"意味着用数学的眼光观察,用画图的方式思考,用丰富的想象表达。因此,"画数学"的本质就是学生认知"数学化"的过程。在小学数学课堂教学中,学生借助"画数学"这种别样方式,直观地展示自己对数学知识的理解和思考,可以激发他们自身的潜能。[1]

【示例】人教版数学四年级下册"乘法运算律"——"乘法分配律"教学。

在课程教学时,教师发现很多学生紧锁眉头,不知道自己写的式子"5×(20+8)=5×20+8"到底错在哪儿了。此时,教师可以引导学生用画图的方式来解释这道题(如下图)。教师设置情境,引导学生将式子"5×(20+8)"设想为"一件上衣20元,一条裤子8元,买5套衣服一共需要付多少钱?"学生会发现可以先算出一套衣服的价格是"(20+8)"元,再算买5套衣服一共需要付的钱;也可以先算出买5件上衣需支付的钱,再算出买5条裤子需支付的钱,最后算出5套衣服的总价,用式子表示即为"5×20+5×8"。而"5×20+8"这个式子只能表示买5件上衣和1条裤子需支付的钱,少算了4条裤子的钱。

5×(20+8)=5×20+5×8=140(元)　　　　5×20+8=108(元)

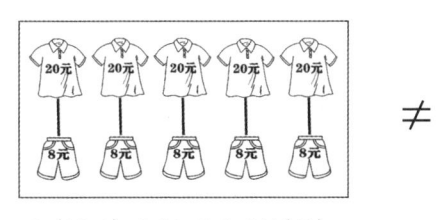

[1] 倪琛."画数学"——表达思维的别样方式[J].天津教育,2023(5):16-19.

在教师的启发和引导下,学生还会画出不一样的图,来解释"5×20+8"这个错例。"5×(20+8)"可以设想成5个面积为20的大长方形和5个面积为8的小长方形的面积总和,而"5×20+8"这个式子只能表示5个面积为20的大长方形和1个面积为8的小长方形的面积总和,少算了4个面积为8的小长方形的面积总和。

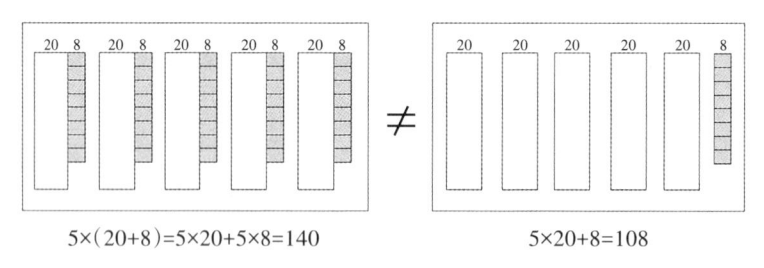

$5×(20+8)=5×20+5×8=140$　　　　$5×20+8=108$

还有的学生将"5×(20+8)"设想成5条长度为20的线段和5条长度为8的线段的长度总和,而"5×20+8"这个式子只能表示5条长度为20的线段和1条长度为8的线段的长度总和,少算了4条长度为8的线段的长度总和。

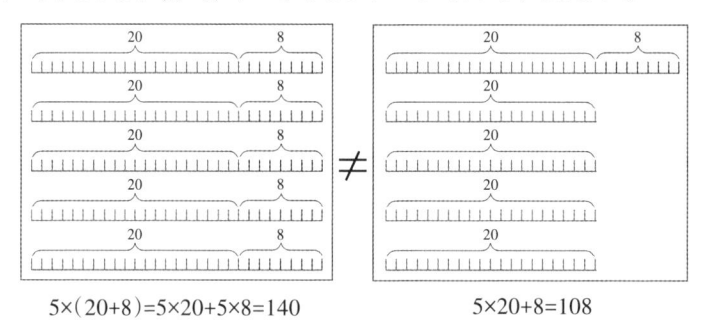

$5×(20+8)=5×20+5×8=140$　　　　$5×20+8=108$

在以往的教学中,很多教师主要通过计算练习或死记硬背的方式让学生掌握乘法分配律。但是,仅靠机械地记忆和模仿,学生没有理解乘法分配律的意义,就容易出现错误。面对这种情况,我们可以借助画图(实物图、面积图、线段图等)的方式,让学生联系已有的生活经验、学习经验,将枯燥的知识形象化,以加深对乘法分配律意义的理解。

(4)表达中析题:化虚为实。

在实践中我们常常发现,学生做题大多是被动、机械地模仿,缺乏自主性思考,教师讲评也多为核对答案,较少让学生陈述自己的观点。事实上,让学生把解题过程用语言表达出来,这不仅能加深他们对解题过程的理解,而且能给予他们展示的机会,增强数学学习的自我效能感。因此,教师要让学生想说、能说、会说。而这需要教师精心筛选"说题"内容,搭建"说题"支架,优化"说题"形式。

【示例】人教版数学五年级上册"多边形的面积"课程学习后的练习题。

题目:如图(下图图1),在直角三角形ABC中,四边形BDEF为正方形,且AF=9 cm,CD=16 cm,则三角形ABC的面积是多少?

理解题目信息:三角形ABC是一个直角三角形,四边形BDEF是正方形,且AF=9 cm,CD=16 cm,要解决的数学问题是"三角形ABC的面积是多少?"

分析数量关系:如果要直接计算三角形ABC的面积,必须知道三角形ABC的底和高分别是多少。但是题目中没有告诉我们正方形BDEF的边长。那怎么办呢?我们可以通过做辅助线的方法(下图图2),得到$S_{\triangle①}=S_{\triangle②}$,$S_{\triangle③}=S_{\triangle④}$,又由于$S_{\triangle ABC}=S_{\triangle AB'C}$,故可以推理得出$S_{正方形⑤}=S_{长方形⑥}$。从题目中已知AF=9 cm,CD=16 cm,我们可以通过平移的方法得到长方形⑥的长为16 cm、宽为9 cm。因此,$S_{长方形⑥}=16×9=144(cm^2)$,那么$S_{正方形⑤}=144(cm^2)$。最后,我们再根据"正方形的面积=边长×边长"推理得出,正方形⑤的边长为12 cm,也就是BF、BD的长度都是12 cm。至此,我们就可以通过"三角形的面积=底×高÷2"来算出三角形ABC的面积,即:$(12+16)×(12+9)÷2=294(cm^2)$。

回顾反思:我们可以将数据代入原题中进行检查,确认解题过程是否正确。

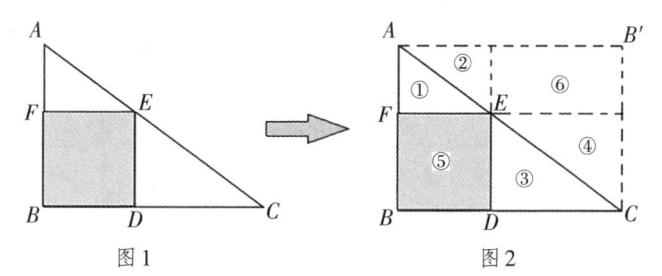

图1　　图2

(5)游戏中练习:化静为动。

在游戏中进行数学练习,是一种寓教于乐的学习方式,尤其适合小学生。通过游戏,学生可以在轻松愉快的氛围中掌握知识、提升技能,同时培养逻辑思维和解决问题的能力。首先,教师要确保选择的游戏与学习目标相匹配;其次,要设定明确的学习目标和练习计划;再次,要注意观察和分析游戏机制、规则和策略,这有助于更好地锻炼学生的观察力和分析力;最后,要让学生花时间反思自己的表现,思考在游戏中遇到的问题以及改进的方式。

【示例】数学大富翁游戏卡。

在学习完人教版数学二年级下册"数据收集和整理""表内除法(一)""图形的运动(一)""表内除法(二)"这4个课程单元后,教师可以结合单元知识清单(基础题、典型题、易错题)设置一张"数学大富翁游戏卡",让学生在游戏中完成知识的积累,强化数学的应用意识,获得情感体验。

数学大富翁游戏卡
"数据收集和整理""表内除法(一)""图形的运动(一)""表内除法(二)"

开始 →	①把20平均分成5份,每份是( )。 ②18里面有( )个3。 ③( )里面有( )个( )。	找出小房子在水中的倒影,在○里打"√"。	20根小棒,可以摆成( )个□;如果要摆完整的△,至少要去掉( )根。
32÷( )=4×2; ( )÷9=2×3; 24÷4=( )×3。	◆准备:骰子1枚,不同颜色的棋子2枚。 ◆规则: 1.跟家长、兄弟姐妹、好朋友等一起玩一玩。 2.玩家轮流掷骰子,根据点数前进至相应的格子内。 3.答题正确,则填上答案,并在相应玩家姓名下方的格子内做记录(用"正"字)。 4.走到答案已被对方写过的格子,不重复书写,可口头作答,但不在表格内记录。 5.所有题目均完成后,统计答对次数并填表,答对次数多者获胜。 6.如果回答错误,记住题目,游戏结束后完成订正。		①45是5个( )的和。 ②56是( )个8的和。 ③( )是6个6的和。
已知:○=3△, 2△+2○=32, 则△=( ), ○=( )。			一根20米的木棍,锯了4次,平均每段( )米。
☆有( )条对称轴。(画一画) ☆			已知☆+☆+☆=18, ☆×○=12, 则☆=( ), ○=( )。
妈妈带了50元钱,花40元买了5个同样的杯子。每个杯子( )元。	玩家1姓名 | | 玩家2姓名 | |		按要求剪:将一张正方形纸对折,剪出下面的图形。 ←→
停留一局	◆获胜者: 我会编:(编一道有趣的数学题并解答)		**再掷一次**
平移时,物体的( )变,( )、( )、( )不变。			有32筐苹果,每8筐装一辆车,需要( )辆车。

姓名		
"正"字统计		
答对次数		

续表

写"春"字练习，欣欣写了54画，她写了（ ）个"春"字。	要得到六边形，应该将正方形的纸按（ ）方式剪掉涂色部分。（自己画一画、剪一剪）　A.　　B.	有20名学生排5行，后一行都比前一行多1人，每行的人数分别是多少？

(6)归纳中整理：化多为少。

在传统的课堂教学中，教师往往更加关注学生对知识的学习，常常会通过题海战术来提高学生的学习质量，而缺乏对学生个性发展的关注和综合素质的培养。随着"双减"政策的推行与实施，教师需要深入研究"减负提质"教育理念的内涵，对传统的教学方法进行优化改革，建立起以学生为主体的学习模式，满足素质教育及"双减"政策的发展要求。基于此，教师可以设置同类题整理清单，引导学生通过阅读思考将具有相同或相似解题思路的题目归类。这样，学生可以集中时间和精力去理解和掌握某一类题目的解题技巧，避免在大量的题目中迷失方向。同类题整理在提高学生学习效率、加深理解与应用、发现解题规律、便于复习与查漏补缺以及培养良好的学习习惯等方面具有重要意义。

【示例】三年级上册数学同类题整理清单。

在学习了人教版数学三年级上册第1至第5单元的基础上，教师可设计以下表格(清单)，引导学生查阅第1至第5单元数学课本、校本作业、补充作业的相关内容，找到4道同类题，并从"题目来源""题目类型""题目表述""解答过程"4个方面进行记录。清单最后还需要他们对这4道题进行综合分析(相同点和不同点)。

三年级上册数学同类题整理清单	
知识范围	第1至第5单元数学课本、校本作业、补充作业的相关内容

第1题	题目来源：
	题目类型：
	题目表述：
	解答过程：

第2题	题目来源：
	题目类型：
	题目表述：
	解答过程：

第3题	题目来源：
	题目类型：
	题目表述：
	解答过程：

第4题	题目来源：
	题目类型：
	题目表述：

续表

	解答过程：	
综合分析	相同点：	不同点：

备注：题目来源填写形式如"校本第×页第×题"；题目类型可填"选择题""填空题""操作题""解决问题"等；综合分析中，先分析这4道题的相同点（知识、方法、思路等），再分析这4道题的不同点（突破点等）。

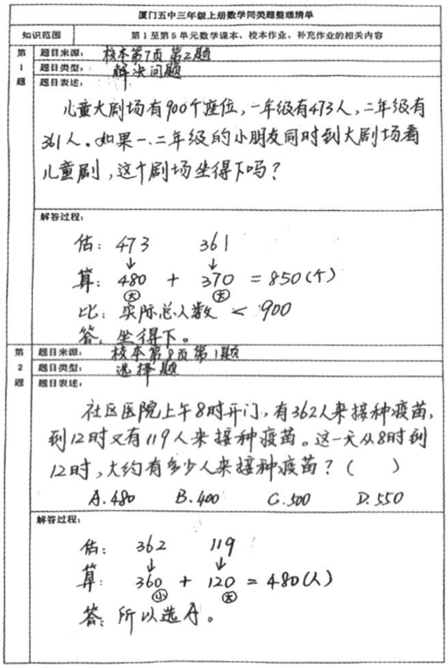

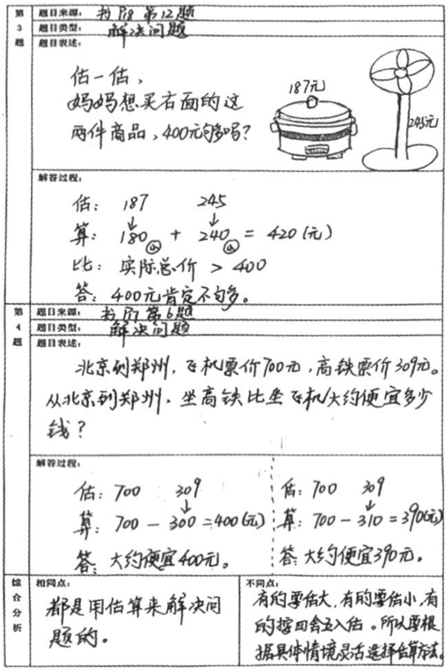

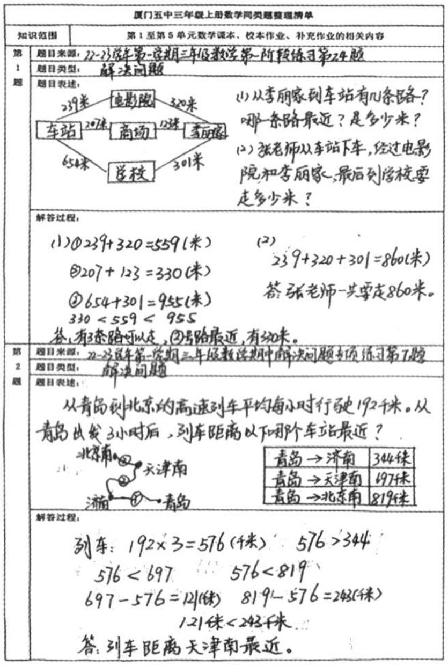

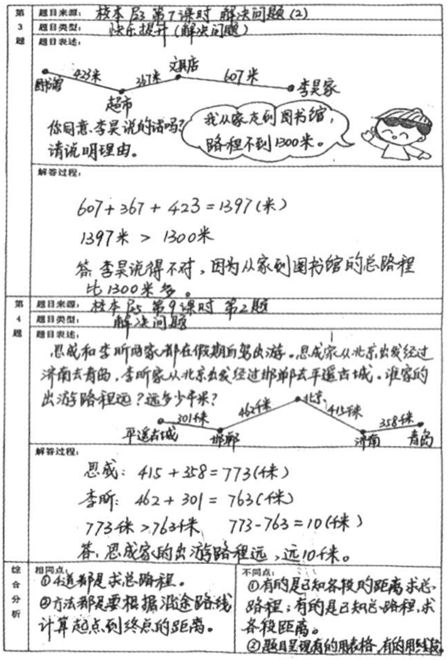

三 情理共生的小学数学课堂的意义价值

一门课程的教与学主要包括两方面的因素：一方面是"人"（学生、情感）的因素；另一方面是"材"（课程、说理）的因素。结合调查数据和我们观察到的小学数学课堂学生学习情况可发现：一方面，由于数学本身存在抽象、枯燥等特点，使得数学课的学习相对乏味，容易导致学生数学学习情感不佳；另一方面，学业考试的压力，加之家长、教师知识匮乏或观念陈旧导致的不够理解、不够尊重学生，容易打击学生的学习积极性。此外，小学数学课程本身有它内在的数理、学理和教理，这些数学本质需要学生投入良好的学习情感，才能感受到其中的奥妙。

情理共生的小学数学课堂教学主张主要想解决学生"不爱学习"和"不会学习"的底层逻辑问题。一方面，通过"情"的创设，重塑学教关系，重塑课堂样态，激发学生对数学的热爱，形成良好的数学学习情绪；另一方面，通过"理"的表达，重塑学习内容，重塑学习方式，引领学生找到学习路径，掌握高效的数学学习方法。最后，达成学生主动学、教师轻松教的情理共生绿色教学生态。

（一）情理共生：走向崭新的数学教学（关注数学核心素养）

从学科层面看，小学数学课堂教学改革指出：一要正确认识数学基础，从关注"双基"（基础知识和基本技能）到关注"四基"（基础知识、基本技能、基本思想和基本活动经验）"四能"（能发现问题、能提出问题、能分析问题、能解决问题），再到关注核心素养（会用数学的眼光观察现实世界，会用数学的思维思考现实世界，会用数学的语言表达现实世界）；二要变革教育教学方式，从关注知识传授到关注知识建构和问题解决，再到指向教学方式范畴中的组织方式、认知方式和活动方式等方面的具体改进。学生是独一无二的个体，他们有着有自己的情感和思想。新课程改革的理念之一，就是要把本该属于孩子的课堂还给孩子。课堂永远是课程改革的主阵地，只有将新思想、新理念融入课堂教学的每一个环节，只有教师和学生积极地、主动地、有创造性地参与其中，我们的课堂才能永远充满活力。

在小学数学课堂教学中，如果教师没有关注学生的学习情绪，只关注数学理性思维的培养，学生在心理上就容易对知识产生畏惧心理，遇到解决不了的难题容易自暴自弃,以至于学生从不爱学数学到怕学数学;如果教师没有关注数学本身的理性思维,只关注学生的学习情绪,忽视了数学概念的形成过程、数学方法的演绎过程、问题解决的探究过程,学生的知识就无法形成完整的体系,随着年级的升高,学生容易对数学学习失去信心,甚至想放弃学习数学。而情理共生的小学数学课堂教学,既强调了对学生"情"的关注,又强调了对数学"理"的追寻。情理共生的小学数学课堂教学是一种新型的课堂教学模式,是在尊重学生情感、因材施教的情况下,使学生在数学学习过程中,形成不同的能力,获得不同的发展,达到培养和发展学生核心素养,提升综合能力的目的。

(二)情理共生:指向生命的圆融成长(关注学生智慧潜能)

从生命层面看,小学数学课堂教学的本质是数学思维活动的展开,学生在课堂上的学习活动需要手、脑、口等的参与。教师不仅要引导学生主动参与,而且要鼓励学生积极参与,使学生的主体性得到充分发挥。这就要求教师在教学过程中为学生创造良好的参与条件,提供充分的参与机会。

新课程改革的理念之一,就是要把本该属于孩子的权利还给孩子,让孩子有自主探索的空间;把本该属于孩子的发展还给孩子,让孩子有张扬个性的舞台。因此,一方面,教师要关注学生的已有经验和认知规律,从他们的现实生活和童真世界出发,创设积极向上的学习氛围,并将学生所要学习的知识贯穿其中,引导学生自主学习,还要注重利用数学之史、数学之美、数学之趣、数学之用来培养学生正确的学习动机和浓厚的学习热情,增强学生对数学学习的情感体验。另一方面,教师要关注教材本身的逻辑,有创造性且艺术化地使用教材,引导学生积极投入其中,经历观察、思考、探究、交流、追问、类比等过程,还要注重数学知识所折射出的理性内容,在合情判断的基础上进行演绎推理,从而激发学生潜能,发展学生智慧,逐步提升其数学素养和理性精神。也就是说,数学学习需要学生热爱数学,充满对数学的好奇,同时还应具有克服困难的勇气和意志。数学教育必须激发学生的学习热情,充分调动学生学习数学的主动性和积极性,使学生养成坚韧不拔的学习毅力,进而形成独立的人格、合作的态度、创新的精神。情理共生的小学数学课堂教学致力让学生在良好的学习氛围中达成自主的、智慧的学习,它极大地满足了学生自身的需求,让学生焕发生命活力、体现生命价值。

总之,从学科层面看,情理共生的小学数学课堂的目标定位为"关注数学核心素养";从生命层面看,情理共生的小学数学课堂的目标定位为"关注学生智慧潜能"。用一句话表述,即情理共生的小学数学课堂教学追求学生生命之"情"与数学学科之"理"的同构共生。基于此,教师要改变传统课堂教学中的积弊,做到眼中有学生之情,心中有数学之理,立足数学学科的视角,关注数学知识的来龙去脉、"前世今生",立足学生生命的视角,关注学生智慧的生成和发展。教师要充分调动、丰富和培养学生的情感世界和人文精神,培养学生的探究、质疑与反思精神,让他们养成"数学化思考"的思维方式与习惯,形成探究与追求真理的品格,并以此影响学生的学习情感和态度,从而健全学生的人格。

第二节 情理共生的小学数学课堂的教学模式

情理共生的小学数学课堂的教学模式是一种在教学中强调情感与理思相互融合、共同发展的教学模式。这种教学模式注重在教学过程中,既要培养学生的数学知识和技能,又要关注学生的情感体验和思维发展。

首先,情理共生的小学数学课堂的教学模式重视情感因素在教学中的作用。教师可以通过营造积极的学习氛围,激发学生的学习兴趣,关注学生的情感体验等方式,使学生在学习过程中保持愉悦的情绪状态,从而更加主动地参与到数学学习中来。这种教学模式有助于培养学生积极的学习态度和良好的学习习惯。

其次,情理共生的小学数学课堂的教学模式也强调理思因素的发展。教师可以通过引导学生深入思考、探究数学问题的本质和规律,培养学生的逻辑思维能力和问题解决能力。同时,该模式还注重培养学生的创新思维和实践能力,鼓励学生在数学学习中敢于尝试、勇于探索。

在具体实践中,情理共生的小学数学课堂的教学模式可以采用多种教学方法和手段来实现。例如,教师可以通过创设生活情境、开展实践活动等方式,将数学知识与学生的日常生活紧密联系,让学生在具体情境中学习数学、应用数学。此外,教师还可以利用现代化的教学手段,如多媒体课件、网络资源等,丰富教学内容和形式,提高教学效果。

总之,情理共生的小学数学课堂的教学模式是一种注重情感与理思相互融合的教学模式,它有助于提高小学数学教学的质量和效果,促进学生全面发展。

情理共生的小学数学课堂的教学模式到底是什么样的呢?我们可以根据时间把教学过程分为课前、课中、课后三个部分,课中又分为"创设情境,聚焦问题""探索理思,展示交流""当堂应用,深化认知""回顾反思,提升素养"四个环节(图4-5)。其中,在课前准备部分,教师可以先引导学生做好工具准备,再以简短有趣的对话或歌曲等方式暖场,帮助学生做好心理准备,以积极主动的态度投入到课中的学习。课中的四个环节各有分工:"创设情境,聚焦问题"即教师通过创设生动丰富的任务情境,引导学生聚焦核心问题;"探索理思,展示交流"即教师引导学生围绕核心问题先独立思考,再合作探究,最后围绕合作探究中的高质量样本或数据进行交流,生与生、师与生之间展开对话思辨,以理服人;"当堂应用,深化认知"即教师通过提前设置好的有趣味性、针对性、层次性的练习,引导学生当堂应用并巩固所学,达成"教—学—评"的一致;"回顾反思,提升素养"即教师引导学生回顾反思,形成知识结构、方法结构,做到知其然并知其所以然。在课后拓展部分,教师可以将本课的知识拓展延伸到课外,将情理共生的场域拓宽到更广阔的学习空间中。

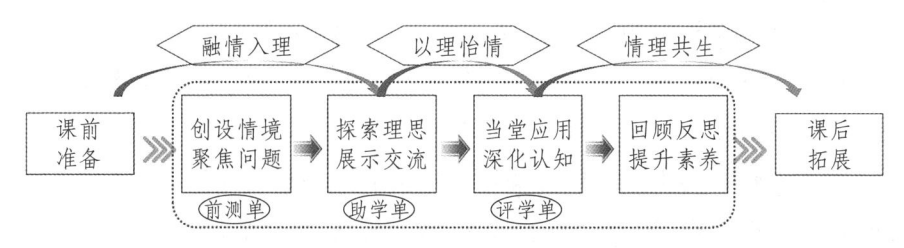

图4-5 情理共生的小学数学课堂的教学模式

在情理共生的小学数学课堂教学中,在"创设情境,聚焦问题"这个部分,教师可以通过"前测单"来更好地了解学生的学习起点;在"探索理思,展示交流"这个部分,教师可以通过"助学单"来帮助学生进行探学和展学;在"当堂应用,深化认知"这个部分,教师可以通过"评学单"来帮助学生更好地总结本节课的学习收获,取长补短。"前测单""助学单""评学单"这"三单"工具的使用让课堂教学有了依托,有了"脚手架",让学生的学习思维清晰可见。

一 创设情境,聚焦问题

"创设情境,聚焦问题"指的是通过创设与数学内容紧密相关的真实情境,引导学生进入情境,发现问题,并围绕这些问题进行深入的探究和学习。首先是创设情境,教师可以通过设计贴近学生生活、富有趣味性和启发性的情境,将抽象的数学知识以直观、生动的形式呈现,激发学生的学习兴趣和好奇心。创设的情境可以是一个故事、一个游戏、一个实际问题等,关键是要能够引发学生思考和探索。其次是聚焦问题,问题的设计应该具有针对性和层次性,既要能够引导学生深入理解数学概念和方法,又要能够锻炼学生的思维能力和问题解决能力。在"创设情境,聚焦问题"这一环节中,教师可以采用多种教学方法和手段来辅助教学:可以利用多媒体教学设备来展示情境和问题,增强教学的直观性和生动性;还可以设计一些实践活动或游戏,让学生在亲身体验中感受数学的魅力和应用价值。

【示例1】人教版数学五年级下册"2、5、3的倍数"——"3的倍数的特征"一课。

课始,教师提问:"同学们已经掌握了2和5的倍数的特征,谁能说出一个既是2的倍数又是5的倍数的数呢?"学生会说出10、20、30……或者直接说出个位是0的数同时是2和5的倍数。此时,教师可信心满满地说:"同学们,你们太棒了!接下来,你们敢不敢挑战老师?你们随意说出一个数,我可以马上判断出它是不是3的倍数。"此话一出,孩子们都想试试,挑战马上开始。当学生说出"348"时,教师马上答"348是3的倍数",紧接着,在一旁用计算器验证的同学也报出了和老师一样的答案,全场热闹了"再来再来,我就不信!"教师又"煽风点火":"来一个大一点儿的数字试试!"另一个学生马上说出"76 894",教师又马上答"76 894不是3的倍数",旁边用计算器验证的同学又报出了和老师一样的答案。全场沸腾了"太厉害了!太厉害了!"几个回合下来,孩子们简直惊呆了!教师此时可适时地说:"其中蕴含着什么秘密呢?不着急,等大家学完了这节课,你们就能明白其中的道理!"此言一出,孩子们慢慢静下心来,等待着一探究竟。

一开始这个案例通过复习带领学生回顾了2、5的倍数的特征和判断方法,接着进行了一项包含趣味挑战情境的活动,激发了学生想要探究3的倍数的特征的热情,聚焦到"3的倍数到底有什么特征""我们应该怎样来研究3的倍数的特征"这两个核心问题中来。

【示例2】人教版数学六年级上册"分数乘法"与"分数除法"单元。

为了更好地了解学生的学习起点,教师可以围绕分数乘法和分数除法的算法和算理,设计以下这份前测单,它包含了6道系统、开放的计算题。为使乘除法的运算计算更具一般性,多数计算题选择了不能化成有限小数的分数。

"分数乘法"与"分数除法"前测单

计算下面各题,并写出思考过程。(可以画图解释)

$\frac{1}{5} \times 3$　　$6 \times \frac{2}{3}$　　$\frac{1}{2} \times \frac{1}{3}$　　$\frac{2}{3} \times \frac{3}{4}$　　$\frac{4}{7} \div 3$　　$6 \div \frac{2}{3}$

前测数据分析如下：

题目	答题正确率	算法占比					算理占比
		常规方法	化成小数	分数与除法的关系	转化为加法	通分	画图解释
$\frac{1}{5} \times 3$	100%	46.7%	20.0%	/	33.3%	/	33.3%
$6 \times \frac{2}{3}$	97.8%	57.8%	2.2%	2.2%	35.6%	/	22.2%
$\frac{1}{2} \times \frac{1}{3}$	88.9%	80.0%	6.7%	2.2%	/	/	8.9%
$\frac{2}{3} \times \frac{3}{4}$	86.7%	82.3%	2.2%	2.2%	/	/	8.9%
$\frac{4}{7} \div 3$	88.9%	77.8%	2.2%	0%	/	8.9%	4.4%
$6 \div \frac{2}{3}$	88.4%	66.2%	2.2%	2.2%	/	17.8%	2.2%

由此可见,学生在学习"分数乘法"与"分数除法"之前存在着"算法多样,但是算理理解不够透彻"的学情。具体体现在:6题的平均正确率约为92%。学生基本能够应用已有知识(分数的意义、分数与除法的关系、整数乘法的意义)进行迁移,解决问题。但完成"画图解释"的学生占比不高,可见,许多学生只关注了"结果",而忽视了"过程",并没有真正理解分数乘法与除法的算理。计算首先需要解决的是算理问题,而算理的理解需要与直观、具体的方法相结合,且需要结合不同的现实背景,让学生去理解分数的意义和分数乘除法的意义,为学生用分数乘除法解决问题做好铺垫。

基于前测单的数据分析结果,教师在进行教学设计的时候,除了要设置真实情境,诱发学生的学习动机外,还要聚焦学生对分数乘法与除法算理的理解与把握,引导学生参与题组对比,自主编题、品题,让学生经历由具象到抽象的过程;引导学生厘清分数乘法和除法的内在结构,准确理解分数乘法和除法的意义,从而使他们对算理的理解更加深刻。

二 探索理思,展示交流

探索理思与展示交流是学习过程中相辅相成的两个重要环节。探索理思主要指学生在学习过程中,通过独立思考、深入研究,对某一知识点或问题进行深入的剖析和理解,形成自己的认识和见解。这一过程要求学生具备较高的自主性和批判性思维,能够主动寻找问题的答案,并从多个角度进行分析和思考。展示交流则是将探索理思的成果进行展示和分享的过程。学生可以通过口头报告、书面报告、多媒体演示等形式,将自己的见解、理解和发现展示给其他同学和教师。这一过程不仅是对学生探索理思成果的检验,也是促进学生之间相互学习、相互启发的重要途径。在展示交流中,学生需要清晰、准确地表达自己的观点,并能够与听众进行有效的互动和沟通。通过探索理思与展示交流的结合,学生可以更好地理解和掌握知识,提高自己的思维能力和表达能力。同时,这种学习方式也有助于培养学生的团队合作精神和沟通能力,为他们未来的学习和工作奠定坚实的基础。

就情理共生的小学数学课堂而言,探"理"环节(图4-6)尤其重要,它需要有良好的师生关系、学习氛围、教学情境、数学文化等的"情"(学习空间的布置、课堂礼仪的规范)做支撑,通过教师创设任务(预学任务、探究任务)、编制工具(预学单、助学单、评学单)、共创规则(思考的规则、倾听的规则、对话的规则、协作的规则),达成情理共生的课堂学习目标。

图4-6 情理共生的小学数学课堂的探"理"环节

(一)学习场域的营造

教学活动不仅需要学生的积极参与,更离不开教师的智慧引导。作为学习的引导者,教师要营造良好的学习氛围,为学生构建一个平等和谐、相互交流的学习场域,以充分调动学生学习的主动性,引发学生的数学思考。田俊国指出,越理解教学的本质,越了解有效学习分为吸收和转化两大过程,就越能体会到课堂氛围的重要性,做任何事情都要积极营造有利于事情进行的社会环境。因此,教师应该时时思考这三个问题:第一,你的课堂是否采用了有效的手段来激活学生的大脑,是否能够始终抓住70%以上学生的70%以上的注意力?第二,你的课堂是否有效安排了学生间的对话,以促成学生互相交换他们对知识的"再生产"?第三,你能否运用恰当的控场手段使课堂场域始终保持在一个合理的区间,做到"放而不乱、收而不死"?

情理共生的小学数学课堂应当是以"学"为中心的课堂,它的核心是"为学而教"。它是指在尊重学生的个性特征和了解学生需求的基础上,教师创造各种条件和利用多种教学方式来实现学生的自主学习。它摒弃了传统的"教师中心"或"内容中心"式的课堂教学范式,倡导以学生及其学习为中心的教学实践范式。

1.学习空间的布置

雷夫·艾斯奎斯之所以创造了"第56号教室的奇迹",首先在于他打造了一间"安全的教室"。"安全的教室"有利于建设良好的师生关系,而好的师生关系是建设高效愉悦课堂的前提。维戈茨基认为,学习发生在社会情境中,依赖于共同体与其他成员的互动。既然我们将课堂教学视为学习共同体,那么成员之间的个性特征、学习动机、能力倾向、文化背景、知识储备等差异都可视作互动与分享的资源,利用学生的差异性来调动其积极性。教室的空间布置不仅包括物理空间布置,还包括心理空间布置,它们共同影响着学生的学习效果和舒适度。

在物理空间布置方面,首先要考虑的是桌椅及其摆放。桌椅应该根据学生的年龄、身高以及教学活动的需要进行灵活调整。比如:小学低年级的学生可能需要稍矮一些的桌椅,并且桌椅之间的距离要适中,方便他们活动;高年级的学生则可能需要高一些的桌椅,并且桌椅的排列方式也要方便他们进行小组讨论或合作学习。其次,教室内的布局也要合理,通道要宽敞,方便学生进出和活动。此外,还要确保教室内的光线充足,空气流通,给学生提供一个舒适的学习环境。

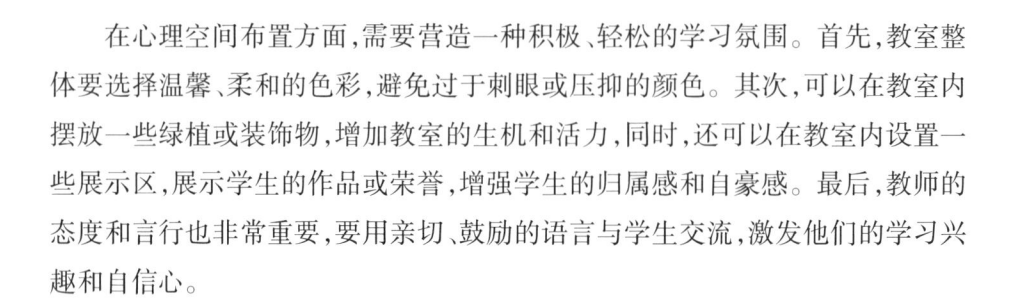

在心理空间布置方面,需要营造一种积极、轻松的学习氛围。首先,教室整体要选择温馨、柔和的色彩,避免过于刺眼或压抑的颜色。其次,可以在教室内摆放一些绿植或装饰物,增加教室的生机和活力,同时,还可以在教室内设置一些展示区,展示学生的作品或荣誉,增强学生的归属感和自豪感。最后,教师的态度和言行也非常重要,要用亲切、鼓励的语言与学生交流,激发他们的学习兴趣和自信心。

2.课堂教学礼仪的规范

课堂教学礼仪是指在课堂教学活动中,教师和学生应遵循的一系列规范和准则,旨在营造一个庄重、有序、和谐的学习氛围。这些礼仪不仅体现了教师和学生的文明素养,还有助于提高教学效果,促进学生全面发展。对于教师而言,课堂教学礼仪包括课前准备、仪表仪态、语言表达等方面。如:教师应提前到达教室,做好教学准备;在课堂上应保持庄重大方的仪表,和蔼可亲的仪容;讲课时应以清晰、准确、生动的语言来表达。通过这些细节,教师能够向学生传递出尊重知识、尊重课堂的信息,从而激发学生的学习热情。对于学生而言,课堂教学礼仪同样重要。学生应按时到课,保持安静,认真听讲,积极参与课堂讨论。在回答问题或提出问题时,应举手示意,得到教师允许后再发言。同时,学生还应尊重教师和其他同学,遵守课堂纪律,共同维护良好的课堂秩序。

此外,课堂教学礼仪还包括师生之间的尊重与互动。如:正式上课前,师生可以互相问好,表达彼此的尊重和关心;下课时,师生可以互道再见,表达对课堂的珍惜和期待。这些简单的礼仪动作不仅能够增强师生之间的情感联系,还能够营造出温馨、和谐的课堂氛围。在组织学生讨论时,教师既要适时地走近学生,与学生交流互动,点拨指导学生,又要恰当地"退出去",让学生有自主思考的空间,从而促进教学活动的顺利开展。针对"学有余力"的学生,教师要提出有挑战性的问题并提供拓展思维的空间,引导他们思考,以发展其数学思维的独创性和灵活性;对于"学有困难"的学生,教师要及时关注他们在学习中的困惑,鼓励他们大胆思考、积极参与交流和讨论,并尝试独立解决问题。

总而言之,情理共生的小学数学课堂应该是一个被温暖润泽的课堂。在这里,学生可以主动提出自己的问题,可以和他人一起经历问题的探究过程,可以和他人分享自己的想法,可以用多种方式有理有据地表达自己的想法。

(二)学习任务的设置

学生对数学的认知和理解是在完成学习任务的过程中逐步实现的,因此,学习任务的质量影响着学生数学学习的效果。有学者认为,学习任务是指学生在数学课上能够理解的问题、情境和指令。美国数学教育研究者认为,数学(学习)任务是将学生的注意力集中在与数学内容相关的一系列问题或一个复杂问题上的数学活动。①因此,教师在进行学习任务设置的时候应该考虑以下几点:第一,学习任务的内容应紧扣数学主题和认知要求;第二,学习任务的要求应符合学生的年龄特点;第三,学习任务的呈现应便于学生思考和操作。

1. 预学任务的设置

设置预学任务时,首先,教师应该引导学生明确"为什么要预习",从而强化他们对预习重要性的认知。预习能让学生提前建立新旧知识的联系,加强对新知的理解;能提高课堂听课、记笔记的效率;有利于培养学生的自学能力,提高学习兴趣和自信心。其次,教师要引导学生知道"怎样去预习",从而掌握预习方法:准备好不同颜色的笔,采用"一划、二批、三试、四分"的方法。"一划"就是圈划关键知识点、基本概念;"二批"就是把预习的体会、见解以及自己暂时不能理解的内容或存在的疑惑,旁批在书的空白处;"三试"就是尝试性地做一些简单的练习题,以检验预习的效果;"四分"就是把预习的知识要点列出来,分出哪些知识是通过预习已掌握了的,哪些知识是自己预习时不能理解的,是需要在课堂中进一步学习的。最后,教师要引导学生明确预学要求:必须有目标和任务,不要盲目地将书翻阅一遍;在预习中要思考自己存在的疑惑,为后面的正式学习做好充分的准备。

因此,教师应基于课标、教材的解读和学情的把握进行预学单的设计。预学单可包含"我会自学""我会思考""我的发现""我的疑惑"四个部分,以帮助学生明确预学的内容和具体要求。

【示例1】人教版数学三年级下册"笔算乘法"——"两位数乘两位数的笔算乘法"预学单。

---

① 刘娟娟.指向深度学习的小学数学任务设计[J].南京晓庄学院学报,2021(2):32-37.

"两位数乘两位数的笔算乘法"预学单

1. 我会自学:人教版数学三年级下册课本第42页例题1。(读一读,圈一圈,划一划)
2. 我会思考:
(1)14×12=? 你能用已有的知识尝试计算吗？请用点子图表示出来。
(2)14×12=? 你会用列竖式的方法计算吗？竖式中每一步的具体含义是什么？用十位上的数去乘时,所得的积的末位数为什么要和十位上的数对齐？
(3)例题中,小红的想法和竖式计算有什么相同的地方？
3. 我的发现:

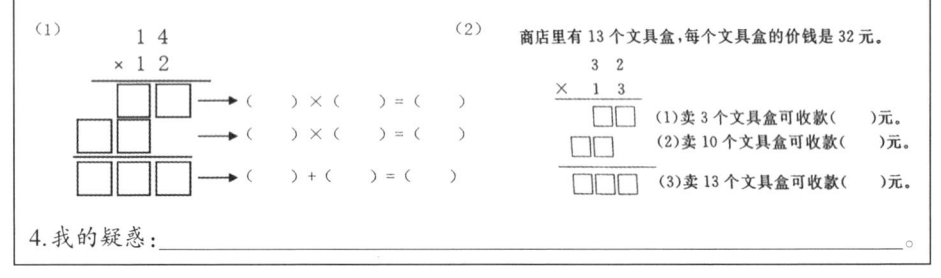

(1)
```
    1 4
  × 1 2
  ─────
  □ □    →  (  )×(  )=(  )
  □ □     →  (  )×(  )=(  )
  □ □ □   →  (  )+(  )=(  )
```

(2)商店里有13个文具盒,每个文具盒的价钱是32元。
```
      3 2
    × 1 3
    ─────
    □ □      (1)卖3个文具盒可收款(    )元。
    □ □      (2)卖10个文具盒可收款(    )元。
    □ □ □    (3)卖13个文具盒可收款(    )元。
```

4. 我的疑惑:＿＿＿＿＿＿＿＿＿＿＿＿＿＿＿＿＿＿＿＿＿＿＿＿＿＿。

【示例2】人教版数学三年级下册"长方形、正方形面积的计算"预学单。

"长方形、正方形面积的计算"预学单

1. 我会自学:人教版数学三年级下册课本第60～61页例题4、例题5。(读一读,圈一圈,划一划)
2. 我会思考:
(1)一个长方形长5 cm,宽3 cm,你能求出它的面积吗？
(2)用边长为1 cm的正方形来摆,你发现了什么？
(3)你知道长方形的面积计算公式吗？那正方形的面积计算公式是怎样的呢？
3. 我的发现:
(1)

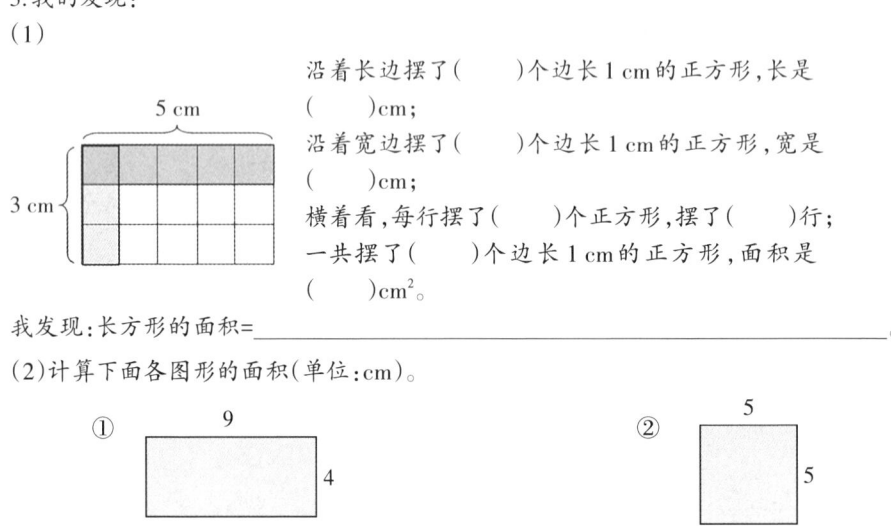

沿着长边摆了( )个边长1 cm的正方形,长是( )cm;

沿着宽边摆了( )个边长1 cm的正方形,宽是( )cm;

横着看,每行摆了( )个正方形,摆了( )行;

一共摆了( )个边长1 cm的正方形,面积是( )cm^2。

我发现:长方形的面积=＿＿＿＿＿＿＿＿＿＿＿＿＿＿＿＿＿＿＿＿。

(2)计算下面各图形的面积(单位:cm)。

① 长9,宽4的长方形　② 边长5的正方形

4. 我的疑惑:＿＿＿＿＿＿＿＿＿＿＿＿＿＿＿＿＿＿＿＿＿＿＿＿＿＿。

【示例3】人教版数学三年级下册"认识小数"预学单。

"认识小数"预学单

1.我会自学:人教版数学三年级下册课本第85页例题1。(读一读,圈一圈,划一划)

2.我会思考:

(1)什么样的数是小数?生活中,你在哪儿见过小数?找一找,说一说。

(2)你会读、写小数吗?

(3)你能结合身高和人民币的例子说说一位小数的具体含义吗?

3.我的发现:

(1)把1米平均分成10份,每份是(　　　)。　　1分米=$\frac{(\quad)}{(\quad)}$米,还可以写成(　　　)米。

3分米=$\frac{(\quad)}{(\quad)}$米,还可以写成(　　　)米。

1米3分米写成小数是(　　　)米。

(2)　　1元=$\frac{(\quad)}{(\quad)}$元,还可以写成(　　　)元。

5角=$\frac{(\quad)}{(\quad)}$元,还可以写成(　　　)元。

2元7角写成小数是(　　　)元。

(3)拓展题:填一填。

2.65元=(　　)元(　　)角(　　)分　　　　8角6分=(　　)元

1.35米=(　　)米(　　)分米(　　)厘米　　2米40厘米=(　　)米

4.我的疑惑:_____

【示例4】人教版数学三年级下册"简单的小数加、减法"预学单。

"简单的小数加、减法"预学单

1.我会自学:人教版数学三年级下册课本第89~90页例题3、例题4。(读一读,圈一圈,划一划)

2.我会思考:

(1)读题:你知道了哪些数学信息?要解决的数学问题是什么?

(2)思考:怎样来解决问题?

3.我的发现:

(1)小丽有10元钱,买了1个▭(文具盒),还想买1本▭(日记本)和1支✏(绿色铅笔),她的钱够吗?

方法1:先算买了1个文具盒后还剩多少钱。_____

再算买1本日记本和1支绿色铅笔一共需要花多少钱。_____

最后比较剩下的钱与买日记本与绿色铅笔所需要花的钱的大小:_____

答:_____

续表

方法2:先算买了1个文具盒后还剩多少钱。_____。 再算用剩下的钱买了1本日记本后,还剩下多少钱。_____。 最后比较买了日记本剩下的钱和买绿色铅笔所需要花的钱的大小:_____。 答:_____。 (2)如果把✓(绿色铅笔)换成✓(蓝色铅笔),钱够吗?请列式计算吧。 答:_____。 4.我的疑惑:_____。

2.探究任务的设置

高翔对2016年第13届国际数学教育大会中与数学(学习)任务相关的文本及国际数学教育界数学(学习)任务设计现状和趋势做了分析,他认为:从数学任务的序列安排来看,要做好高认知水平和大问题引领下的任务串设计,发展学生的高阶思维;从数学任务的内容设计来看,要注重知识的整体性和结构化,促进学生的深度理解;从数学任务的环境创设来看,要依托相应资源的开发和技术的支持,开放一定的时间和空间,引导学生通过切身体验达成实践创新;从数学任务的完成过程来看,要关注家长对孩子完成数学任务的支持,激发学生在团队共学中产生的深层动机。[①]刘娟娟认为,小学数学任务设计应逐步变被动性任务为主动性任务,激发学生深度学习的动机;变封闭性任务为开放性任务,促进学生形成高阶思维;变单一性任务为多维度任务,助力学生多角度理解知识;变无联系的任务为有联系的结构化任务,促进学生认知结构的完善,逐步实现数学学习从浅层学习向深度学习的转变。[②]

如,人教版数学四年级下册"图形的运动(二)"——"轴对称"一课,教师为了引导学生从运动的视角来认识轴对称图形,可将"翻折"引入课堂,以可观察、可操作、可描述的方式,让学生充分感知轴对称运动,真正理解点及图形变换的原理,深刻认识轴对称图形的特征,切实掌握在方格纸上画出图形另一半的方法。在课堂探究环节,教师可创设"在翻折中探究轴对称的特征""利用轴对称图形的特征补全图形""利用轴对称图形的特征设计图案"三个学习任务,让轴对称知识的教学彰显图形的运动本质,并使学生充分体验和深刻理解。

[①] 高翔.数学任务设计的研究现状与趋势分析——基于ICME-13中数学任务设计的研究述评[J].基础教育,2017,14(4):103-112.
[②] 刘娟娟.指向深度学习的小学数学任务设计[J].南京晓庄学院学报,2021(2):32-37.

第四章 情理共生的小学数学课堂实践探索

【示例】人教版数学四年级下册"图形的运动(二)"——"轴对称"助学单。

"图形的运动(二)"——"轴对称"助学单

任务一:在翻折中探究轴对称的特征。

1.思考:将左边的图形沿着虚线翻折过去,想想点A会落在哪里。(尝试标一标)

2.翻折:将左边的图形沿着虚线翻折过去,看看点A落在了哪里。(动手翻一翻)

3.观察:将透明格子图套在翻折好的图形上进行观察研究,我发现在轴对称图形中:
(   )到对称轴的距离(   );(   )与对称轴互相(   )。

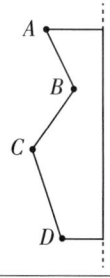

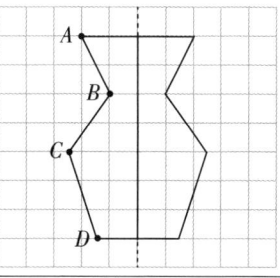

任务二:利用轴对称图形的特征补全图形。

1.要求:利用轴对称图形的特征画出图形的另一半,补全这个轴对称图形。(任选其中一题)

2.验证:利用轴对称图形的特征,检查画得是否正确。

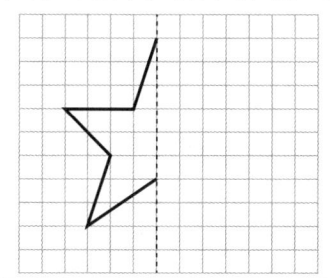

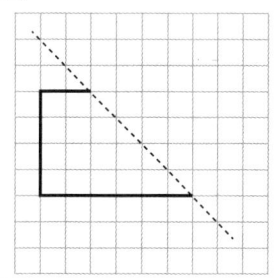

任务三:利用轴对称图形的特征设计图案。

已知图形ABCD是一个四边形,且这个四边形是一个轴对称图形。可D点,它藏起来了。

1.思考:D点可能在哪里?你能找出几种情况?动手画一画。

2.验证:D点所在的位置是否正确?请说明理由。

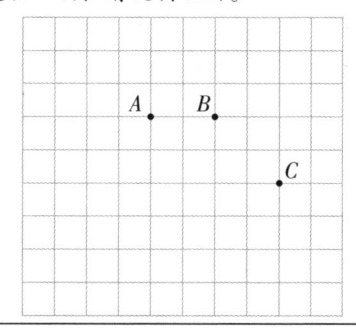

学习任务三的设计极具开放性,学生可以根据翻折的运动原理和轴对称图形的特征来找寻D点的位置,学生可能出现的答案如下。

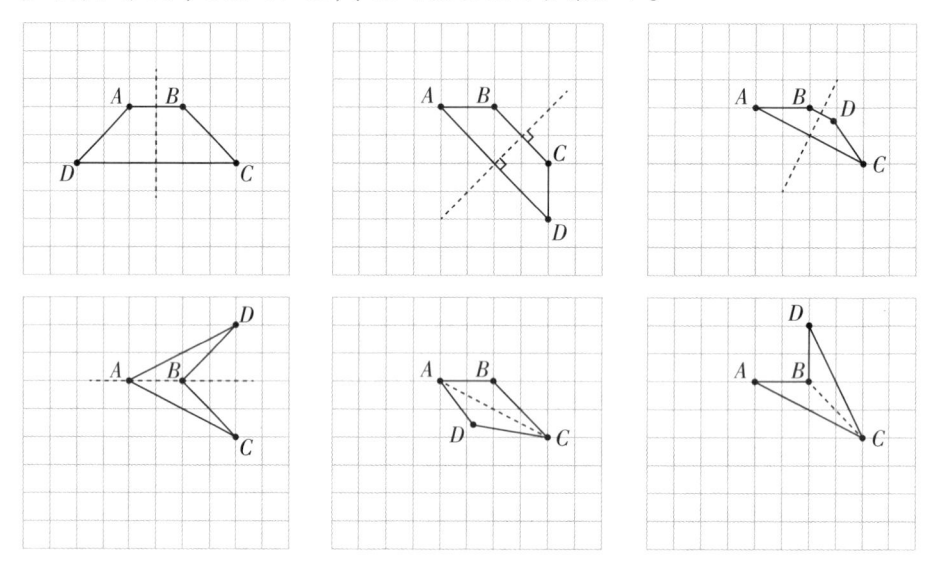

注:本示例改编自陈凌珍老师执教的"图形的运动(二)"——"轴对称"一课。

(三)学习工具的编制

"工具"一词在《辞海》中的解释为:泛指从事劳动、生产所使用的器具;比喻被用来达到某种目的的人或事。小学数学学习工具是指可以促进数学学习思维外显,促进数学学习情境和数学学习规则落实的可见的、物化的载体。小学数学学习工具可以包括以下三种:一是计数器、点子图、方格纸、量角器、圆规等数学学习过程中使用的工具;二是具体的、可操作的学习材料,如预学单、助学单,或学习某一特定内容时需要的材料等;三是虚拟的思维工具,如举例、画图、列表、连线等策略方法,也可以称之为支撑学生学习和思考的工具或手段。本书此处详细表述的小学数学学习工具特指具体的、可操作的各类学习单。小学数学学习单大致可以分为课前的预学单、课中的助学单、课尾的评学单三种。

在编制小学数学学习单时,教师需要注意以下几点。第一,确保学习单的内容与学习目标紧密相关,学习单应该明确反映课程的核心知识点和技能要求,帮助学生了解他们需要掌握的知识内容。第二,学习单的设计应该充分考虑学生的年龄和认知水平,内容难易程度应该适中,以免打击学生的积极性或造成理解困难。同时,要使用学生易于理解的表达方式,以增强他们的学习体验。第三,学习单应包含多样化的题型和练习。通过不同的题型和练习,学生可以更全面地掌握知识点,提高解题能力和思维灵活性。同时,安排适当的挑战性问题可以激发学生的求知欲和探索精神。另外,学习单的设计要注重引导性和互动性,教师可通过设计一些引导性问题或活动,让学生主动参与学习过程,培养他们的自主学习能力和合作精神。第四,可以在学习单中设计一些互动环节,如小组讨论、角色扮演等,提高学生的学习兴趣和参与度。第五,及时反馈是学习单设计中不可忽视的一环,教师通过及时批改学生的练习,给予有针对性的反馈和建议,可以帮助学生更好地了解自己的学习情况,及时调整学习策略,提高学习效果。

以人教版数学六年级上册"圆的周长"一课为例,教师可以这样来设计课前的预学单、课中的助学单、课尾的评学单。

【示例1】人教版数学六年级上册"圆的周长"预学单。

"圆的周长"预学单
【学习目标】 1.理解圆的周长的概念及圆周率的意义,掌握圆的周长的计算公式。 2.经历操作、猜想、探究的学习活动,体会"化曲为直"的转化思想,积累数学活动经验。 3.了解数学文化,提高学习兴趣。 【学习重点】理解圆周率的意义,推导并总结出圆的周长的计算公式,能够正确计算圆的周长。 【学习难点】理解圆周率的意义。 【学前准备】自主学习课本第60~61页。 1.工具准备:卷尺、直尺、线、圆形纸片、有圆面的物品。 2.圆桌和菜板都有点开裂,需要在它们的边缘箍上一圈铁皮,分别需要多长的铁皮呢? (1)"箍"的意思是_____。 (2)求铁皮的长度,实际上是求圆桌和菜板的_____。 3.测量以下图形或物品的周长,你会用什么方法? 你的方法是:_____。 想一想,测量圆的周长,你可以用哪些方法? 答: 4.长方形的两边长分别是 a,b,周长 $C=$_____;正方形的边长是 a,周长 $C=$_____。可以看出,长方形和正方形的周长与边长有关。请大胆猜想,圆的周长与_____有关。

【示例2】人教版数学六年级上册"圆的周长"助学单。

"圆的周长"助学单

【问题1】拿出准备好的圆形纸片和有圆面的物品,分别测量它们的周长和直径,并算出周长和直径的比值,把结果填入下表,看看有什么发现。

物品名称	周长	直径	$\dfrac{周长}{直径}$的值(保留两位小数)

物品名称	周长	直径	$\dfrac{周长}{直径}$的值(保留两位小数)

思考:从测量和计算的结果,我们可以发现圆的周长与直径有怎样的关系?

归纳:圆的周长和它的直径的比值是一个固定数,我们把它叫作_____,用字母_____表示,它是一个无限不循环小数,π=3.141 592 653 5……实际生活中,我们一般取它的近似值,例如π≈_____。

圆的周长公式:如果用 C 表示圆的周长,那么 $C=$_____ 或 $C=$_____。

【问题2】你了解圆周率的历史吗?

《周髀算经》中的"周三径一",刘徽《九章算术注》中的"割圆"之说,祖冲之是世界上第一位把圆周率的值精确到小数点后7位的人……

内接正六边形　　内接正十二边形　　……

【问题3】求下面各圆的周长。

$r=3$ cm　　$d=6$ cm　　$r=5$ cm

【示例3】人教版数学六年级上册"圆的周长"评学单。

"圆的周长"评学单

【过关练习】
1.一个圆形喷水池的半径是5 m,它的周长是多少?(π取3.14)

2.在一个圆形的亭子里,小丽走完它的直径需用12步,每步大约长55 cm。这个圆形亭子的周长大约是多少?(π取3.14)

【巩固练习】
1.填一填。
(1)围成圆的_____的长是圆的周长,常用字母_____来表示。
(2)圆的_____与它的_____的_____叫作圆周率,用字母_____来表示。
(3)在计算圆的周长时,已知r,则C=_____;已知d,则C=_____。
(4)世界上第一个把圆周率的值精确到小数点后7位的人是我国的数学家和天文学家_____。
2.选一选。
(1)π(   )3.14。
A.小于   B.等于   C.大于
(2)车轮滚动一周,所行的路程是车轮的(   )。
A.半径   B.直径   C.周长
3.看图填空(单位:cm)。
(1) [图：圆 $r=2$ 内切于正方形] 正方形的周长是(   )cm,圆的周长是(   )cm。

(2) [图：长方形内三个圆 $r=1.5$] 其中一个圆的周长是(   )cm,长方形的周长是(   )cm。

4.一个时钟的分针长20 cm,经过一个小时,分针的尖端所走的路程是多少?(π取3.14)

续表

5.在一个周长为100 cm的正方形纸片内,要剪一个最大的圆,这个圆的周长是多少?(画简图解答,π取3.14)

【学有所思】
_____
_____。

(四)学习规则的共创

学习规则的共创是一个十分有意义的过程,它不仅能帮助学生明确行为底线,培养学生的自律意识,还能减少不良行为的发生,维护班级秩序,确保学习活动的顺利进行。在共创学习规则时,我们可以遵循一些基本原则和目标,以确保规则的制订是民主、公平和实用的。第一,民主参与是制订规则的关键。教师和学生都应该积极参与规则的制订过程,集思广益,确保规则符合大家的期望和需求。第二,公平公正是制订规则时需要考虑的重要因素。规则应该对所有学生公平适用,不应该因为个人关系或偏见而有所偏袒。同时,规则的制订应该透明,让每个人都清楚了解规则的内容和目的。第三,实用性是制订规则时不可忽视的一点。规则应该符合班级的实际情况,能够真正起到规范行为、促进学习的作用。过于复杂或过于简单的规则都可能失去其实际意义。总之,学习规则的共创是一个既具有挑战性又充满意义的过程。根据民主参与、公平公正和实用性的原则,我们可以制订出符合班级需求的学习规则,为创造一个健康、有序的学习环境奠定坚实的基础。

1.思考的规则

(1)积极思考与主动提问:积极参与课堂讨论,主动思考教师或同伴提出的问题,并勇于提出自己的疑问和观点。

(2)有序思考与逐步推理:在解决数学问题时,应遵循有序思考的原则,按照问题的条件和要求,逐步进行推理和计算。

(3)多维思考与创新思维:数学问题往往有多种解法,应尝试从不同的角度进行思考,探索新的解题思路和方法。

(4)注重理解与掌握本质:应注重对数学概念、公式和定理的理解和掌握,而不仅仅是机械地记忆和模仿。

(5)合作交流与共同进步:应积极参与小组合作交流,与同学们分享自己的思考过程和解题经验,同时倾听他人的观点和建议,共同进步。

2.倾听的规则

(1)倾听时要专心:应放下手中的事情,身体转向发言者,眼睛注视发言者,耳朵"竖起来"仔细听。

(2)倾听时要思考:你是否听懂同伴的发言?同伴的观点是否正确?和自己的想法有什么不一样的地方?如何通过同伴的发言进一步完善自己的思考?

(3)倾听时要尊重:不随意打断发言者,赞同时可以点头或鼓掌表示,不赞同时可以等对方发言结束后再与之进一步交流。小组交流讨论时,不聊与问题无关的话题,要认真倾听别人的发言,要主动帮助组内不懂的同伴。如:"我觉得他讲得非常有道理,但我还有一些疑问……""我同意他的观点,但我还有不一样的想法……""我不同意他的观点,理由是……""本来我是这么想的……听了他的发言,我又有了这样一些想法……"。

3.对话的规则

(1)平等互动:教师与学生之间、学生与学生之间应建立平等的关系,坦诚交流。

(2)尊重鼓励:教师应尊重学生的意见,鼓励他们提出问题和观点。学生提出问题后,教师应及时给予肯定,带动更多学生参与课堂讨论。对于不同的学生,教师需采用不同的提问策略,以适应学生的个体差异,让每个学生都有机会参与对话。

(3)自信表达:数学对话应围绕学习任务或核心问题展开,学生应大方自信地用数学语言表达自己的思考。如:"同学们,眼睛看过来,听我说……""同学们,你们还有什么补充吗……""这个问题,我们小组是这么想的……""这道题,我们小组一共想出了三种解法……"。

4.协作的规则

(1)目标与分工:协作开始前,教师应确保学生理解了协作的目标和具体任务,并为每个成员分配明确的角色和职责。

(2)尊重与倾听:学生应学会尊重他人的观点,认真倾听他人的发言,并对他人的贡献给予肯定和鼓励。

(3)沟通与表达:学生应学会用清晰、准确的语言表达自己的观点,同时能够理解和接纳他人的意见。在沟通时,不使用攻击性或贬低性的语言,而是以建设性的语言进行讨论和协商。

(4)支持与帮助:学生应相互支持、相互帮助,共同解决问题。当遇到困难时,可以向同伴寻求帮助,也可以主动向同伴提供帮助或提出建议。

(5)规则与纪律:学生应遵守课堂纪律和协作规则,不随意打断他人的发言或进行与协作无关的活动。同时,也应尊重教师的指导和安排,确保协作活动的顺利进行。

三 当堂应用,深化认知

在情理共生的小学数学课堂中,当堂应用是一种非常有效的教学方法,它能够帮助学生深化对数学知识的认知和理解。通过当堂练习,学生可以巩固所学的知识,提高应用能力,培养数学思维。

(1)设计多样化的练习题。教师应根据学生的年龄和认知水平,设计不同难度和类型的练习题。练习题可以包括选择题、填空题、计算题、应用题等多种形式。多样化的题目能够激发学生的学习兴趣,提高他们的参与度。

(2)注重练习题的层次性和渐进性。练习题应该按照一定的层次和顺序进行安排,从简单到复杂,从基础到高阶。这样可以帮助学生逐步建立起完整的知识体系,并在解题过程中逐步加深对数学知识的理解。同时,练习题的渐进安排也有助于培养学生的数学思维和解决问题的能力。

(3)及时反馈与指导。在学生进行当堂练习的过程中,教师应给予及时的反馈和指导。通过查看学生的答题情况,教师可以了解学生对知识的掌握程度,并进行有针对性的指导。同时,正面的反馈和鼓励能够激发学生的学习动力,增强他们的自信心。

(4)引导学生自主思考与探索。当堂练习不仅是巩固知识的过程,也是培养学生自主思考和探索能力的过程。教师应鼓励学生独立思考,尝试不同的解题方法,引导他们发现并总结规律。通过自主思考和探索,学生可以更深入地理解数学原理,提高数学素养。

(5)合理安排练习时间和习题量。当堂练习的时间和题量应根据学生的实际情况进行合理安排。既要保证学生有足够的练习时间,又要避免过度练习导致的疲劳和厌倦。同时,教师还应根据学生的反馈和练习效果,适时调整练习的难度和题量,以确保达到最佳的教学效果。

【示例1】人教版数学四年级上册"大数的认识"单元"整理和复习"的当堂练习设计。

[轻松演练]

将正确答案填在括号里。

(1)算盘是我国古代劳动人民发明的一种计算工具,右图的算盘表示的五位数是(　　)。

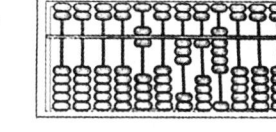

A.20 319　　　　　　　　B.60 315

C.60 319　　　　　　　　D.60 359

(2)下列说法正确的是(　　)。

A.一个数含有两级,这个数一定是八位数

B.比800万多一万的数是810万

C.77 000左起第一个7和第二个7表示的数值相差63 000

D.7□6 230 080这个数,在□里填8时最接近8亿

(3)下图(　　)能表示20 006。

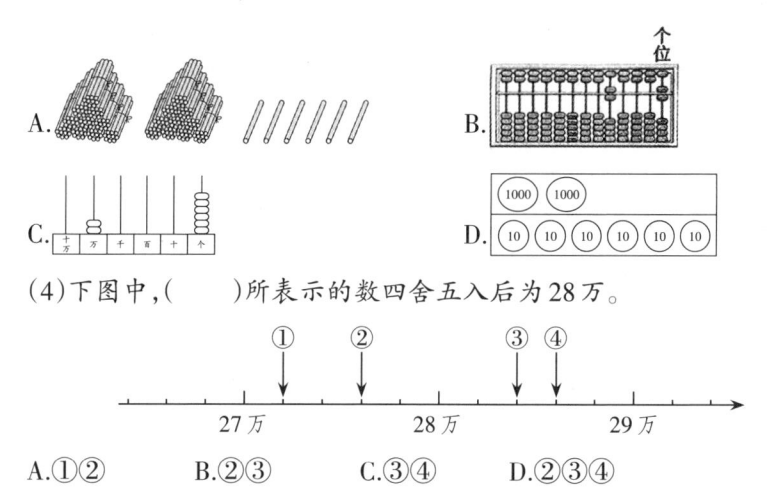

(4)下图中,(　　)所表示的数四舍五入后为28万。

A.①②　　B.②③　　C.③④　　D.②③④

171

(5)观察前两幅图的写数规律,第三幅图所表示的数应写作(　　　)。

写作:300 020 100　　　　　　　写作:200 034 001

A.14 231　　B.100 042 031　　C.100 042 301　　D.100 040 231

(6)2020年12月1日,嫦娥五号探测器成功在月球着陆。2020年12月17日,嫦娥五号返回器顺利从距离地球约384 404千米的月球返回。关于横线上的数,下面说法不正确的是(　　　)。

A.它是一个近似数　　　　　　B.省略万后面的尾数约38万

C.它读作:三十八四千四百零四　D.省略十万后面的尾数约40万

[快乐提升]

根据规律直接写出算式的结果。

(1)12×101=1 212　　　　　　(2)123 456 789×9=1 111 111 101

　　35×101=3 535　　　　　　　　123 456 789×18=2 222 222 202

　　47×101=4 747　　　　　　　　123 456 789×27=3 333 333 303

　　52×101=　　　　　　　　　　　123 456 789×45=

　　75×101=　　　　　　　　　　　123 456 789×81=

【示例2】人教版数学五年级上册"三角形的面积"一课的当堂练习设计。

[轻松演练]

1.将正确的答案填在括号里

(1)一个三角形的底是2 dm,高是8 cm,它的面积是(　　　)cm^2。

A.16　　　B.20　　　C.80　　　D.160

(2)下列说法正确的是(　　　)。

A.两个面积相等的三角形可以拼成一个平行四边形

B.高不变时,三角形的底边越长,它的面积就越大

C.三角形的面积等于平行四边形面积的一半

D.三角形的底扩大3倍,高扩大2倍,那么它的面积扩大5倍

(3)下列说法正确的是( )。

A.一个三角形的底是7.9米,高是8米,它的面积是63.2平方米

B.直角三角形有1条高,钝角三角形有2条高,锐角三角形有3条高

C.两个完全一样的三角形,拼成一个面积是24.6平方米的平行四边形,那么单个三角形的面积为12.3平方米

D.一个三角形的面积是0.48平方米,与它等底等高的平行四边形的面积为0.48平方米

(4)小睿在探究三角形面积的计算方法时,把一个直角三角形如右图那样剪拼成了一个长方形。下列说法错误的是( )。

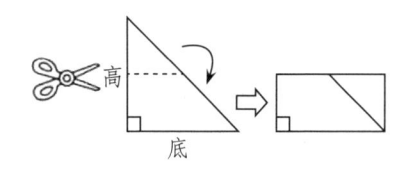

A.三角形的面积等于长方形的面积

B.通过转化发现:三角形的面积=底×(高÷2)

C.三角形的底等于长方形的长

D.三角形的高等于长方形的宽÷2

2.求三角形的面积

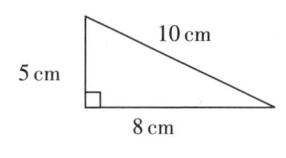

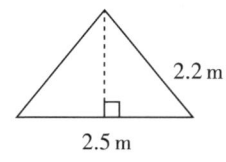

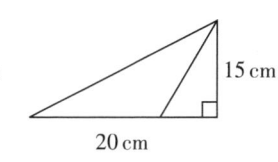

3.解决问题

(1)三角形的底是48 dm,高是3.2 m,它的面积是多少?

(2)一块三角形草坪的高是16 m,底是高的1.5倍。铺1 m^2 的草坪需要18元,铺这块草坪需要多少钱?

[快乐提升]

如图,平行四边形ABCD被分成了两个三角形,每个三角形的面积都是180 cm^2,求平行四边形ABCD的周长。

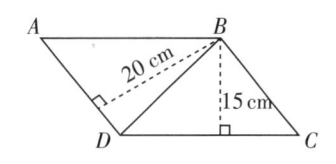

四　回顾反思，提升素养

在情理共生的小学数学课堂中，回顾反思是提升学生数学素养的重要环节。通过回顾所学内容，学生可以巩固知识，发现不足，并思考如何改进。反思能帮助学生深入理解数学原理，提升解决问题的能力，培养数学思维。

（1）回顾课堂所学，巩固基础知识。在课堂结束前或课后，教师应引导学生回顾当堂所学的内容，包括重点概念、公式、定理等。学生可以通过复述、笔记整理等方式，加深对基础知识的理解和记忆。这有助于巩固知识，为后续的学习和应用打下基础。

（2）反思解题过程，总结经验教训。在完成练习题或解决实际问题后，学生应反思自己的解题过程。思考是否有更好的解题方法，是否出现了错误或遗漏，以及如何避免类似问题再次发生。通过总结经验教训，学生可以提升解题能力，降低错误率，养成严谨的数学思维。

（3）梳理知识脉络，构建知识体系。学生应定期梳理所学的知识，将零散的知识点串联起来，形成完整的知识体系。这有助于加深学生对数学学科的整体理解，把握知识间的联系和规律。同时，构建知识体系也有助于提高记忆效率，以更好地应对复杂问题。

（4）拓展数学思维，培养创新能力。在回顾反思中，学生应尝试从不同角度思考问题，探索新的解题方法和思路。这有助于学生拓展数学思维，培养创新能力。教师可以引导学生参与数学竞赛、探究活动等，激发他们的学习兴趣和求知欲，进一步提升数学素养。

（5）关注数学应用，提升实践能力。回顾反思不应仅限于课堂知识和解题技巧，还应关注数学在现实生活中的应用。学生可以通过观察、调查等方式，了解数学在各个领域的实际应用，思考如何运用所学知识来解决实际问题。这有助于提升学生的实践能力，培养他们应用数学知识的能力。

总之，通过回顾反思，学生可以更好地巩固所学的知识，提高解题能力，形成数学思维，提升创新能力和实践能力。这样的过程不仅有助于提高学生的数学成绩，更能为他们未来的发展打下良好的基础。

【示例】人教版数学二年级下册"平均分"一课的回顾反思板书。

在上完"平均分"一课后，教师可以通过板书（如下图）引导学生进行回顾反思：本节课学习了用平均分解决问题，无论是把一些物体平均分成几份，求每份是多少（等分除），还是把一些物体按每几个一份平均分，求能分成几份（包含除），都可以用除法算式来表示分的过程和结果。在解决问题的时候，可以用画图的方法来帮助我们分析数量关系。我们还知道了除法算式中各部分的名称以及除法算式的读法，这样的学习体验很愉快！

平均分（每份分得同样多）

等分除（按指定份数分）
把12块饼干平均放在4个盘子里，每盘放几块？

图示：

? 个

算式： 12 ÷ 4 = 3（块）
　　　被除数　除数　商

包含除（按每份是多少分）
有12块饼干，每3块放一盘，需要几个盘子？

12 ÷ 3 = 4（个）
读作：12除以3等于4。

第三节 情理共生的小学数学课堂的评价促进

一 情理共生的小学数学课堂的教学评价

为了便于一线教师开展课堂教学测评工作，改善原有模糊化、笼统化的测评方式，体现数学学科的特点和情理共生理念，下面介绍两种以课堂教学评价量表为主的情理共生的小学数学课堂教学评价体系。

（一）评价内容的整理

聚焦情理共生的小学数学课堂的"情"和"理"，分别从教师和学生层面进行讨论，从情绪投入、认知投入、行为投入三个角度，概括并总结得出情理共生的小学数学课堂教学的表现特征。具体见表4-2。

表4-2 情理共生的小学数学课堂教学的表现特征

维度	教师层面	学生层面
情	能营造积极向上的学习氛围	能对数学学习保持热爱
	能调动学生学习的主动性和积极性	能主动做好课前准备，并安静等老师来上课
	能通过生动的表情、言语、动作等辅助教学	能积极、主动地参与到数学学习中
	能创设情境，吸引学生主动探究	能从数学学习中获得成功的喜悦
	能设置多元评价标准，激励学生投入学习	能积极思考并回答老师提出的问题
	能关注学生的需求或反应，并做出准确回应	能在遇到不懂的问题时主动向老师请教

续表

维度	教师层面	学生层面
情	能借助数学文化激发学生的学习热情	能对数学学习充满好奇心和求知欲
	始终相信学生能学好数学	相信自己的数学学习会越来越好
理	能重视教学资源的开发与整合	能发现问题、提出问题、分析问题并解决问题
	能准确定位教学目标和教学重难点	能主动使用画图、列表等多种策略进行学习
	能组织开展合理有效的学习活动	能在观点不一致时大胆质疑
	能设置有挑战性的问题	能主动搜集错题并做具体分析
	能预留更多的时间引导学生充分思考、交流	能主动与同伴一起想办法探究数学问题
	能采用画图、列表等教学策略帮助学生理解	能在单元学习结束时自觉进行整理复习并查漏补缺
	能设置分层作业以满足不同学生的需求	能主动利用课余时间探索数学趣题
	能搭建平台,鼓励学生说理表达	能有条理且自信大方地表达自己的观点

(二)评价维度的考量

通过梳理国内外课堂教学评价的相关文献,进行问卷调查和访谈,整理和分析相关信息,结合教学目标、数学课程标准、情理共生教学理念、教学实践中的经验、评价对象及条件,我们拟订了情理共生的小学数学课堂教学评价体系,具体分为以下5个方面(一级指标)。

1.教学目标

在一级指标"教学目标"中,聚焦"基础性""全面性""操作性""发展性"4个维度,分设二级指标,具体为:符合课程标准、教材内容和学生实际;知识技能、过程方法、情感态度价值观要求明确;具体、合理、可操作、可检测;不同的学生能获得不同的发展。

2.教学内容

在一级指标"教学内容"中,聚焦"针对性""整体性""层次性""艺术性"4个维度,分设二级指标,具体为:内容合理,重难点突出,难易适度;准确把握学科知识、思想和方法,重视资源的开发与整合;满足不同学生的发展需要,环节安排有层次;设计自然流畅,过渡自然,体现教学评一致。

3.教学过程

在一级指标"教学过程"中,聚焦"生本意识""情境意识""问题意识""过程意识""策略意识""评价意识"6个维度,分设二级指标,具体为:建立民主、和谐的师生关系,营造生动活泼、主动发展的学习氛围;情境新颖有趣,符合学生的认知规律和生活背景;提供发现和提出问题的机会,鼓励学生质疑问难;引导学生经历知识的产生、发展、应用过程,师生、生生间多向交流,互动性强;选择合理有效的教学方式和方法,为每一位学生尤其是学习有困难的学生提供必要的支持和帮助;适时采用灵活多样的评价手段,激发学生的求知欲和创新欲,促进学生多样化发展。

4.教学效果

在一级指标"教学效果"中,聚焦"目标达成""学习氛围"2个维度,分设二级指标,具体为:认知、过程、情感目标达成率高,教学效果好;学生主动参与,会学,乐学,情绪饱满,思维活跃。

5.教师素养

在一级指标"教师素养"中,聚焦"教态""语言""板书""手段""技能""风格"6个维度,分设二级指标,具体为:亲切自然,自信大方,言行得体;语言规范、准确、精练,富有启发性和感染力;字体规范,布局合理,重点突出;现代教育技术应用适时、适度,实验操作规范、熟练;有较强的组织协调能力、应变能力和即时评价能力;教学特点鲜明,教学风格独特。

(三)评价量表的建构

通过"对偶比较法"确定一级指标的权重,采用"定量统计法"确定二级指标的权重。[①]同时,采用李克特等级量表,形成便于实践操作的课堂教学评价量表,具体见表4-3。

表4-3　情理共生的小学数学课堂教学评价量表

学校		班级		学科		执教者			
课题		课型		日期		评课者			
一级指标	二级指标		优	良	合格	待合格	得分		
教学目标 (12分)	基础性	符合课程标准、教材内容和学生实际	12~11	10~9	8~7	6~1			
	全面性	知识技能、过程方法、情感态度价值观要求明确							
	操作性	具体、合理、可操作、可检测							
	发展性	不同的学生能获得不同的发展							
教学内容 (20分)	针对性	内容合理,重难点突出,难易适度	20~18	17~15	14~12	11~1			
	整体性	准确把握学科知识、思想和方法,重视资源的开发与整合							
	层次性	满足不同学生的发展需要,环节安排有层次							
	艺术性	设计自然流畅,过渡自然,体现教学评一致							
教学过程 (36分)	生本意识	建立民主、和谐的师生关系,营造生动活泼、主动发展的学习氛围	36~32	31~27	26~22	21~1			
	情境意识	情境新颖有趣,符合学生的认知规律和生活背景							

---

① 吴钢.现代教育评价教程[M].北京:北京大学出版社,2008:106.

续表

教学过程（36分）	问题意识	提供发现和提出问题的机会，鼓励学生质疑问难	36~32	31~27	26~22	21~1
	过程意识	引导学生经历知识的产生、发展、应用过程，师生、生生间多向交流，互动性强				
	策略意识	选择合理有效的教学方式和方法，为每一位学生尤其是学习有困难的学生提供必要的支持和帮助				
	评价意识	适时采用灵活多样的评价手段，激发学生的求知欲和创新欲，促进学生多样化发展				
教学效果（20分）	目标达成	认知、过程、情感目标达成率高，教学效果好	20~18	17~15	14~12	11~1
	学习氛围	学生主动参与，会学、乐学，情绪饱满，思维活跃				
教师素养（12分）	教态	亲切自然，自信大方，言行得体	12~11	10~9	8~7	6~1
	语言	语言规范、准确、精练，富有启发性和感染力				
	板书	字体规范，布局合理，重点突出				
	手段	现代教育技术应用适时、适度，实验操作规范、熟练				
	技能	有较强的组织协调能力、应变能力和即时评价能力				
	风格	教学特点鲜明，教学风格独特				
总分						

（四）评价量表的使用

情理共生的小学数学课堂教学评价量表，既可以作为任教教师的自评表，也可以作为其他教师观课的观察量表；既适合一名评价者使用，也适合多名评价者分工使用（根据评价维度，每人负责某个或某几个维度，一边观课一边对照指标，按照程度选择相应的等级进行评分。最后，将各个维度的得分求和，得到总分）。

【示例】人教版数学五年级上册"数学广角——植树问题"的评价量表使用。
1. 教学案例呈现

<table>
<tr><td colspan="4">"植树问题"教学设计</td></tr>
<tr><td>执教教师</td><td>指导教师</td><td colspan="2">执教时间</td></tr>
<tr><td>彭老师 厦门市第五中学</td><td>张老师 厦门市第五中学</td><td colspan="2">2023年×月×日</td></tr>
<tr><td>学习内容</td><td colspan="3">人教版数学五年级上册第7单元第104~105页</td></tr>
<tr><td>学习目标</td><td colspan="3">(1)借助学生熟悉的生活情境,让学生经历动手操作、画图列式、观察思考、对比分析的探究过程,发现棵数与间隔数之间的关系,理解棵数与间隔数之间的规律,构建一条线段上"植树问题"的三种模型:两端都种树、两端都不种、只种一端。
(2)让学生在活动中体会化繁为简、一一对应、数形结合的数学思想和方法,联系平均分的概念,感悟"棵数与间隔数之间的关系"其实就是"点与间隔之间的关系"这一数学本质。
(3)让学生能联系生活,寻找"植树问题"案例,能用发现的规律解决生活中的"植树问题",感受数学和生活的密切联系,感悟数学文化的魅力,激发热爱数学的情感。</td></tr>
<tr><td>教学
重难点</td><td colspan="3">(1)建构一条线段上"植树问题"的三种不同情况,理解并掌握三种情况下棵数与间隔数之间的关系,并能运用这个规律解决简单的实际问题。
(2)联系平均分的概念,感悟"棵数与间隔数之间的关系"其实就是"点与间隔之间的关系"这一数学本质。</td></tr>
<tr><td>教学环节</td><td>教师活动</td><td>学生活动</td><td>设计意图</td></tr>
<tr><td>环节一:创设情境,聚焦问题</td><td>1.师生谈话,引出课题
师:今天我们要学习植树问题,关于植树问题,你想知道什么?
2.出示题目,理解题意
(1)出示:厦门市交通运输局积极推动乡村振兴,牵头实施新圩北路绿化提升改造工程。其中,在某段长1千米的小路的一边,每隔5米种一棵树,一共要种几棵树?
(2)提问:猜一猜,一共要种几棵树?你准备怎样展开你的研究?1千米这么长,画图研究方便吗?动手画一画吧,你有什么想法?</td><td>生1:什么是植树问题?
生2:植树问题在生活中有哪些应用?

解读信息:长1千米、一边种树、每隔5米要种一棵。

生3:200棵、150棵、201棵……

生4:画图,数据有点大,可以先从小数据开始研究。</td><td>引导学生提出问题,培养学生的问题意识,让学生学会带着问题听课。

体会化繁为简的价值。</td></tr>
</table>

181

续表

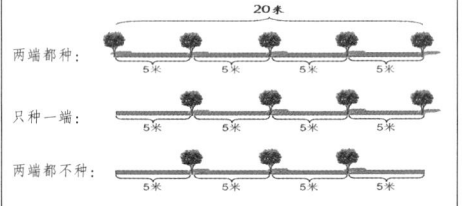

环节二：探索理思，展示交流	1. 出示任务，引导探究 如果在一条长20米的小路的一边种树，每隔5米种一棵，一共要种几棵树？请大家借助手中的学具比一比，画一画，完成学习单的填写。 任务1：在一条长20米的小路的一边种树，每隔5米种一棵。 温馨提醒： 1.请你根据题目要求设计一个合理的植树方案。 2.小纸条的长度代表5米的间隔长，用"🌲"的符号表示树。 2. 小组交流，全班反馈 投影展示学生的作品（两端都种，只种一端，两端都不种），请小组代表上台汇报，学生借助教具摆一摆，边摆边说。 3. 对比沟通，初悟规律 师：仔细观察这三种植树方案，有什么异同点？同桌之间交流一下。 相同点：间隔数=全长÷间隔长，20÷5=4。 不同点：不同的植树方案，棵数是不一样的。 师：请大家结合图和算式，说说每种方案中，棵数与间隔数之间有什么关系。 两端都种：4+1=5（棵），棵树=间隔数+1。 只种一端：4棵，棵数=间隔数。 两端都不种：4-1=3（棵），棵数=间隔数-1。 师：为什么会有这样的关系，"+1"体现在哪里？"-1"体现在哪里？谁能来比一比，说一说？	学生拿出学习单，一边摆一边写。 学生以小组为单位上台汇报，有的摆，有的写。 生5：不管是哪种方案，种树都建立在平均分的基础上，都要先求出间隔数，20÷5=4，即：间隔数=全长÷间隔长。	体会数形结合的价值。 学生通过画图，直观感受"20÷5=4"所表示的意义，即求20里有几个5，"4"表示的是段数，也是间隔数。

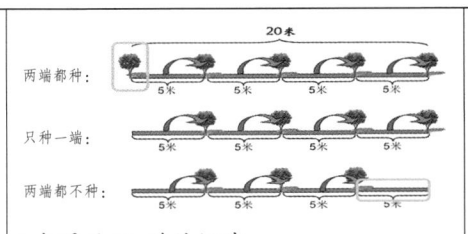

			续表
	两端都种：[图示 20米，5米间隔] 只种一端：[图示] 两端都不种：[图示] 4. 拓展验证，总结规律 师：刚刚我们探究了在长20米的小路的一边种树的三种情况，也找到了其中蕴含的规律。同学们都太了不起了！ 师：小路的长度如果不是20米，是不是也有这样的规律呢？接下来，咱们分组探究长度为25米和30米的小路的植树情况。 任务2：在长25米的小路一边植树，每隔5米种一棵，一共要种多少棵？ (1)先动手比一比，画一画。 两端都种：[图示 5米] 只种一端：[图示] 两端都不种：[图示] (2)再根据操作结果填写下面的表格。	生6：两端都种，需要5棵；只种一端，需要4棵；两端都不种，需要3棵。 学生用一一对应的方法进行解释说明。	通过对比三种类型，借助一一对应的方法，帮助学生理解"+1""-1"的道理，理解"植树问题"的本质就是平均分，进而内化模型并能够利用模型中的规律灵活解决生活中的"植树问题"。
环节二：探索理思，展示交流			

全长	间隔数	棵数		
		两端都种	只种一端	两端都不种
25米				

任务2：在长30米的小路一边植树，每隔5米种一棵，一共要种多少棵？
(1)先动手比一比，画一画。
两端都种：[图示 5米]
只种一端：[图示]
两端都不种：[图示]
(2)再根据操作结果填写下面的表格。

全长	间隔数	棵数		
		两端都种	只种一端	两端都不种
30米				

投影展示学生的作品(两端都种，只种一端，两端都不种)，请小组代表上台汇报。
生：出示表格，并进行填写，具体如下。

全长/米	间隔数	棵数/棵		
		两端都种	只种一端	两端都不种
20	4	5	4	3
25	5	6	5	4
30	6	7	6	5

师：课前老师也像你们这样，研究了40米、60米长的小路的一边种树问题，我把数据也填进了表格，大家一起看看，你有什么发现？

学生分组探究，并把相关数据填入表格中。

学生以小组的形式上台汇报展示。

学生在之前的探究(长度为20米的小路的植树问题)中初步发现了三种植树问题的模型以及其中的规律，为验证其他长度的小路的植树问题是否符合总结出的规律，分组展开第二轮的探究。

183

续表

	全长/米	间隔数	棵数/棵			学生总结规律：	
			两端都种	只种一端	两端都不种	两端都种：棵数=间隔数+1。	
	20	4	5	4	3	只种一端：棵数=间隔数。	
	25	5	6	5	4	两端都不种：棵数=间隔数-1。	
	30	6	7	6	5		
	40	8	9	8	7		
	60	12	13	12	11		
	……	……	……	……	……		

根据学生的回答，在表格中依次呈现下列规律。

环节二：探索理思，展示交流

全长/米	间隔数	棵数/棵		
		两端都种	只种一端	两端都不种
20	4	5	4	3
25	5	6	5	4
30	6	7	6	5
40	8	9	8	7
60	12	13	12	11
……	……	……	……	……

+1　相等　-1

学生运用植树问题的三种模型解决问题。

在对比中进一步总结规律，从而建构起在一条线段上植树的三种模型。

5.解决问题，应用规律

师：让我们回到"在某段长1千米的小路的一边，每隔5米种一棵树，一共要种几棵树？"这个问题中来，现在你们还觉得困难吗？拿出课堂练习本写一写，算一算。

反馈：1千米=1 000米　1 000÷5=200。

两端都种：200+1=201（棵）。

只种一端：200棵。

两端都不种：200-1=199（棵）。

变式：如果要在小路的两边种树，又该怎么做呢？

两端都种：201×2=402（棵）。

只种一端：200×2=400（棵）。

两端都不种：199×2=398（棵）。

续表

环节三：当堂应用，深化认知	1.联系生活，拓展模型 师：同学们，植树问题，一定是植树吗？你在哪里还见过这样的问题？你们把什么看作树？把什么看作间隔？      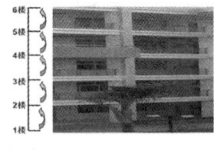 师：植树问题研究的其实就是点与间隔之间的对应关系。（板书：点与间隔） 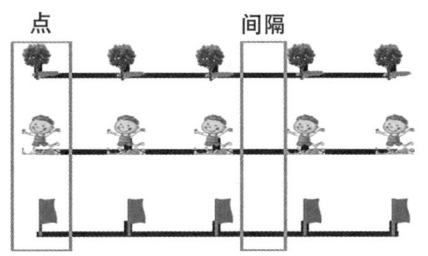 2.巩固练习，深化模型认知 出示：2023建发厦门海沧半程马拉松赛于北京时间2023年12月3日起跑。半程马拉松的路程为21.097 5千米。根据规定，组委会应在赛道起点、终点及沿途大约每5千米设置一个饮水站，便于运动员补充水分。请问：组委会大约应设置几个饮水站？	生7：锯木头问题，敲钟问题，排队问题，马路上的电线杆问题，有一定间隔的声音…… 生8：把路灯、彩旗、小朋友、桥墩、盆栽、楼板……看作树，把两盏路灯、两面彩旗、两个小朋友等之间的距离看作间隔。 学生看图理解"植树问题研究的其实就是点与间隔之间的对应关系"。	经历从丰富的实际问题中抽取植树问题模型的过程，使学生清楚地认识到这些具体问题背后都有着相同的数学结构，即可以被归结为同一个数学模式，进一步巩固、深化"模型意识"和"对应思想"的理性认识，发展学生的数学思维。 举一反三，触类旁通，让学生体会到数学与实际生活的紧密联系，使学生明白"植树问题"的本质是点和间隔之间的关系。

续表

环节三：当堂应用，深化认知	师：组委会总共设计了5个饮水站，分别在起点、7.5 km、12.5 km、17.5 km、终点处。 师：除此以外，组委会还设置了6个饮料补给站和2个能量补给站，还有赛道卫生间、临时喷淋设备、援助与医疗服务等，全方位为参赛选手提供保障。 | 补给站	设置点 | |---|---| | 饮料补给站 | 起点、5 km、10 km、15 km、20 km、终点 | | 饮水站 | 起点、7.5 km、12.5 km、17.5 km、终点 | | 能量补给站 | 10 km、15 km |	学生应用模型解决问题，发现这是一道两端都种树的"植树问题"，教师可引导学生这样解决：先把半程马拉松的路程估为20千米，再列式计算：20÷5=4，4+1=5（个）。所以，大约应设置5个饮水站。	
环节四：回顾反思，提升素养	(1)回顾：通过今天的学习，你都有哪些收获？ (2)反思：你还有什么疑问吗？ (3)拓展：数学史上有一个关于"20棵树"的植树问题，大家有兴趣了解一下吗？ 出示题目：有20棵树，若每行种四棵，怎样种才能使行数更多？（出示数学家的思考，展示图片） 十六世纪古希腊、古罗马、古埃及的十六行排法　　十八世纪山姆·劳埃德的十八行排法　　二十世纪电子计算机的杰作——二十行排法 师：历史的车轮滚滚向前，到今天，"20棵树"的植树问题还会有新的进展吗？数学界正翘首以待！期待同学们积极思考，大胆探索，相信你们一定会有更多的发现、更大的收获！	引导学生回顾本节课的知识与方法，并提出自己的疑惑。 学生发出了赞叹之声。	学生在回顾反思中梳理知识与方法，为今后的学习奠定基础。 世界著名的"20棵树问题"引发学生对数学内在美的一种感受与追求，激发他们继续研究的兴趣。

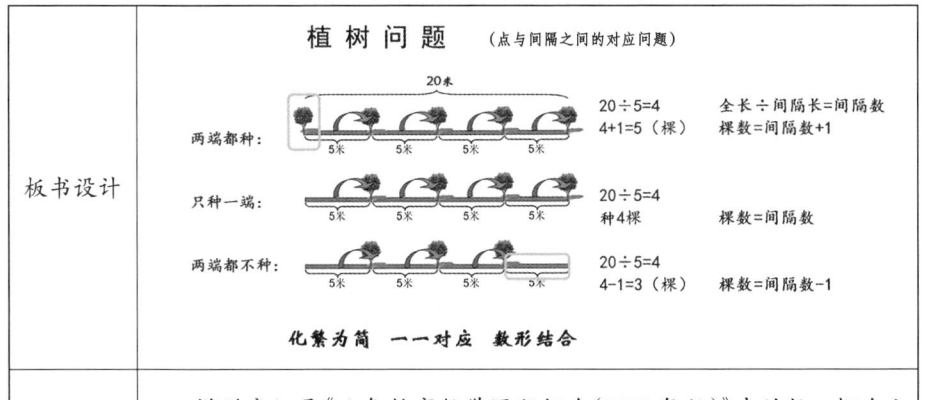

续表

板书设计	**植树问题** （点与间隔之间的对应问题） 两端都种：20÷5=4　4+1=5（棵）　全长÷间隔长=间隔数　棵数=间隔数+1 只种一端：20÷5=4　种4棵　棵数=间隔数 两端都不种：20÷5=4　4-1=3（棵）　棵数=间隔数-1 化繁为简　一一对应　数形结合
案例评析	模型意识是《义务教育数学课程标准(2022年版)》中的核心概念之一，义务教育阶段的模型意识主要指对数学模型普适性的初步感悟。知道数学模型可以用来解决一类问题，是数学应用的基本途径；能够认识到现实生活中大量的问题都与数学有关，有意识地用数学的概念与方法予以解释。模型意识有助于开展跨学科主题学习，增强对数学的应用意识，是形成模型观念的经验基础。 　　小学阶段的植树模型是由植树问题进一步抽象而来的，从植树问题到建构起植树模型需要一个过程。彭老师从除法意义入手，把植树问题转化成学生易理解、会运用的除法问题来解决，让植树问题回归除法意义的本源。首先，教师引导学生进入"在20米长的小路的一边种树，每隔5米种一棵，一共要种几棵树"这一情境中。第一步，通过动手操作，在数形结合中发现三种不同的种树情况，即两端都种、只种一端、两端都不种；第二步，通过观察对比，发现三种不同的种树情况的相同点，即都要先知道有几个间隔。求间隔需要用除法，列式20÷5=4，表示把20米长的小路平均分成了4段。其次，教师引导学生对比分析三种不同的种树情况，在一一对应中发现(1)两端都种：棵数=间隔数+1；(2)只种一端：棵数=间隔数；(3)两端都不种：棵数=间隔数-1。此时，学生认识到植树问题其实是除法意义在生活中的实践延伸，明白植树问题的实质是点与间隔之间的对应问题，从而很自然地建构出"点数与间隔数之间的关系"这一数学模型。 　　从"情"的层面看，本节课彭老师通过创设"乡村振兴绿化提升改造工程"和"半程马拉松比赛设置饮水站"的问题情境、安心安全的探究情境、民主平等的交流情境，激发学生产生良好的数学情感。课尾，教师拓展世界著名的"20棵树问题"，引发学生对数学内在美的感受与追求，激发他们继续研究的兴趣。整节课下来，学生惊喜不断，收获满满。

续表

案例评析	从"理"的层面看，本节课彭老师始终围绕"植树问题的本质是平均分"展开植树问题模型的建构。"两端都种"是一般模型，"只种一端"和"两端都不种"是特例。植树问题的"理"是平均分，那么"全长÷间隔长=间隔数，棵数=间隔数+1"是植树问题的基本模型，可以称之为基本法。而"全长÷间隔长=间隔数，棵数=间隔数""全长÷间隔长=间隔数，棵数=间隔数-1"是植树问题的特殊模型，可以称之为变法。除此以外，植树问题的变法还有很多，在后续的课程中还会接触到，如封闭图形的植树问题等。"理"是一以贯之的，"法"是千变万化的。 这样的设计，不仅丰富了学生对平均分的理解，更让学生体会到了植树问题的本质就是点与间隔之间的关系。作为一名数学教师，我们要从系统的角度来思考，整体把握知识的脉络，理顺关系，抓住本质，从而促进学生主动学习。

2. 量表结果呈现

情理共生的小学数学课堂教学评价量表									
学校	厦门市第五中学		班级	五年级(1)班	学科	小学数学		执教者	彭老师
课题	植树问题		课型	新授课	日期	2023年×月×日		评课者	陈老师
一级指标		二级指标			优	良	合格	待合格	得分
教学目标（12分）		基础性	符合课程标准、教材内容和学生实际		12~11	10~9	8~7	6~1	11
^		全面性	知识技能、过程方法、情感态度价值观要求明确		^	^	^	^	^
^		操作性	具体、合理、可操作、可检测		^	^	^	^	^
^		发展性	不同的学生能获得不同的发展		^	^	^	^	^
教学内容（20分）		针对性	内容合理，重难点突出，难易适度		20~18	17~15	14~12	11~1	18
^		整体性	准确把握学科知识、思想和方法，重视资源的开发与整合		^	^	^	^	^
^		层次性	满足不同学生的发展需要，环节安排有层次		^	^	^	^	^

续表

项目	子项	描述				
教学内容（20分）	艺术性	设计自然流畅，过渡自然，体现教学评一致	20~18	17~15	14~12	11~1	18
教学过程（36分）	生本意识	建立民主、和谐的师生关系，营造生动活泼、主动发展的学习氛围	36~32	31~27	26~22	21~1	33
	情境意识	情境新颖有趣，符合学生的认知规律和生活背景					
	问题意识	提供发现和提问的机会，鼓励学生质疑问难					
	过程意识	引导学生经历知识的产生、发展、应用过程，师生、生生间多向交流，互动性强					
	策略意识	选择合理有效的教学方式和方法，为每一个学生尤其是学习有困难的学生提供必要的支持和帮助					
	评价意识	适时采用灵活多样的评价手段，激发学生的求知欲和创新欲，促进学生多样化发展					
教学效果（20分）	目标达成	认知、过程、情感目标达成率高，教学效果好	20~18	17~15	14~12	11~1	16
	学习氛围	学生主动参与，会学，乐学，情绪饱满，思维活跃					
教师素养（12分）	教态	亲切自然，自信大方，言行得体	12~11	10~9	8~7	6~1	10
	语言	语言规范、准确、精练，富有启发性和感染力					
	板书	字体规范，布局合理，重点突出					
	手段	现代教育技术应用适时、适度，实验操作规范、熟练					
	技能	有较强的组织协调能力、应变能力和即时评价能力					
	风格	教学特点鲜明，教学风格独特					
总分		11+18+33+16+10=88					

二 情理共生的小学数学课堂的要素评价

情理共生的小学数学课堂的要素评价包括学习目标的制订与达成情况、情境任务的设置与利用情况、核心问题的设计与实施情况、说理表达的训练情况、师生情感的互动情况这五个方面。依托张雅芬名师工作室的平台,我们从这五个维度展开,分别设计了课堂观察量表,并进行备课、上课、观课、议课,一方面促进了大家对情理共生的小学数学课堂内涵的深度理解,另一方面也提升了大家对情理共生的小学数学课堂教学策略的深入把握。观察量表具体设计见表4-4至表4-8。

表4-4 情理共生小学数学课堂之学习目标的制订与达成情况观察量表

记录方式:<u>等级+描述</u> 观察对象:<u>教师+学生</u> 研究问题:<u>学习目标制订与达成的有效性</u>

开课时间		开课地点			学科		年级	
执教者		教龄		单位		课题		
观察者		教龄		单位				

观察视角	观察维度	观察点	标准	相符程度(等级)	典型事实描述
学习目标的制订	依据	"三会"目标	体现学科核心素养		
	表述	科学性	体现新课标的理念,符合学生的认知规律,体现层次性,具有可行性		
		适切性	符合学生的年龄特征,简洁、清晰、具体		
		准确性	表述规范,行为用词准确		
学习目标的达成	教师的教学行为	知识技能	有突破重、难点的教学环节,利于实现知识技能目标		
		过程方法	有探究、讨论、小组学习等活动,利于实现能力素养目标		
		情感态度	创设有目的性、趣味性、真实性的体验情境,利于实现情感目标		

续表

学习目标的达成	学生的学习行为	学习态度	学生学习情绪积极,参与主动性高		
		学习效果	不同层次的学生都有所收获		
		互动情况	师生、生生之间相互倾听、讨论、质疑等,课堂氛围和谐		

注:(1)本表记录方式为"等级+描述"。

(2)在相符程度栏选填"A""B""C"。A代表81%~100%的相符程度;B代表60%~80%的相符程度;C代表60%以下的相符程度。

表4-5　情理共生小学数学课堂之情境任务的设置与利用情况观察量表

记录方式:<u>等级+描述</u>　观察对象:<u>教师+学生</u>　研究问题:<u>情境任务设置与利用的有效性</u>

开课时间		开课地点			学科		年级	
执教者		教龄		单位		课题		
观察者		教龄		单位				
观察项目			情境任务1:_____		情境任务2:_____		情境任务3:_____	
情境任务的设置	真实性:联系学生的生活和经验							
	直观性:生动、形象、具体							
	情感性:有利于激发学生的求知欲							
	学科性:体现学科特点							
	指向性:指向教学目标							
	适切性:贴近学生的最近发展区							

续表

情境任务的利用	有效把握课堂节奏，推进课堂进度			
	引领学生进入研究并保持关注			
	能兼顾不同水平学生的思维发展			
	在任务情境中达成教学目标			

注：(1)教学情境指为了达到教学目标，从教学需要出发，创设的与教学内容相适应的具体场景或氛围。情境的表现形式是多种多样的，如活动情境、问题情境、实验情境、故事情境、游戏情境等。

(2)在对应栏内选填"A""B""C"，并记录简单的描述性评价。A代表81%~100%的相符程度；B代表60%~80%的相符程度；C代表60%以下的相符程度。

表4-6 情理共生小学数学课堂之核心问题的设计与实施情况观察量表

记录方式：记号+描述　观察对象：教师+学生　研究问题：核心问题设计与实施的有效性

开课时间		开课地点				学科		年级	
执教者		教龄		单位		课题			
观察者		教龄		单位					
核心问题	问题链内容		问题类型			问题指向			学生行为	对目标达成的作用
			描述性	判断性	论证性	知识技能	过程方法	情感态度		
	1.									
	2.									
	3.									
	4.									
	1.									
	2.									
	3.									
	4.									

注：(1)本表记录方式为"记号+描述"，在问题类型和问题指向下面的栏内打"√"。

(2)判断性问题指"是"与"不是"的问题；描述性问题指"是什么"的问题；论证性问题指"为什么"的问题。

表4-7　情理共生小学数学课堂之说理表达的训练情况观察量表

记录方式：<u>记号+等级+描述</u>　观察对象：<u>教师+学生</u>　研究问题：<u>说理表达训练的有效性</u>

开课时间		开课地点			学科		年级	
执教者		教龄		单位		课题		
观察者		教龄		单位				
教学活动及典型问题		说理表达训练形式			学生典型说理案例		效果评价	

注：(1)本表记录方式为"记号+等级+描述"。

(2)说理表达训练形式相应的栏内打"√"。

(3)效果评价相应的栏内选填"A""B""C""D"。A代表学生能有理有据，清晰说理；B代表学生思路清晰，正确说理；C代表学生能用自己的语言表达正确的观点；D代表学生敢于表达自己的想法。

表4-8 情理共生小学数学课堂之师生情感的互动情况观察量表

记录方式:<u>记号+描述</u> 观察对象:<u>教师+学生</u> 研究问题:<u>师生情感互动的成效</u>

开课时间		开课地点				学科		年级	
执教者		教龄		单位		课题			
观察者		教龄		单位					

教学环节	核心问题	时间始末	问题类型		学习方式			教师评价				教师情感体现			学生情感体现			典型事实描述
			开放式	封闭式	自主	合作	齐答	一问一答	赞赏	激励	批评	无视	生理情感	语言情感	动作情感	生理情感	语言情感	动作情感	

注:(1)本表记录方式为"记号+描述"。

(2)"教学环节""核心问题""时间始末""教师情感体现""学生情感体现""典型事实描述"用文字记录描述。

(3)"问题类型""学习方式"用打"√"的方式记录。
(4)"教师评价"用写"正"字的方法记录。
(5)生理情感指生理方面反映出来的情绪,比如紧张、开心、兴奋等。

下面,我以人教版数学二年级下册"数学广角——推理"中的"填数游戏"一课为例谈谈如何围绕学习目标的制订、情境任务的设置、核心问题的设计、说理表达的训练、师生情感的互动这五个维度展开教学设计。

【示例】人教版数学二年级下册"数学广角——推理"第2课时"填数游戏"教学设计。

执教教师	执教时间	执教地点	执教班级
张雅芬	2024年×月×日	厦门市第五中学××会议室	厦门市第五中学二年级(7)班
学习内容	人教版数学二年级下册第九单元"数学广角——推理"第2课时"填数游戏"		
学习目标	1.经历用推理的方法进行填数游戏的过程,积累"读懂规则→尝试填数→进行检验"的推理经验,能有根据、有条理地阐述自己的推理过程,提高观察、分析、判断以及用简洁的数学语言表达的能力。 2.了解数独的由来和各式各样的数独,掌握九宫数独的解题技巧,激发学生挑战数独题的信心。 3.感受推理在日常生活中的重要性,激发学生的爱国热情,培养学生大胆猜想、积极思考的学习品质。		
教学重难点	教学重点:经历用推理的方法完成填数游戏的过程,积累推理经验,提高推理能力。 教学难点:用简洁的数学语言有根据、有条理地表达推理过程。		
教学准备	课件、助学单、评学单、集星卡		

续表

教学环节	活动过程	设计意图
环节一：创设情境，聚焦问题	(一)课前暖场，调动气氛 1.请同学们跟着视频边唱边跳。播放《花园种花》视频。 2.师生一起边唱边跳"种智慧的种子，开思维的花"。 (二)引导集星，激发兴趣 1.你还想挖什么呢？出示"智慧星"，开启挖星之旅。 2.出示集星卡，说明游戏规则。 集 星 卡 这节课，我一共集了（　　）颗智慧星，我好棒呀！继续加油哦！ (三)对话交流，引出课题 师：上节课，我们学习了什么知识？(推理)是的，在上节课的学习中，我们知道了根据已知信息推出结论的过程就叫推理。今天这节课，我们将继续来学习推理，用推理的知识打开填数游戏的大门。(板书课题：填数游戏)	根据学生的年龄特点，由有趣的暖场手势舞引入，伴随集星卡游戏规则的说明，开启挖星之旅，营造安心安全、温暖润泽的情绪场，激发学生的学习兴趣。 在谈话交流中引出课题，明确本节课的学习重点：用推理解决填数问题。
环节二：探索理思，展示交流	(一)任务一：挖星初体验(完成可集1☺) 1.理解规则：在下面的方格中，每行、每列都有1~4这四个数，并且每个数在每行、每列都只出现一次。B应该是几？ | 3 | 2 | | | | A | | B | 2 | | | | | 3 | | 1 | | | |	

环节二：探索理思，展示交流	(1)已知了什么数学信息?("每行、每列都有1~4这四个数"是什么意思?"只出现一次"是什么意思?) (2)要解决的数学问题是什么?(B应该是几?) (3)你想怎么解决这个问题?(结合行列进行观察)(板书：结合行列观察) 2.尝试填数：现在你会填数了吗？请拿出助学单，自己先尝试着填一填，并写出你的思考过程，完成后和同桌说说你的想法。 "填数游戏"助学单 班级：_____ 姓名：_____ 号数：_____ **任务一：挖星初体验** 在下面的方格中，**每行、每列**都有1~4这四个数，并且每个数在**每行、每列**只出现一次。B 应该是几? 【活动要求】自己先尝试着填一填，完成后和同桌说说你的想法。 | 3	2		
A		B	2
			3
1			| 我的想法是： 3.展示交流： (1)谈话：你遇到了什么困难?(根据B所在的行和列最多只能排除两个数，无法解决) 你想到了什么?(先看哪一个格子所在的行和列出现了三个不同的数，这样就能快速确定这个格子是几)(先找出A是几)	引导学生感受规则解读对于解题的重要性。

续表

	(2)表达:根据A所在的行和列排除1、2、3,所以A只能是4。根据B所在的行和列排除2、3、4,所以B只能是1。 (3)小结:像这样,根据A或B所在行和列的数,经过排除得到唯一数的方法,就叫排除法。(板书:排除法) 4.回顾总结:像刚才这样,我们在找B是几的时候,是借助A这个格子才完成的。因此,在这道题目中,A这个格子是解题的突破口。 5.对比分析:为什么A一下子就能确定数字是几,而B却不能马上确定?你有什么发现?(根据A所在行和列的数最多能排除3个不同的数,而根据B所在行和列的数最多只能排除2个不同的数)看来,寻找突破口是解决此类填数问题的关键所在。 6.完成检验:你能根据规则,填出其他格子里的数吗?比比看,谁填得又快又好!(学生独立完成剩下空格,检验其正确性)	引导学生理解、掌握填数游戏的规则。强调表达的规范性,引导学生根据规则进行简单的推理和说理,为接下来的游戏做好铺垫。
环节二:探索理思,展示交流		这一环节让学生在理解规则的基础上,进行推理、说理,在对比中发现解决此类问题的关键就是寻找"突破口",并掌握检验的方法。
	7.学法总结:刚刚我们是怎么完成任务(一)的?(先结合行列进行观察→再在分析中寻找突破口,进行排除→最后通过判断,得出结论) (二)任务二:挖星乐闯关(完成后可根据题目难易程度集☺) 1.理解规则:在下面的方格中,每行、每列都有1~4这四个数,并且每个数在每行、每列都只出现一次。A和B分别是几?	同时出示3道题,引导学生在巩固方法的同时,感悟"突破口"的重要性。
	2.自主思考:拿出评学单1,限时2分钟挑战填数,看谁填得又快又好!完成后认真检查,然后举手示意。	

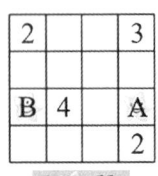

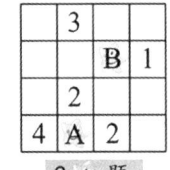

198

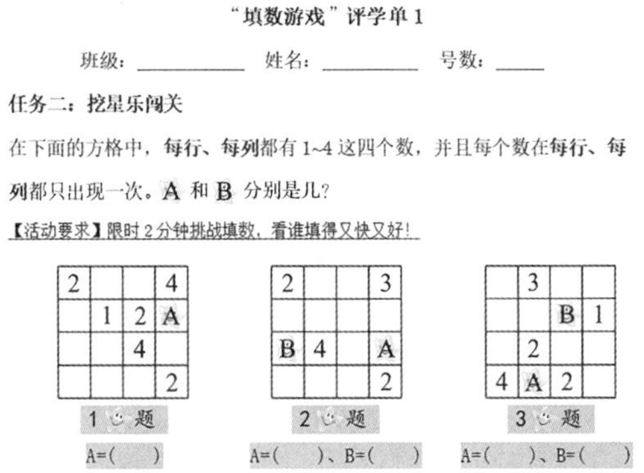

	"填数游戏"评学单1 班级：_____ 姓名：_____ 号数：_____ 任务二：挖星乐闯关 在下面的方格中，每行、每列都有1~4这四个数，并且每个数在每行、每列都只出现一次。A 和 B 分别是几？ 【活动要求】限时2分钟挑战填数，看谁填得又快又好！ 　1☺题　　　　　2☺题　　　　　3☺题 A=(　)　　　A=(　)、B=(　)　　A=(　)、B=(　) 3.展示交流：(1)说做题的过程；(2)检查解法是否正确。 4.对比分析：对比三道题，你有什么想说的？(第一题，A 本身就是突破口，较容易；第二题，要先填出 A 才可以填出 B，A 是 B 的突破口，较难；第三题，先填出 A 还不可以直接填出 B，还要以 B 左边的那一格作为突破口，真的难。)看来，寻找突破口很重要哦！(学生上台发言的时候，教师根据学生的发言圈出突破口) 5.温馨提醒：推理完后记得检验。 　1☺题　　　　　2☺题　　　　　3☺题 6.引出数独：聚焦最后一题，通过观察发现该题每行、每列、每宫都有1~4这四个数。揭示：像这样每行、每列、每宫都有1~4这四个数的填数游戏，其实就是"四宫数独"。 （四宫数独示意图）第1行~第4行，第1列~第4列，第1宫~第4宫	根据题目难易程度进行赋分评价，学生在规定时间内可自由选择答题，激发学生学习的兴趣，增强其挑战欲和自信心。
环节二：探索理思，展示交流	
	从"填数游戏"到"四宫数独"的自然过渡，引发学生对数独的强烈探究欲望。

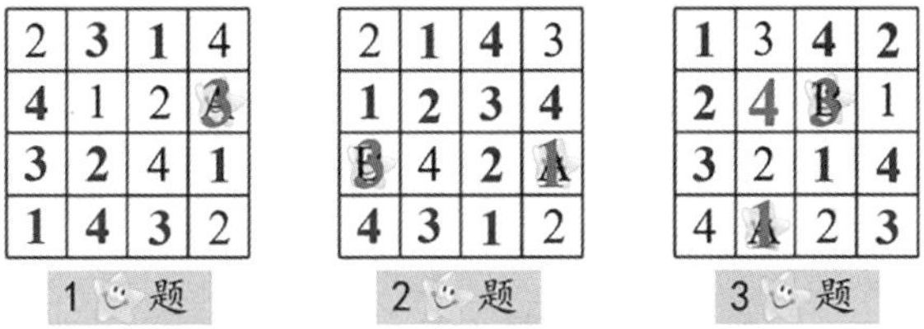

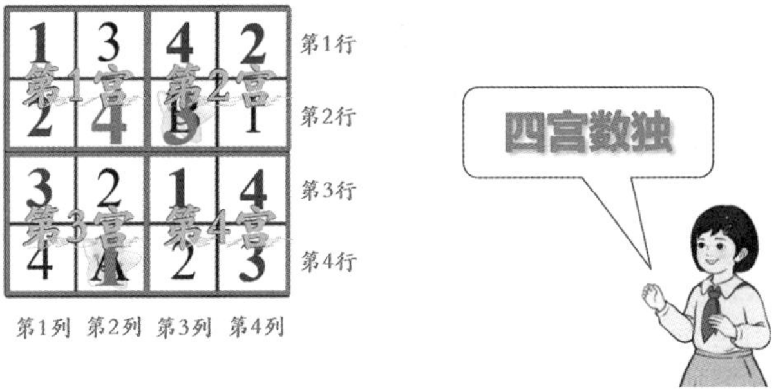

续表

环节三：当堂应用，深化认知	(一)介绍各式各样的数独  六宫数独 　　九宫数独 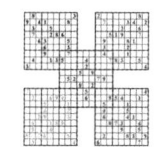　　连体数独 　　链条数独 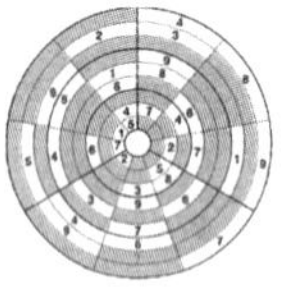 环形数独 　　星状数独 　　球状数独 (二)介绍数独的由来和九宫数独的解法 1.数独的由来：数独起源于18世纪初瑞士数学家欧拉等人研究的拉丁方阵。19世纪80年代，一位美国的退休建筑师格昂斯(Howard Garns)根据这种拉丁方阵发明了一种填数趣味游戏，这就是数独的雏形。后来，这种游戏流行于美国，又流传到了日本，受到了越来越多人的喜欢。 2.九宫数独的解法：读懂规则→尝试填数(先找"差一个的"，再找"差两个的"，最后找固定数，结合行列观察)→进行检验。 (三)任务三：挖星趣挑战(完成可集4) 1.理解规则：在下面的方格中，每行、每列、每宫都有1~6这六个数，并且每个数在每行、每列、每宫都只出现一次。 | | 2 | 1 | 4 | 6 | 3 | | 4 | | 3 | | | 2 | | 6 | 1 | | 5 | | | | | | | 6 | 1 | 4 | | 1 | 4 | 2 | | 5 | | | 3 | | 6 | | 4 | 1 | 2.小组合作：拿出评学单2，限时3分钟一人填数，其他人协助；完成后，小组内检查填数是否正确。	介绍几种常见的数独，渗透数学文化，打开学生的视野，提升学生的认知。 通过视频的形式介绍数独的起源和发展，让学生了解九宫数独的填数规则和解题技巧，为小组合作完成六宫数独打下基础。

		续表
环节三：当堂应用，深化认知	"填数游戏"评学单2 班级：＿＿＿＿ 小组：第（ ）组 **任务三：挖星趣挑战** 在下面的方格中，每行、每列、每宫都有1~6这六个数，并且每个数在每行、每列、每宫都只出现一次。【活动要求】限时3分钟，小组合作，一人填数，其他人协助；完成后，小组内检查是否正确。 		2	1	4	6	3
4		3		2	
6	1		5		
			6	1	4
1	4	2		5	
3		6		4	1 | 3.检验核对：是不是符合"每行、每列、每宫都有1~6这六个数，并且每个数在每行、每列、每宫都只出现一次"？ | 5	2	1	4	6	3
4	6	3	1	2	5
6	1	4	5	3	2
2	3	5	6	1	4
1	4	2	3	5	6
3	5	6	2	4	1	 4.反思总结：同学们，数独千变万化，但只要掌握了推理的方法，一切困难都会迎刃而解！ (四)观看视频，激发爱国热情 1.观看视频：数独风靡全球！2017年，我国年仅13岁的"数独神童"胡宇轩打败了曾多次获得世界数独锦标赛冠军的日本选手森西亨太。下面，让我们一起走进《最强大脑》，感受这个激动人心的时刻！(观看《最强大脑》视频片段) 2.此时此刻，你想说什么？(学生交流自己的想法)	以小组的形式挑战六宫数独，感受六宫数独的魅力。有理有情，达成情理共生的目标。 无痕地进行德育渗透，激发学生继续研究数独的兴趣，为胡宇轩感到骄傲，为国家感到自豪。
环节四：回顾反思，提升素养	(一)回顾反思(完成可集1⭐) 通过今天的学习，你都有哪些收获？ (二)总结提升 盘点智慧星的数量，积极肯定自己的学习状态。 师：今天，大家在芽儿老师的课堂上不仅挖到了很多的智慧星，而且还种下了数独的种子，希望在今后的学习中大家继续研究，开出思维的花！	对本节课学习内容进行回顾与反思，激励学生种下数独的种子，开出思维的花。

续表

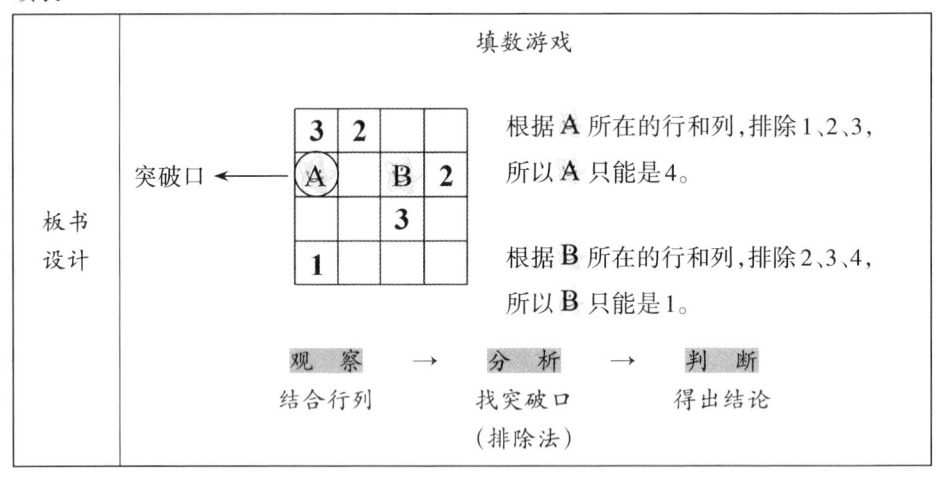

| 板书设计 | 填数游戏 突破口 → [3\|2\|\|; \|Ⓐ\|B\|2; \|\|3\|; 1\|\|\|] 根据A所在的行和列,排除1、2、3,所以A只能是4。 根据B所在的行和列,排除2、3、4,所以B只能是1。 观察 → 分析 → 判断 结合行列　找突破口　得出结论 　　　　　(排除法) |

张雅芬名师工作室的五位研修成员(杨嘉萍、谢威、陈艳、陈水杉、谢佳莉)围绕学习目标的制定、情境任务的设置、核心问题的设计、说理表达的训练、师生情感的互动这五个维度展开了听课、评课,核心成员施纯结站在情理共生课堂实施的角度对该课进行了综合评价。具体评析如下。

(一)维度一:学习目标的制订

确定学习目标是课堂教学实施的起点,没有明确的学习目标,课堂教学就会失去方向;学习目标越具体,课堂评价指向性越强。这节课,张老师目标定位准确,让学生在有趣的、板块化的任务群中学习,有效达成学习目标。

1.依标据本,目标设计准确

明确的、具体的数学学习目标是高效数学教学实施的保证。张老师目标确定的依据准确。首先,依据课程标准,体现了科学性。张老师以学生的核心素养发展为目标解读教材,特别是过程性目标。我们可以在课程教学中看到推理方法的指导、数学思维的训练、推理经验的积累、积极情感的培养。其次,依据学生特点,体现了适切性。张老师确定了"读懂规则→尝试填数→进行检验"这样符合学生实际、可操作性强的学习目标。

目标的叙写表述准确:包含了行为主体、行为表现、行为条件、行为程度四要素。例如,学习目标1"经历用推理的方法进行填数游戏的过程"(行为条件),"积累'读懂规则→尝试填数→进行检验'的推理经验"(行为表现),"能有根据、有条理地阐述自己的推理过程,提高观察、分析、判断以及用简洁的数学语言表达的能力"(行为程度或行为标准)。张老师运用"行为主体+行为条件+行为表现+行为程度"的结构准确描述了学习目标。

2.手段多样,目标实现有序

在这一课程教学中,各种教学手段都紧密围绕着学习目标,为实现目标而服务。例如,在游戏中激发数学思维。学生在基于游戏要素创设的有趣味又具有关联性、逻辑性的数学活动中,思维逐步深入;游戏目标与学习目标有机整合在一起,学生真正做到在玩中学、学中玩。再如,在延伸中诱发情感体验。张老师通过引导学生了解花样数独,窥见数独游戏的瑰丽风貌,将数学素养的发展延伸到课后;通过观看视频增强文化自信,提高课程思想性,促进情感目标的实现。

3.参与全面,目标达成有效

这节课有两个关注。一是关注全体,共同成长。学生全面参与助学单中的游戏,运用排除法填数,在用语言进行说理的过程中将思维表达出来。课程中,学生的探究积极性高,多位同学上台展示推理过程,在生生、师生之间的质疑、答疑、解疑过程中,共同探索、感悟其中蕴含的数学思想和方法,学习目标的达成情况可观、可测。二是关注差异,分层发展。在使用集星卡的过程中,各个层次的学生都学有所获、各有进步,都体验到学习的乐趣和成功的喜悦,其中量化的方式让学习目标的达成情况可评。

情理共生的课堂是以情为铺垫,以理为支撑,因情生理、以理达情,让情理得以交融的课堂。纵观本课,张老师准确定位"情"和"理"的学习目标,学生的能力和素养得到涵育。

(二)维度二:情境任务的设置

情境任务创设是指在教学过程中,为了达成特定的教学目标,培养学生的核心素养,教师根据教学内容和学生特点,有意识地设计和构建一个与学习任务紧密相关、具有真实性和挑战性的情境。它有利于激发学生的学习兴趣,帮助他们更深入地理解知识,提高解决问题的能力,促进学生的全面发展。纵观本课情境任务的创设和利用,主要有以下两个亮点。

1. 巧设情境任务，聚焦推理问题

好的情境任务需要同时满足真实性、直观性、情感性、适切性、学科性和指向性。张老师从学生耳熟能详的《花园种花》出发，设计了一个贯穿始末、生动有趣的大情境——"挖星之旅"。这样的设计联系了学生经验，展现了情境任务的真实性，依托"智慧星"和"集星卡"这两个载体，体现了情境任务的直观性，激发了学生的求知欲，凸显了情境任务的情感性。

为了有效推进课堂教学，张老师在大情境下分设三个学习任务，分别是"挖星初体验""挖星乐闯关""挖星趣挑战"。由扶到放、由易到难的设置彰显了情境任务的适切性，数形结合的形式呈现了情境任务的学科性，引导学生经历"读题—尝试—验证"的体验方式体现了情境任务的指向性。

2. 善用情境任务，提升核心素养

合理利用情境任务，可以在引导学生进入研究、保持关注的同时兼顾不同水平学生的思维发展，从而有效把控课堂的节奏与进度，达成教学目标。在任务一中，张老师通过"挖星初体验"让学生经历"读懂规则→尝试填数→总结方法→学会检验"的过程，帮助学生在自主探索和同伴互助中，逐步提炼出推理填数游戏的方法，培养学生的推理意识和合作意识。在任务二中，张老师通过"挖星乐闯关"让学生运用刚刚总结的填数游戏方法来进行不同难度的填数游戏，帮助学生在游戏中内化推理方法，理解"突破口对于解决此类问题的重要性"，在培养学生推理意识的同时渗透了模型意识。在任务三中，张老师通过"挖星趣挑战"让学生以小组为单位完成六宫数独游戏，不仅激发了学生的挑战欲，而且进一步培养了学生的推理意识和模型意识，强化了学生的小组合作意识。

综上所述，本课的情境任务创设和利用非常成功，既符合学生的认知规律，又能够有效达成教学目标，值得借鉴与推广。

（三）维度三：核心问题的设计

核心问题是指针对教学目标和重难点所提出的关键问题，它不仅指向知识的本质，还具备提纲挈领的作用。可见，核心问题是学生思考的脚手架，是知识学习的大纲。每个核心问题都能形成一个学习板块，并通过细化拆分，形成一节课或某一环节的"子问题链"。这种链式结构有助于学生深入理解知识，实现知识的整体建构。

本节课，张老师在课标研读、教材解读和学情分析的基础上精准把握核心问题，形成子问题链，引导学生经历用推理的方法进行填数游戏的过程，层层深入地积累推理的经验，掌握推理的方法，提升表达推理过程的能力，从而助力推理意识的形成。具体体现在以下两个方面。

1. 精准研读教材，设计核心问题

本节课是人教版数学二年级下册"数学广角——推理"的第二课时，是在第一课时学生初步掌握"能确定的先确定，能排除的再排除"推理方法基础上继续深入，重点学习用推理的方法解决生活中的"填数游戏"问题，再从简单的填数游戏升格为复杂的填数游戏（数独）。为了让二年级的小朋友以更轻松愉悦的心情来学习本节课的知识，张老师将"填数游戏"置于"挖星之旅"的情境中，使课堂学习充满了快乐和挑战。本节课的核心问题是"智慧星是几？根据是什么？如何寻找解决问题的突破口？"张老师通过核心问题的设计，引导学生聚焦本节课要学习的核心内容，带着问题进入学习任务的探究，从而提高学生探究问题的积极性和主动性。

2. 梳理问题序列，形成子问题链

为了更好地推动核心问题的落地，张老师将核心问题分解成几个子问题链：

（1）"每行、每列都有1~4这四个数，并且每个数在每行、每列都只能出现一次是什么意思？"引导学生认识行和列，理解填数游戏的规则。

（2）"在解决问题的过程中，星A和星B有什么相同点和不同点？"引导学生在掌握结合行列进行排除的方法的同时，懂得遇到解决不了的问题还可以通过寻找突破口，"搭建桥梁"分步解决。在这个对话交流的过程中，学生发现"星A可以最大限度地排除3个不同的数，而星B只能排除2个不同的数"，因此星A是解决问题的突破口。

（3）"你在做1星题、2星题、3星题时有什么感受？"引导学生在观察、对比、分析中发现"突破口"对于解决问题的重要性。

整节课，在核心问题的驱动下，子问题链明确具体，学生学习思路清晰，主动经历了科学完整的推理过程，层层深入，达成学习目标。

(四)维度四:说理表达的训练

《义务教育数学课程标准(2022年版)》把"三会"确立为数学课程要培养的学生核心素养,即会用数学的眼光观察现实世界,会用数学的思维思考现实世界,会用数学的语言表达现实世界。其中,会用数学的语言表达现实世界尤为重要。数学语言是数学思维的载体,数学语言承载着数学思考。本节课,张老师特别注意引导学生用数学的语言进行精准表达,引导学生将思考过程有条理、清晰地表达出来,在表达中阐述自己的思考,在表达中收获思考的快乐,在表达中提升学习力。具体体现在以下三个方面。

1.营造课堂氛围,让学生敢"说"

课前,张老师通过暖场手势舞《花园种花》营造安心安全、温暖润泽的课堂氛围,这个环节既为学生提供了学习数学的情绪价值,也为开启说理表达奠定了良好的基础。课中,张老师通过及时表扬和鼓励,让每个学生大胆表达自己的想法。即使学生回答得不完整、不严谨,张老师也会微笑着引导他们修改完善,然后让他们重新表达一遍,再给出肯定的评价,激发他们表达的勇气和欲望。

2.规范数学语言,让学生会"说"

低年级学生数学语言表达能力的形成离不开由模仿到创造的过程,教师的一言一行对他们起着潜移默化的作用。因此,教师在课堂中要特别注意语言的规范性、准确性和条理性。本节课,张老师根据学生的实际情况,把教材中"A所在的行和列已经出现了1、2、3,所以A只能是4"这样的表达句式,改为"根据星A所在的行和列,排除1、2、3,所以星A只能是4"。在后一表达句式中,"根据星A所在的行和列"是排除法的根据,"排除1、2、3"是排除法的具体动作,"所以星A只能是4"是排除法的结论。这样的表达句式有理、有据、有法,符合学生的认知思维。

3.通过课堂评价,让学生乐"说"

张老师一方面使用语言进行评价,以"太棒了""谢谢你""你的表达好清楚""说得特别好"等评价反馈激发学生的表达欲望;另一方面使用"集星卡"进行评价,引导学生根据完成的挑战性任务的难易程度进行集星。学生在这样的氛围和引导中变"被动表达"为"主动表达",人人成为闪亮的说理表达之星。

总之,本节课张老师的说理表达训练是到位的,以"个人独说""同桌互说""组内轮说""全班齐说"等形式让学生敢说、会说、乐说,学生的说理表达素养得到了提升。

(五)维度五:师生情感的互动

师生关系一直是学校教育的重要底色,师生情感互动则是课堂教学的重要部分。在课堂教学中,良好的师生情感互动对促进师生关系协调,构建和谐的课堂教学气氛,提高教学质量的作用非常大。另外,教师人格魅力的塑造有利于学生健康人格的形成,有利于良好师生关系的建立,有利于激发学生的学习兴趣,从而提高课堂教学效果。因此,课堂首先得是一个情感场,然后才是一个教学场。我们可以感受到,在张老师的课堂上,师生情感互动是非常丰富的,具体体现在以下三个方面。

1.课前律动暖场,让学生充满期待

张老师带着学生用《花园种花》手势舞进行暖场,通过"在芽儿老师的课堂里面挖呀挖呀挖"这些语句,一下拉近了老师和学生的距离,让学生对接下来的课程充满兴趣与期待。

2.课中正向评价,让学生信心倍增

我们可以感受到张老师是真正用心去爱每一个学生的。"谢谢你""你可以的""你很棒"等温暖的鼓励,让学生增强了学习动力,信心倍增。师生之间建立起来的相互信任与认可,让课堂互动具备了有效实施的氛围,让学生积极主动地参与而非被动应答,在此基础上的课堂是高效的。

3.课尾播放视频,让学生情感激荡

张老师用我国"数独神童"胡宇轩打败曾多次获得世界数独锦标赛冠军的日本选手森西亨太的比赛视频,将课堂的情感氛围推向了高潮。学生不断发出惊呼和赞叹,大家不禁感叹于胡宇轩的思维敏捷度,为我们的祖国感到骄傲!这一环节,为整节课的情感发展做了一个高站位的延伸。

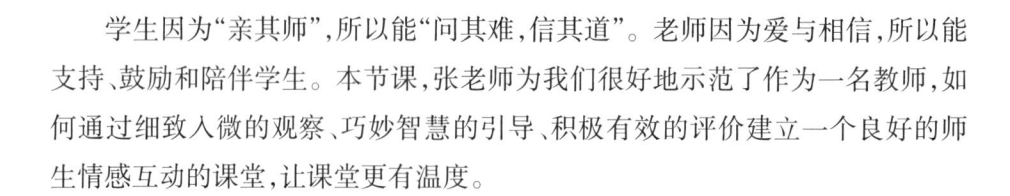

学生因为"亲其师",所以能"问其难,信其道"。老师因为爱与相信,所以能支持、鼓励和陪伴学生。本节课,张老师为我们很好地示范了作为一名教师,如何通过细致入微的观察、巧妙智慧的引导、积极有效的评价建立一个良好的师生情感互动的课堂,让课堂更有温度。

(六)综合评价

以上分别是从学习目标的制订、情境任务的设置、核心问题的设计、说理表达的训练、师生情感的互动这五个维度进行的聚焦式评课。这些维度都是情理共生课堂具体的落脚点,也是最有利的抓手,它们能让情理共生的理念在课堂中具象化、显性化。下面是站在情理共生课堂实施的角度,对"填数游戏"这节课进行的综合评价。

1.创设有温度的情境,引发积极情绪

课程教学中,张老师从《花园种花》暖场手势舞入手,将填数游戏置于"挖星之旅"这个大情境中,并分设了三个层层递进、环环相扣的学习任务"挖星初体验""挖星乐闯关""挖星趣挑战",采用集星卡等多元评价方式营造了安心安全的情绪场,激发了学生学习数学的兴趣,加深了师生情感的互动。张老师还通过用视频介绍数独、小组合作挑战数独等拓展活动,不仅让学生通达了数独的应用之理,还让他们充分感受到数独独有的魅力。

2.搭建有支架的教学,激活理性思维

张老师紧紧围绕"智慧星是几?根据是什么?如何寻找解决问题的突破口?"这三个核心问题,依托助学单和评学单,引导学生经历用推理的方法进行填数游戏的过程,积累"读懂规则→尝试填数→进行检验"的推理经验,能有根据、有条理地阐述自己的推理过程,提高学生观察、分析、判断以及用简洁的数学语言表达的能力。此外,助学单中右边的留白设计也便于学生将自己的思考过程以自己的方式表达出来。张老师通过同桌交流、师生互动等方式,让学生掌握了"根据星A所在的行和列,排除1、2、3,所以星A只能是4"这样的说理表达句式和"划线排除"这样的方法,表达有理、有据、有法。

3.设置有挑战的习题,提升数学素养

课程教学中,在学生已经掌握了利用突破口完成简单填数游戏的基础上,张老师设置了两份评学单,通过有挑战性的习题,在激发学生挑战欲的同时,提升学生的综合素养。评学单1对应的是"挖星乐闯关"这一学习任务,它同时出示了3道填数游戏题(根据题目难易程度进行赋分评价,学生在规定时间内可自由选择答题),引导学生在巩固填数方法的同时,感悟"突破口"的重要性。评学单2对应的是"挖星趣挑战"这一学习任务,它以小组合作的形式让学生挑战六宫数独,掌握六宫数独的填数技巧,感受六宫数独的填数魅力。

纵观整堂课,张老师一方面突出了对"情"的培育,强化了学生对"情"的感受和认同;另一方面突出了对"理"的深化,强化了学生对"理"的探索、理解和表达。学生的情感在不断交融升温,理学的课堂在不断向纵深推进。融情于理,以理怡情,最后形成了情理共生的课堂景观,达到了"课已停,意犹存"的效果。

第五章

情理共生的小学数学课堂教学策略

情理共生的小学数学课堂应该具有自然性、趣味性、自主性、简约性、灵动性、共生性。自然性是指设置的数学情境要符合学生的生活实际、认知规律及认知数学化的过程,以此激"情"寻"理";趣味性是指学生通过数学学习感受数学之美、数学之趣,从而对数学充满浓厚的兴趣与探究欲望;自主性是指学生在课堂活动中的"实验""操作""探究""思考"等过程是主动积极、热情高涨、激情四溢的;简约性是指数学的教学过程应以简洁的思路,引导学生感悟数学之道,感受数学之美,学生学习的过程应指向数学的本源;灵动性是指数学课堂应关注知识的生成过程和问题的变式探究,注重思维的发展和情感的成长;共生性是指通过生生互动、师生合作、交流展示等方式,促进学生数学学习情感与数学智慧、教师专业情感与教学智慧的发展。

情理共生的小学数学课堂应该是生动且深刻的。对小学生来讲,生动意味着数学课堂充满了乐趣,学生乐于学习,学生与教师有着融洽的师生关系,体会到学习数学是一件快乐的事;深刻意味着学生能保持专注,能深入思考,能产生疑惑,能精彩表达。因此,在情理共生的小学数学课堂中,生动与深刻缺一不可,互为依存。为了让小学数学课堂既生动又深刻,教师可以从"融情入理,激发积极情绪"和"以理怡情,涵养数学品格"两个方面展开教学工作。

第一节 融"情"入"理",激发积极情绪

数学是一切科学的基础,有着抽象属性。在小学生眼里,数学知识其实是很奇妙的,如果能学会且学得轻松,他们就会收获很多乐趣。相反,如果学不会或学得辛苦,他们就会觉得数学学习枯燥乏味。为此,教师要在数学课堂上有效激发学生学习数学的兴趣,将学习兴趣转化为学习动力,从而打开学生的思维,引领学生进入数学殿堂。"感人心者,莫先乎情。"教师首先要做到融"情"入"理",充分利用课内外的一切教学资源,让数学学习在课堂真实有效地发生,让学生在主动的学习中获得积极的情感,并通过"情"促进"理"的贯通。只有融"情"入"理",才能引发学生内在的思考,使理性认知走向深入;才能引发学生交流互动,通过质疑、讨论、补充,达成共识;才会使理性认知延展,变得深刻又持久。

作为一线教师的我们都有过这样深刻的体会,美好的课堂可以从身体的感受来定义。如果一节课让学生如坐针毡、诚惶诚恐,那么这节课一定是失败的课。好的课堂教学令人如沐春风、精神焕发,好的课堂有蓬勃的生命力,充满了智慧与挑战。有人说,理想的课堂上,教师一定是充满激情的,有一种容光焕发的精神气质;学生一定是开心愉悦的,他们思想开放,敢想敢说。

一 寓情入境,引发学生的探究欲望

"情"来源于"境"。教学情境可以为学生架设起生活问题与数学问题联系的桥梁,让抽象的数学知识有了生动的附着点和切实的生长点,让学生在学习知识和实践应用的碰撞中真正理解知识、提升能力。同时,教学情境也可增强学习活动的直观性和趣味性,使学生对数学学习产生情感共鸣。在去情境化的教学中,学生直接接触现成的结论,知识犹如横空出世一般突然呈现在学生面前。由于不知道这些知识是为了解决什么问题,以及是如何得来的,就会给学生深刻理解学习内容造成障碍,不利于学生思维的发展。因此,教师要根据学生的生活经验和认知规律有意识地创设教学情境,激发学生的学习兴趣,引导学生循着知识产生的脉络去准确把握学习内容。

【示例】人教版数学一年级下册"100以内数的认识"的"解决问题"一课。

【教学片段1】创设情境,引发探究

师:有58颗珠子,10颗穿一串,能穿几串?请同学们拿出助学单,圈一圈,想一想,写一写。(学生先独立思考,再小组内交流)

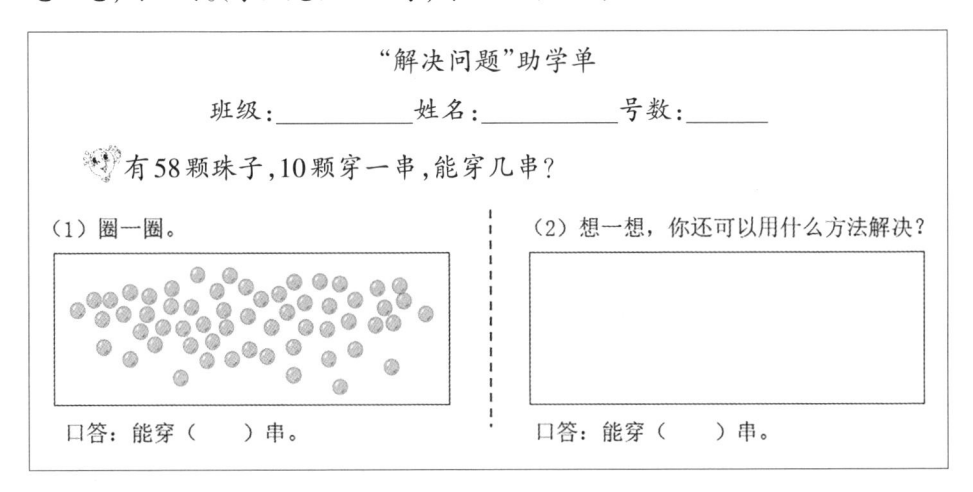

"解决问题"助学单

班级:_____ 姓名:_____ 号数:_____

❤有58颗珠子,10颗穿一串,能穿几串?

(1)圈一圈。

(2)想一想,你还可以用什么方法解决?

口答:能穿( )串。　　　　　口答:能穿( )串。

师:谁来说一说你是怎么想的?

生1:我是用圈一圈的方法来解决问题的,10颗圈为1份,能圈出5份,即能穿5串。

师:还剩8颗珠子,还能再穿一串吗?为什么?

生2:题目要求"10颗穿一串",还剩8颗珠子,显然不够再穿一串了。

师:说得太有道理了,给你点赞!还有别的解决方法吗?

生3:我是用数的组成来解决问题的,58里面有5个十和8个一,10颗穿一串,5个十正好可以穿5串,8颗珠子不够再穿一串,所以只能穿5串。

生4:我是用数数的方法来解决问题的,十颗十颗地数,10、20、30、40、50,还剩8颗,不够再穿一串,所以只能穿5串。

师:同学们,你们太棒了,表达得有理有据。

方法一　利用圈一圈的方法解决

能圈出5份,还剩8颗珠子,即穿5串。

方法二　利用数的组成解决

58 — 5个十 — 10颗穿一串,5个十正好可以穿5串
　　— 8个一 — 8颗珠子不够穿一串

能穿5串,还剩8颗珠子。

方法三　利用数数的方法解决

十颗十颗地数,10、20、30、40、50,还剩8颗,不够10颗,不能再穿一串。

数了5次,还剩8颗珠子,即能穿5串。

【教学片段2】推进情境,引发思考

师:想一想,如果5颗穿一串,这些珠子能穿几串?

生5：我采用圈一圈的方法解决问题，圈着圈着，我发现每份10颗里面有2份5颗，所以可以穿10串；剩余的8颗珠子中还有1份5颗，还可以再穿1串。因此，总共可以穿11串。

生6：我利用数的组成来解决问题，因为58里面有5个十和8个一，又因为1个十里面有2个五，所以5个十正好可以穿10串；而8个一中又有1个五，可以再穿1串。10+1=11（串），所以总共可以穿11串。

生7：我采用数数的方法来解决问题，五颗五颗地数，5、10、15、20、25、30、35、40、45、50、55，还剩3颗，不够穿一串。数了11次，还剩3颗珠子，即能穿11串。

师：刚刚我们在解决这个问题的时候，采用了三种方法，你喜欢哪种方法？为什么？

生8：我喜欢用数的组成和数数的方法，这样可以更快地解决问题。

师：方法没有绝对的优劣，大家根据实际需要选择合适的方法来解决问题就可以了。

方法一 利用圈一圈的方法解决

能圈11份，还剩3颗珠子，即能穿11串。

方法二 利用数的组成解决

58 → 5个十 → 5颗穿一串，5个十正好可以穿10串；
   → 8个一 → 5颗珠子可穿1串，剩下3颗不够再穿1串。

能穿11串，还剩3颗珠子。

方法三 利用数数的方法解决

五颗五颗地数，5、10、15、20、25、30、35、40、45、50、55，还剩3颗，不够穿一串。

数了11次，还剩3颗珠子，即能穿11串。

[评析]本节课，教师将"串珠子"的情境融入教学，学生在这个情境任务的驱动下产生了极高的探究欲望，同时这个情境也唤醒了他们已有的生活经验和知识经验。不论是在"10颗穿一串，能穿几串？"的问题中，还是在"5颗穿一串，能穿几串？"的问题中，学生均能在圈一圈、写一写、比一比的过程中，理解解决问题的方法和方法背后的数学道理。虽然教师没有引导学生进行算法的优化，但是学生在解题的过程中，会自觉地根据实际需要选择合适的方法去解决问题。

二、融情设疑，点燃学生的数学思考

爱因斯坦曾经说过，提出一个问题往往比解决一个问题更重要。而提出新的问题、新的可能性，或从新的角度去看旧的问题，都需要富有创造性的思考。因此，在数学教学中，教师要善于创设学生喜闻乐见的情境，激发学生的好奇心和求知欲,引发学生对数学问题的思考。

【示例】人教版数学五年级上册"可能性"一课。

【教学片段1】欣赏故事,引入问题

师:同学们,今天的数学课咱们从一个传奇故事开始,故事的题目叫《狄青百钱定军心》。(课件播放故事:北宋名将狄青奉旨平定叛乱。出征前,他看到士气不振,于是便拿出100枚铜币,对士兵们说:"这次出征,我们有神灵保佑,大家不要怕,我们一定能大获全胜。如果你不相信的话,我将这100枚铜币抛在地上,请看看神灵的威力!"说完,狄青将100枚铜币全部抛在地上,结果100枚铜币竟然全部正面朝上。士兵们认定有神灵保佑,战斗中个个奋勇争先,迅速平定了叛乱。)

师:同学们,听了这个故事,你有什么疑问吗?

生1:为什么100枚铜币都会正面朝上呢?(很显然,这样的结果和学生的生活经验不符合,学生表示很好奇)

师:这里面有什么秘密呢?不着急,等学完了这节课你就明白了。

[评析]生动有趣的故事形式使学生的注意力在课始就高度集中,耐人寻味的故事内容营造了极好的问题情境,激发起学生的好奇心和探究欲。

【教学片段2】活动体验,感知现象

师:狄青用的铜币相当于我们现在的硬币。课前,老师给每人发了1枚硬币,拿出来看看。有"1元"字样的一面为正面,有花形的一面为反面。

师:1枚硬币抛出后落下,朝上的一面会是什么?动手试试,看看你有什么发现。

生(全部):抛了多次硬币,发现硬币有时候正面朝上,有时候反面朝上。

师:抛硬币的过程中,硬币根本就"不听话",无法确定硬币落下后是哪一面朝上。数学上,我们把像这样不受人控制,任意发生的现象称为随机现象。

师:虽然硬币"不听话",但抛出硬币后,只会出现几种可能?

生2:两种,有时候正面朝上,有时候反面朝上。

师:数学上,我们可以这样来表达"可能是正面朝上,也可能是反面朝上"。

[评析]可能性是隐含在随机事件中的,由于其隐蔽性和抽象性,学生需要借助一些熟悉的事物来理解。由抛硬币引出的"不听话"为学生理解随机事件和可能性提供了来自生活经验的支持。让看似深奥的理论,在课堂教学中变得简单易懂,达到了深入浅出的教学效果。

【教学片段3】回看故事,答疑解惑

师:回顾《狄青百钱定军心》的故事,想一想,这里面到底藏着什么秘密呢?

生3:他可能使用了假的铜币,在铜币的反面也刻上了正面的图案。

生4:他可能使用了200枚真币,两两"背靠背"粘贴在一起,看起来像100枚。

师:但不管怎样,狄青肯定是把铜币的两面都变成了正面的图案。所以,无论怎么抛,结果都只有一种可能,也就是"一定是正面"。

师:看来,这个传奇故事里蕴含的数学智慧,就是把不确定事件变成了确定事件。

[评析]用学到的知识来解释故事,不仅使课始故事的悬念得以解开,还让学生体验到可能性的实践应用。同时,将不确定事件与确定事件置于同一学习素材中,起到了很好的对比和建构作用。

三 以情串联,建构学生的知识体系

数学学习内容本身具有一定的整体性和系统性。当学生在学习一个数学概念、原理和法则时,如果在心理上能组织起适当的、有效的认知结构,并使之成为个人知识网络的一部分,学生就会产生自己的数学理解。因此,教师要将联系的观点贯穿于教学的全过程,关注数学知识之间、数学和其他学科之间、数学与生活之间、数学与学生已有知识经验之间的联系,注重教学内容的丰富性、关联性、综合性,从知识的内在结构出发,通过多种方式将知识关联起来,使各个知识点在学生的大脑中连成线、织成网,建构开放的知识体系。

例如,人教版数学二年级下册"有余数的除法"一课属于"数与代数"领域中的"数的运算"。该课是在学习了"表内除法(一)""表内除法(二)"之后又单独设立的单元,可见其重要性。它是学生对平均分概念的再认识,是对除法意义认识的拓展。通过该课程内容的学习,学生既可以巩固表内除法的知识,又能初步体验试商,为后续学习两、三位数除以一位数以及除数是两位数的除法奠定基础。基于对教材的分析和理解,教师可创设"分小棒"和"用小棒围正方形"的教学情境,引导学生以情串联,建构起有余数的除法的知识体系。

【示例】人教版数学二年级下册"有余数的除法"。

【教学片段1】借助已有学习经验,深入理解"平均分"本质

师:有10根小棒,每人分2根,可以分给几人?

生1:10÷2=5(人)。

师:为什么用除法计算?这里的10、2、5分别表示什么?

生2:求10根小棒里面有几个2根,用除法计算。这里的10表示有10根小棒,2表示每人分2根,5表示可以分给5人。

师:还是这10根小棒,除了可以每人分2根外,还可以每人分几根呢?结果可以分给几个人?拿出桌上的助学单1,试着分一分,并在小组内议一议。(个人独立思考,小组讨论交流)

"有余数的除法"助学单1

班级:_____ 姓名:_____ 号数:_____

有10根小棒,每人分几根,可以分给几人?想一想,圈一圈,算一算。看看你有什么发现。

列式:_____。

口答:有10根小棒,每人分(　　)根,可以分给(　　)人。

生3:有10根小棒,每人分1根,可以分给10人,列式10÷1=10(人)。

生4:有10根小棒,每人分3根,可以分给3人,列式10÷3=3(人)……1(根)。

生5:有10根小棒,每人分4根,可以分给2人,列式10÷4=2(人)……2(根)。

生6:有10根小棒,每人分5根,可以分给2人,列式10÷5=2(人)。

……

师:这些分法都可以吗?为什么?

生7:我觉得都可以,因为只要每人分得同样多就是平均分。

师:这些分法有什么相同或不同的地方?如果让你来分类,你会怎么分?分类的标准是什么?

生8：有些正好分完没有剩余，如10÷1=10（人），10÷5=2（人）；有些分完后还有剩余，如10÷3=3（人）……1（根），10÷4=2（人）……2（根）。

师：下面，我们结合图片一起来看看"10÷3=3（人）……1（根）"这个式子里的10、3、3、1分别表示什么。

生9：这里的10表示有10根小棒，第一个3表示每人分3根，第二个3表示可以分给3人，1表示还剩下1根小棒。

师：剩下的这1根小棒还可以继续再分吗？（不可以）数学上，我们把这样分完了有剩余且剩余的这些小棒没办法再分的情况称之为有余数的除法，剩余的这个数就是余数。

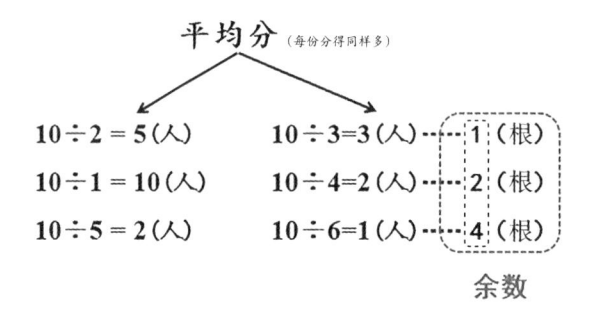

$$\text{平均分}\text{（每份分得同样多）}$$

$$10÷2=5（人） \qquad 10÷3=3（人）\cdots 1（根）$$
$$10÷1=10（人) \qquad 10÷4=2（人）\cdots 2（根）$$
$$10÷5=2（人） \qquad 10÷6=1（人）\cdots 4（根）$$

余数

[评析]学生经过直观操作、列式计算、对应解释和对比辨析，对除法的含义有了更深刻的理解，对有余数的除法的意义有了更深的认识，从而促进了他们运算能力和推理意识的发展。

【教学片段2】巧用动手操作，自主发现"余数"规律

师：（课件逐渐呈现1根小棒、2根小棒、3根小棒、4根小棒，然后4根小棒动态围成一个正方形）你看到了什么？

生10：4根小棒可以围成一个正方形；围成一个正方形需要4根小棒。

师：如果有8根、9根、10根、11根、12根小棒，分别可以围成几个正方形？我们拿出手中的小棒，分组探究，并把你的探究结果写在助学单2上。（学生独立思考，再小组交流）

"有余数的除法"助学单2

班级：_____ 姓名：_____ 号数：_____

🐝 用8根、9根、10根、11根、12根小棒围正方形,先围一围,再用除法算式表示围的结果。

小棒总根数	围正方形(画一画)	用除法算式表示围的结果
8根		
9根		
10根		
11根		
12根		

师：说说你们探究的结果如何,展示一下你们的作品吧!

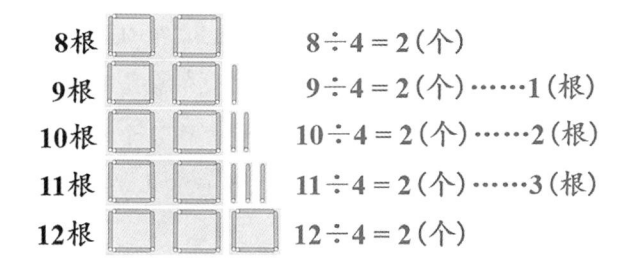

```
8根   □ □           8÷4 = 2(个)
9根   □ □ |         9÷4 = 2(个)……1(根)
10根  □ □ ||        10÷4 = 2(个)……2(根)
11根  □ □ |||       11÷4 = 2(个)……3(根)
12根  □ □ □         12÷4 = 2(个)
```

师：仔细观察这些小棒图和算式,你有什么发现?

生11：我发现这些算式的除数都是4,余数分别是1、2、3。

师：对此,你们有什么疑问呢? 大胆提出来和大家讨论。

生12：为什么余数只能是1、2、3,不能是4呢?

师：谁来试着结合小棒图回答一下。

生13：当剩余小棒的根数是4的时候,它们又可以围成1个正方形了。因此,余数不可能是4。

生14：当余数和除数相等时,商会增加1。

师：明白了,还有什么疑问吗?

生15：那余数可以比4大吗? 为什么?

生16：余数不能比除数大,因为余数如果比除数大,说明它还可以继续再除。

师：也就是说，在有余数的除法中，余数一定比除数小。

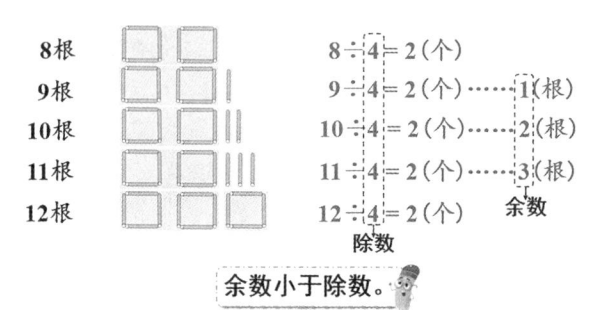

8根	☐☐	$8 \div 4 = 2$（个）
9根	☐☐ ∣	$9 \div 4 = 2$（个）……1（根）
10根	☐☐ ∣∣	$10 \div 4 = 2$（个）……2（根）
11根	☐☐ ∣∣∣	$11 \div 4 = 2$（个）……3（根）
12根	☐☐☐	$12 \div 4 = 2$（个）

余数小于除数。

师：用一堆小棒围正五边形，如果有剩余，可能会剩几根小棒？用一堆小棒围等边三角形，如果有剩余，可能会剩几根小棒？请说明理由。

生17：用一堆小棒围正五边形，如果有剩余，可能会剩1、2、3、4根小棒。理由是，如果剩余5根或者5根以上的小棒，至少还可以再围一个正五边形。

生18：用一堆小棒围等边三角形，如果有剩余，可能会剩1、2根小棒。因为，如果剩余3根或者3根以上的小棒，至少还可以再围一个等边三角形。

[评析]当学生在观察、对比、分析中，初步感知"余数"出现的规律时，教师要鼓励学生大胆质疑"为什么余数只能是1、2、3，不能是4呢？""余数可以比4大吗？为什么？"这两次质疑，都直接指向了有余数的除法中余数和除数之间的关系。这是思维的突破，有助于学生结合图示深度理解"余数<除数"这一概念。

第二节 以"理"怡"情",涵养数学品格

数学是理性精神的化身,它深刻影响着人们的思维方式。数学理性精神是指依靠数学思维对现实世界中的数量与数量关系、图形与图形关系进行抽象、概括、分析、综合,从而形成概念、判断或推理等理性认识的活动。数学理性精神蕴含着无穷的智慧,可用于探究事物的本质、内在规律及相互关系。数学不仅是研究数量关系和空间形式的科学,它还是一种思维方式,是人类探求理性知识的教育过程,是完善人格的教育过程。

数学品格可以表现为一种特殊的思维方式与行为习惯,它深深地烙印在那些热爱并擅长数学的人身上。具体来说,数学品格包括以下几个方面。首先,是严谨性。数学是一门非常严谨的学科,它要求我们在解题和推理的过程中,每一步都必须准确无误,符合逻辑和规则。这种严谨性不仅体现在数学学习中,更能帮助我们养成一丝不苟、精益求精的工作态度。其次,是逻辑性。数学思维强调清晰、有条理的逻辑推理,通过一步步的推导和证明,我们能够找到问题的根源并得出正确的答案。这种逻辑性不仅有助于我们在数学领域取得好成绩,更能提升我们在日常生活和工作中的思维能力和解决问题的能力。再次,是创新性。数学是一个充满挑战和创新的学科,它鼓励我们不断尝试新的方法、探索新的领域。拥有数学品格的人,往往具备强烈的求知欲和创新精神,能够不断突破自我,实现更高的成就。最后,是持久性。数学学习往往需要长时间的投入和坚持,拥有数学品格的人,往往具备坚忍不拔的毅力和恒心,能够在困难面前不屈不挠,坚持到最后。有人认为,学好数学的六大品格是学会"倾听"、善于"思考"、仔细"审题"、独立"做题"、敢于"发问"、勇于"创新",我非常赞同。通过涵养数学品格,我们不仅能够更好地学习数学,还能够提高综合素质和人生境界。

因此,在情理共生的小学数学课堂教学中,教师应引导学生结合情境,围绕问题,学会讲理;在讲理、辨理的过程中,激发学生想要学好数学的积极情感,从而培养学生的理性精神,涵养学生的数学品格。

一　回溯数学之源，培养探索欲望

荷兰数学教育家弗赖登塔尔说过："没有一种数学思想如当初刚被发现时那样发表出来。一旦问题解决了，思考的程序便颠倒过来，把火热的思考变成冰冷的美丽。"[①]教材所呈现的大多是形式化的、冰冷的数学知识"结果"，教学如果只呈现这些"冰冷"的"结果"，学生就不可能经历"火热"的数学思考过程。为了避免形式上的教与学，教师需要将"学术形态的数学"转化为"教育形态的数学"。因此，教师应关注数学概念的本源、知识发展的历史，激发学生探究的欲望，发展学生理智的好奇。

例如，人教版数学四年级上册"角的度量"一课，它属于"图形与几何"中测量难度较大的部分。在该课的教学中，有教师常常使用"规定"一词来忽略掉知识产生的过程和背后蕴含的道理。一些学生对"量角和画角"掌握得不扎实，根源就在于不理解量角器的构造原理，不理解度量的基本原理。因此，在这一课程中，教师可引导学生经历量角器的创造过程，发现角的度量和线段的度量、面积的度量之间的共性，即"明确度量对象→建立度量标准→发明度量工具→正确使用度量工具→获得一个具体数值"。

【示例】人教版数学四年级上册"角的度量"。

【教学片段1】横向关联，在迁移中理解度量本质

师：下面两个角，哪个大些？大多少？你用什么方法来比较？（教师出示课件）

生1：可以用三角尺上的角来量一量、比一比。

师：我是这样比的，哪个角大？

---

① 张世龙.数学教育理论与实践探索研究[M].西安：西北工业大学出版社，2020：89.

> 下面两个角,哪个大些?大多少?

生2:∠1中有1个小角那么大,∠2中也有1个小角那么大,无法判断哪个角大。

生3:测量∠1和∠2的小角大小不一样,得换成一样的再试试。

师:我把小角换成一样的,现在可以看出哪个角大些了吗?

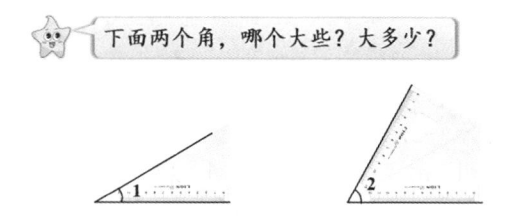

> 下面两个角,哪个大些?大多少?

生4:∠1中有1个小角那么大,∠2中有2个小角那么大,∠2大,∠2比∠1大了1个小角。

师:统一小角的过程其实就是统一度量标准的过程。刚才,我们虽然已经看出了∠2比∠1大且∠2比∠1大了1个小角,但还是不能准确地知道∠2比∠1大多少。怎么办呢?(学生陷入思考)

师:别着急,让我们一起回忆下,在之前的学习中,我们都测量过什么?

生5:长度、面积……

师:看,这支铅笔有7个1 cm那么长,它的长度就是7 cm;这个长方形的面积有6个1 cm^2那么大,它的面积就是6 cm^2。也就是说,我们测量长度和面积时,首先要确定度量标准,再看看被测量的对象里包含了多少个这样的度量标准。

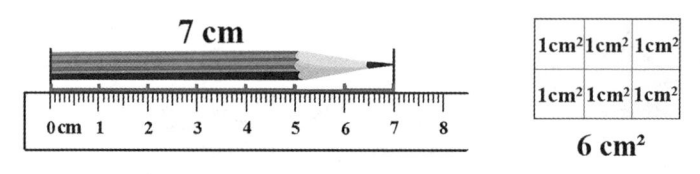

师:那就让我们带着这样的度量经验进入本课的学习。

[评析]"角的度量"从属于一般度量的范畴,包含了度量的所有属性和一般原理。学生以前学过的长度、面积测量,与角的度量在本质上是一样的,都是相同度量标准的累加。课始,教师借助∠1和∠2两个角,围绕"下面两个角,哪个大

些？大多少？"这个问题，引导学生产生"用三角尺上的角来量一量、比一比"的思路，产生统一小角的需求。紧接着，教师抓住本质，唤醒学生对长度、面积测量经验的记忆，让学生感受在测量长度、面积时需要找一个与测量对象很"像"的工具，从而启发学生在测量角的大小时也要找一个与角很"像"的工具。整个教学过程，教师不仅关注了数学知识的迁移类推、螺旋上升，而且关注了知识点之间的横向关联。

【教学片段2】观察思考，在估测中体验单位累加

师：人们将圆平均分成360份，将1份所对应的角作为度量角的单位，它的大小就是1度，记作1°。仔细观察这个1°角，它给你什么感觉？

将圆平均分成360份，每一份所对应的角的大小是1度。

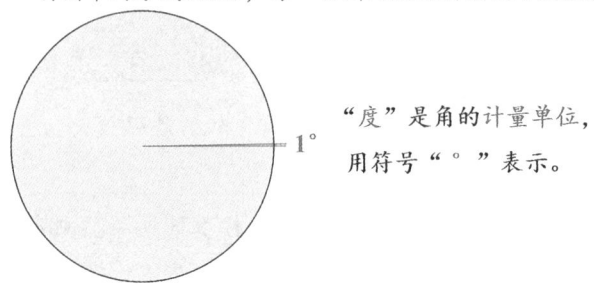

"度"是角的计量单位，用符号"°"表示。

生6：太小了，角的两条边只张开了一点点。

师：闭上眼睛想象一下，1°角有多大，你想到了什么？

生7：1°角有笔尖儿那么大。

生8：1°角有牙签尖儿那么大。

师：1格是1°，两格是几度？（2°）

生9：2个1°是2°。

师：∠A是几度？（5°）你是怎么知道的？

生10：我看到了∠A的里面有5个1°，5个1°是5°。

师：观察想象一下，∠B里面有多少个1°角？（10个）你是怎么知道的？

生11：我感觉∠B大约有两个∠A那么大，2×5°=10°。

师：非常会思考！将已知的5°角作为标准来测量∠B的大小。看，∠B大约有两个∠A那么大，所以∠B是10°。

师：观察想象一下，∠C里面有多少个10°角？(6个、7个、8个……)

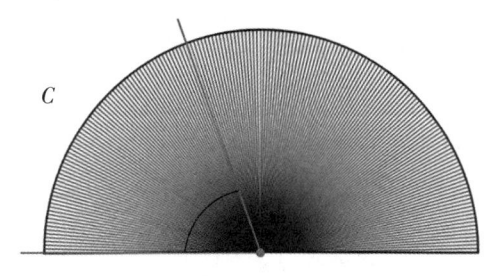

师：我们一起来看看谁估得比较准确。(10°、20°……60°、70°)真棒！

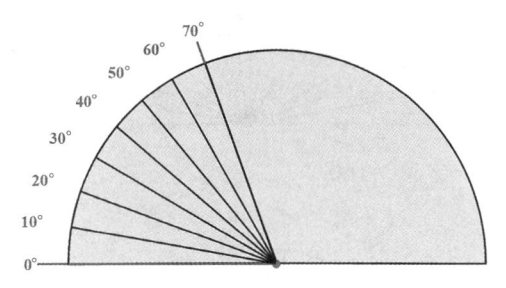

师：刚刚我们已经认识了1°、2°、5°、10°、70°的角，再次观察，记住它们的大小。(学生互动比画，再次感受角的大小。)

[评析]本环节从认识1°角开始，引导学生初步了解度量角的大小就是累加它含有多少个1°角，帮助学生建立2°、5°、10°、70°角的量感。估测∠B的大小时，学生用5°角作为标准，发现2个5°是10°；估测∠C的大小时，学生用10°角作为标准，发现7个10°是70°。这样的估测过程，本质上仍然是1°角的累加。通过对1°、2°、5°、10°、70°角的大小的充分感受，学生透过"度"的表象，感受度量以及累加的思想，形成量感。

【教学片段3】创生工具，在"冲突"中把握度量本质

师：刚刚我们知道了∠C是70°，那∠D是多少度？(继续往下数)

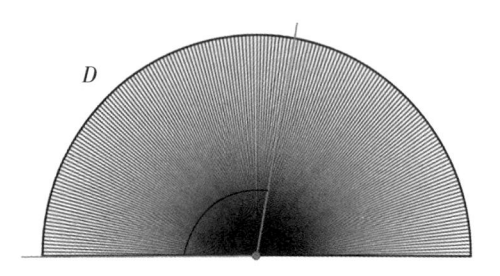

生12：角有点大，不好数。

师：有没有办法可以不数，一眼就看出∠D是多少度？

生13：标上一圈数。

师：怎么标？

生14：从左边开始，依次标注0°、10°、20°、30°……180°。（教师课件动态标数）

师：标了一圈数，现在你知道这个角是多少度了吗？（100°）

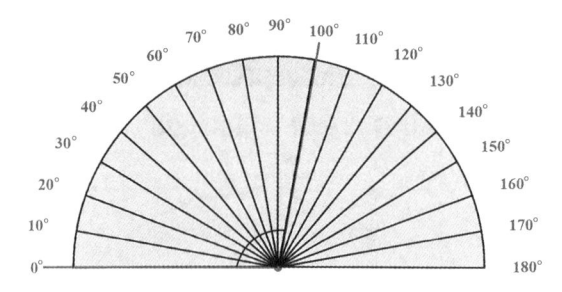

师：那这个角是多少度？（160°）

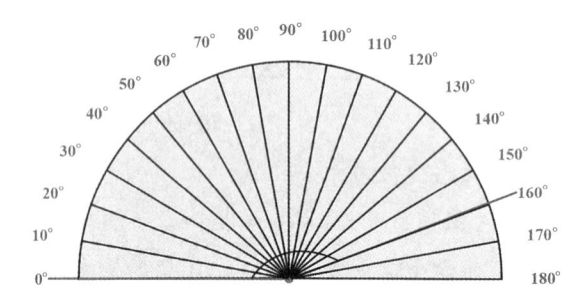

师：回答得真快，说一说你是怎么知道的？

生15：半圆尺上标了一圈数，一看就知道结果。

师：看哪里呢？（教师请一位学生上台讲解）

生16：（边指边说）看，角的一条边对着0°，另一条边与半圆尺上指向160°的刻度线重合，那么这个角的度数就是160°。

师：看来有了这圈数，读角的度数还挺方便的。

师：(出示开口向左的50°角)这个角能量吗？(量不了)怎么改进这个量角器？

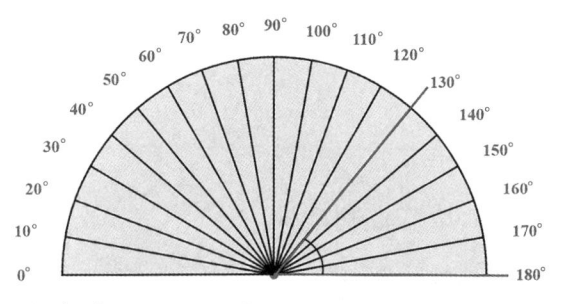

生17：让右端也有0°，不就可以量了吗？

生18：再写一圈数吧！

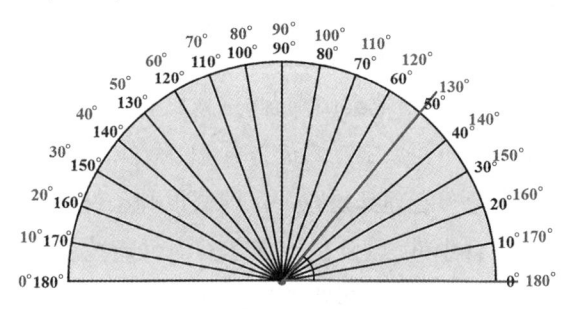

师：是这个意思吗？与刚才的有什么不同？(多了一圈数)现在可以量了吗？

生19：可以，角的一条边对着0°，另一条边与半圆尺上指向50°的刻度线重合，那么这个角的度数就是50°。

师：这个角和刚刚的角有什么不同？为什么还需要加一圈刻度帮忙？

生20：这个角的开口朝向右边，而刚刚的角开口都是朝向左边的。

师：实际测量的过程中，由于角的开口朝向不同，为了方便，我们需要有两圈刻度来帮忙。慢慢地，半圆尺就演变成了量角器。

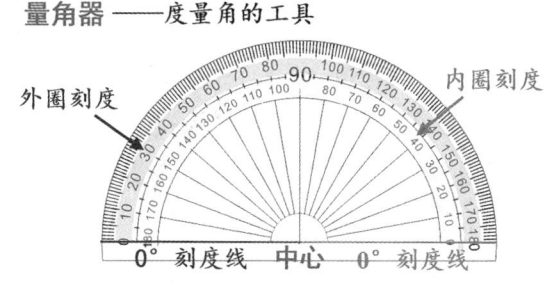

[评析]学生的学习是一个"冲突"不断产生、化解和发展的过程。在本环节中，教师利用半圆尺引导学生量角，学生在测量的过程中感觉到需要刻度帮助

读数，于是有了标刻度的想法。在测量不同开口方向的角的过程中，学生感觉到需要两圈刻度帮助读数，于是有了从左右两个方向标刻度的想法。在这一次次因测量需要产生的冲突中，学生不断地想办法，最终衍生出了量角器这一工具。

二　叩问数学之真，培养批判精神

数学是一门严谨的科学，其真理性不仅体现在公理和定理的精确性上，更体现在逻辑的严密性和应用的广泛性上。叩问数学之真，是一种深入探索数学知识和追求真理的态度。要叩问数学之真，首先需要对数学的基本概念和定理有深入的理解。这需要我们耐心钻研数学教材，理解其推导过程，掌握其应用方法。其次，还需要我们不断地提出问题，挑战已有的数学理论，通过思考和实践来检验其真理性。在叩问数学之真的过程中，我们需要保持怀疑和批判的精神。数学中的许多概念和定理都是在一定的假设和条件下成立的，我们需要思考这些假设和条件的合理性，以及是否存在其他可能性。最后，需要我们关注数学理论在实际中的应用，通过实践来检验其真实性和有效性。此外，叩问数学之真还需要我们具备广阔的视野和深厚的数学素养。数学是一门高度抽象的学科，其内容非常丰富，范围非常广泛，包括代数、几何、分析、概率统计等多个领域。我们需要不断学习和拓展自己的数学知识，了解不同领域之间的联系和交叉点，以便更好地理解数学的本质。

例如，人教版数学四年级下册"三角形的内角和"一课，在实际教学时，当学生量出来三个内角之和不是180°时，有的教师会直接告诉学生"测量有误差"。面对教师这样轻描淡写的回答，学生可能会产生疑问：测量有误差，难道拼、折等操作过程就没有误差吗？如果有误差，怎么能确认拼接起来的就是真正的平角呢？如果不能确认拼出的是平角，那么180°又是如何认定的呢？因此，教师需要重新思考：对于小学生而言，有没有办法从数学的角度来验证三角形的内角和等于180°。基于这样的思考，教师可重新构建"测量—操作—发现—推理—拓展"的认知历程和思考过程，让学习逐步从操作走向推理，从形象走向抽象，培养学生的几何能力，为后续学习"证明"奠定基础。

【示例】人教版数学四年级下册"三角形的内角和"。

【教学片段1】前置任务,目标导学

师:同学们,课前我给大家布置了一个学习任务,大家都完成得不错!现在请把预学单拿出来,在四人小组内交流一下。开始吧!

"三角形的内角和"预学单

班级:_____ 姓名:_____ 号数:_____

量一量,再算出每个三角形的内角和是多少度?

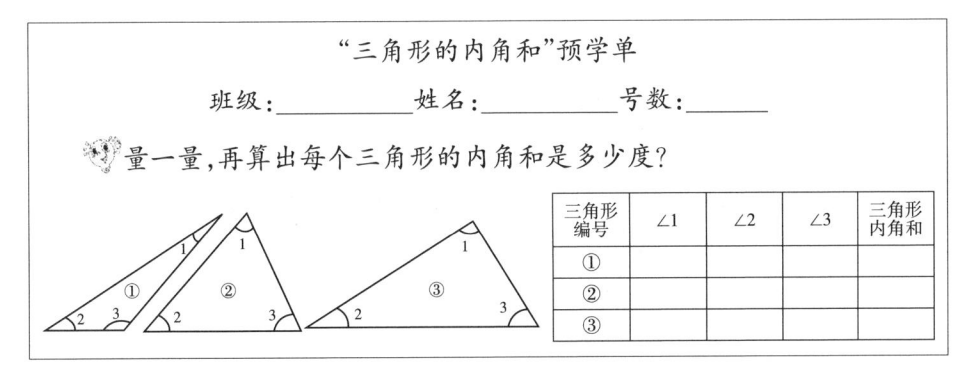

三角形编号	∠1	∠2	∠3	三角形内角和
①				
②				
③				

预设:三个三角形的内角和可能一样大,都是180°;可能出现179°、181°、182°、180°,不都正好等于180°。

师:同学们汇报的时候,老师发现同样一个三角形大家测量出来的结果不一样,通过计算得到的内角和也不一样,这是怎么回事儿?

生1:测量可能出现误差。

师:刚才老师在巡视的时候发现有个别同学没有使用老师提供的三角形,他是怎么想的呢?我们一起来听他说。

生2:我想到了三角板,它也是一个三角形。之前我们已经了解到三角板上每个角的具体度数。通过计算,我发现它们的内角和都是180°。

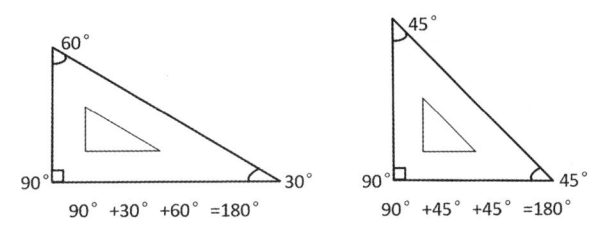

90°+30°+60°=180°   90°+45°+45°=180°

师:你的想法很不错!但这只是三角形中的特例,不能说明所有的三角形的内角和都是180°。除了用量一量的方法外,还有没有其他的方法能够检验三角形的内角和到底是不是180°呢?

[评析]测量是学生探究三角形内角和最基础的方法,也是最直观的能计算出三角形内角和的一种方式。本环节通过前置任务,聚焦问题,引导学生通过测量计算发现这三个三角形(钝角三角形、锐角三角形、直角三角形)的内角和

大约都是180°。但由于测量过程中误差的真实存在,引发学生思考有没有更合理的验证方法,从而培养学生实事求是、诚实严谨的实验态度。

【教学片段2】动手操作,发现规律

师:想一想,还有没有其他的方法能够检验三角形的内角和到底是不是180°呢?

```
"三角形的内角和"助学单
班级:_____  姓名:_____  号数:_____
自主探索,选择其中的1~2个三角形,检验它的内角和是不是180°。
```

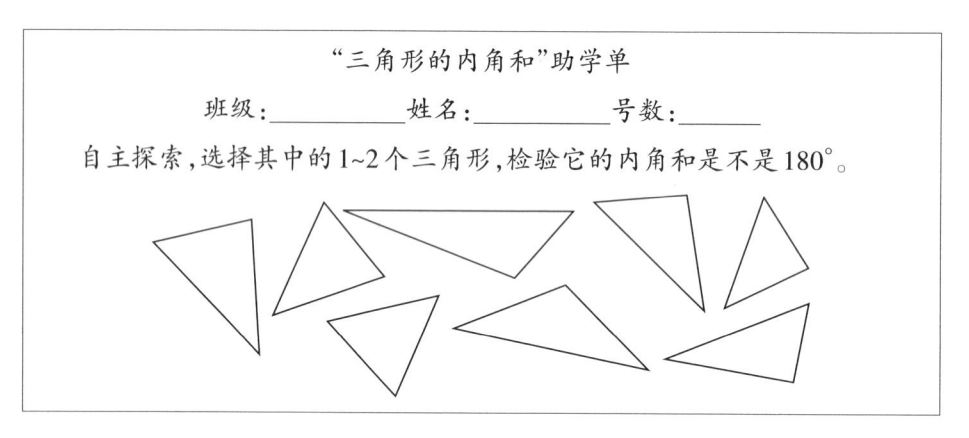

师:你们都想到了什么方法?哪一组上来汇报一下?

1.方法1:拼一拼

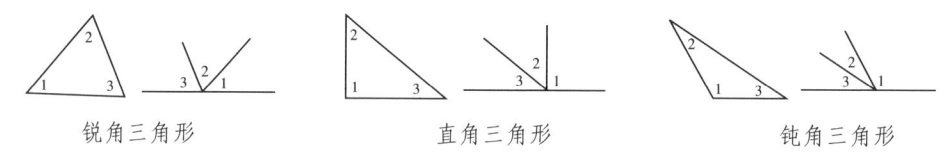

锐角三角形　　　　　直角三角形　　　　　钝角三角形

操作过程:先把三角形的三个内角分别剪下来或者描下来,再拼在一起。

发现:不论是锐角三角形、直角三角形还是钝角三角形,三个内角都可以拼成一个平角,它们的内角和都是180°。

2.方法2:折一折

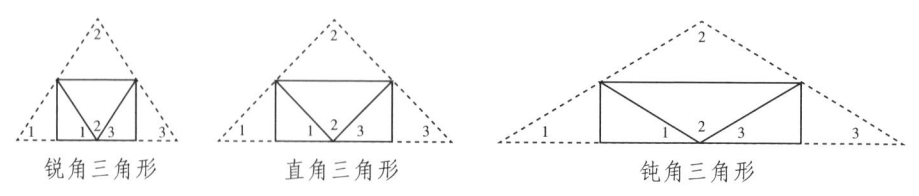

锐角三角形　　　　　直角三角形　　　　　钝角三角形

操作过程:把三角形的三个内角分别折叠,拼在一起。

发现:不论是锐角三角形、直角三角形还是钝角三角形,三个内角都可以拼成一个平角,它们的内角和都是180°。

师:同学们,你们的方法都太棒了!拼一拼、折一折这两种方法与量一量求和法有什么联系?

生3：刚才我们用的这几种方法都属于操作实验。

师：对，只要是操作实验就无法避免一个问题，那就是会产生误差。那么，"三角形的内角和是180°"这一结论到底要怎么确定呢？

[评析]本环节中，学生动手操作，完善了用不同方法验证三角形内角和的过程。在操作过程中误差仍难以避免，这又促使学生思考：还有没有更直观、更科学的方法呢？

3.方法3：想一想

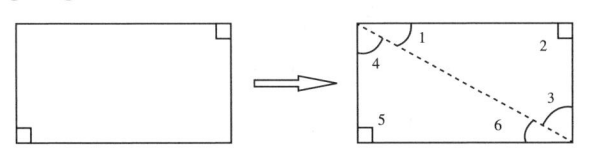

生4：我想到了长方形，长方形有4个直角，它的内角和是90°×4=360°。现在，我们把长方形沿着对角线一分为二，变成两个完全一样的直角三角形，每个三角形的内角和就是360°÷2=180°。

师：顺着这个思路往下想，因为直角三角形的内角和是180°，那锐角三角形和钝角三角形可以通过沿着高剪开的方法推理得出它们的内角和是180°。

锐角三角形　　　　　　　　　钝角三角形

操作过程：沿着锐角三角形或钝角三角形的高将其剪成两个直角三角形。

发现：因为刚刚我们已经证明过任何直角三角形的内角和都是180°，那么两个直角三角形的内角和就是180°×2=360°，再减掉两个直角90°×2=180°，就可以得到任何锐角三角形或钝角三角形的内角和都是180°。

师：同学们，你们真的太棒了！这一种推理的方法在几百年前就被12岁的帕斯卡发现了，而数学家毕达哥拉斯和欧几里得也曾证明过这一结论。借助已知推理出未知，是研究图形时常用的方法。

4.方法4：拉一拉

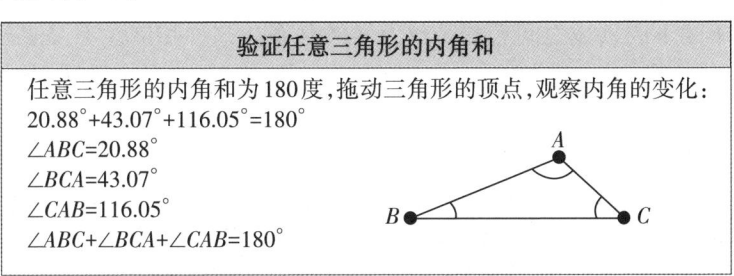

验证任意三角形的内角和
任意三角形的内角和为180度，拖动三角形的顶点，观察内角的变化： 20.88°+43.07°+116.05°=180° ∠ABC=20.88° ∠BCA=43.07° ∠CAB=116.05° ∠ABC+∠BCA+∠CAB=180°

操作过程：借助几何画板，打开一个三角形，电脑会自动计算出这个三角形每个角的度数以及它的内角和。教师拉动任意顶点，学生观察每个角的度数以及它的内角和的变化。(预设：三角形的内角和与三角形的形状、大小都没有关系，任意三角形的内角和就是180°。)

[评析]本环节，教师借助数学工具，揭秘了三角形的内角和是180°的本质，使学生不仅知其然，更知其所以然，培养了学生敢于质疑、勇于探究的求真精神。

【教学片段3】拓展延伸，完善认知

师："三角形的内角和是180°"是欧几里得几何中的一个定理，但有数学家提出，有些情况下三角形的内角和不一定是180°。这到底是怎么回事呢？如果在球面上画一个三角形，它的内角和还是180°吗？如果在马鞍上画一个三角形，它的内角和还是180°吗？[①]（出示相应图片）

师：有兴趣的话，课后你们可以自由组队，也可以和爸爸妈妈一起，通过查阅相关资料的方式展开实践探究。

[评析]本环节通过拓展的方式引入黎曼几何和罗氏几何，打开学生的视野，将学生带到另一个思维层面。

三 挖掘数学之美，培养审美意识

挖掘数学之美是一种欣赏和领悟数学独特魅力的过程。数学之美不仅体现在其精确性和严谨性上，更体现在其简洁、对称、和谐以及深刻揭示自然规律的特质。首先，数学的简洁之美令人赞叹。许多复杂的问题，通过数学的方法，可以被简化为公式或定理。这种简洁性不仅使数学易于理解和应用，更展现了数学思维的独特魅力。其次，数学的对称之美也有其独特之处。从几何图形到代数方程，从数列到函数图像，数学中充满了对称的元素。这种对称性不仅使数学更加美观，也揭示了自然界中许多现象的规律。再次，数学的和谐之美体现在其各个分支之间的紧密联系和相互渗透中。从代数到几何，从分析到概率统计，数学的不同领域之间有着千丝万缕的联系。这种和谐性不仅使数学更加丰富多彩，也为我们提供了更多解决问题的思路和方法。最后，数学之美还体

[①] 孙慧敏.全景式数学视野下"三角形内角和"的教学与思考[J].小学教学研究,2022(12):15-17.

现在其深刻揭示自然规律的能力上。在物理、化学、生物、经济等领域,数学都扮演着至关重要的角色。利用数学模型和方法,我们可以更加深入地了解自然和社会现象的本质和规律,为人类的发展做出更大的贡献。挖掘数学之美,需要我们用心去感受和领悟数学中的每一个细节和元素。我们可以通过了解数学史、欣赏数学艺术作品、参与数学竞赛等方式来培养自己的数学审美能力和兴趣。同时,也需要我们不断地学习和探索新的数学知识,以更好地欣赏和领悟数学之美。

例如,人教版数学六年级上册"数学广角——数与形"一课,其学习内容相对独立,思维性也比较强。教材进行了两个例题的编排:例1是发现图形中隐含着的数的规律,即用"数"来解决"形"的问题;例2是利用图形直观地解释一些比较抽象的数学原理、事实和思想,即用"形"来解决"数"的问题。该课程可分成两个课时进行教学,以下是第一课时的教学示例。

【示例】人教版数学六年级上册"数学广角——数与形"第一课时。

【教学片段1】谈话交流,引出课题

师:同学们,上了将近六年的数学课,你觉得什么是数学呢?

生1:数学来源于生活,又运用于生活。因此,我们可以用所学的数学知识来解决生活中的问题。

生2:数学很美,数学学习可以提高我们的思维能力,让我们变得越来越聪明。

……

师:说得很好!课程标准对于数学的定义是"数学是研究数量关系和空间形式的科学"。数量关系可以简称为"数",空间形式可以简称为"形",所以数学就是研究"数"和"形"的科学。今天我们就一起来学习"数与形"。

【教学片段2】以形助数,探索规律

师:(出示题目)"从1开始的N个连续奇数的和是多少?"这句话是什么意思?

生3:从1开始,也就是第一个数为1。

生4:像1、3、5、7、9这样的数就是连续奇数。

生5:N个的意思是个数不固定,可以是任意个数。

师:相加的数的个数不固定,说明和也不固定。那么我们应该怎么来探究呢?

生6：我们可以从简单的开始研究，如，先研究1+3=(   )、1+3+5=(   )、1+3+5+7=(   )、1+3+5+7+9=(   )……以此类推。

师：那就拿出助学单1，先独立计算，再小组交流，看看你们有什么发现。

"数与形"助学单1

班级：＿＿＿＿＿ 姓名：＿＿＿＿＿ 号数：＿＿＿＿＿

连续奇数个数（N个）	算式	和
1	1	
2	1+3	
3	1+3+5	
4	1+3+5+7	
5	1+3+5+7+9	
6	1+3+5+7+9+11	
7	1+3+5+7+9+11+13	
8	1+3+5+7+9+11+13+15	

师：你发现了什么？

生7：我发现了1+3=4、1+3+5=9、1+3+5+7=16、1+3+5+7+9=25……

生8：1可以写成1×1，也就是1^2；4可以写成2×2，也就是2^2；9可以写成3×3，也就是3^2；16可以写成4×4，也就是4^2；以此类推，N个连续奇数相加的和是N^2。

连续奇数个数（N个）	算式	和	
1	1	1	1^2
2	1+3	4	2^2
3	1+3+5	9	3^2
4	1+3+5+7	16	4^2
5	1+3+5+7+9	25	5^2
6	1+3+5+7+9+11	36	6^2
7	1+3+5+7+9+11+13	49	7^2
8	1+3+5+7+9+11+13+15	64	8^2

师：你能解释其中的道理吗？看来，这道题从数的角度很难解释，那我们不如借助图形来帮助我们理解。小组合作，尝试着用小正方形摆一摆，看看你有什么发现。

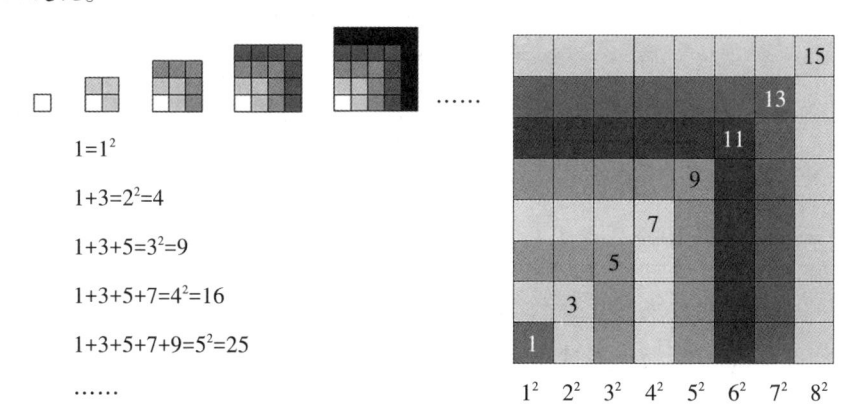

$1=1^2$

$1+3=2^2=4$

$1+3+5=3^2=9$

$1+3+5+7=4^2=16$

$1+3+5+7+9=5^2=25$

……

生9：我发现，算式左边的加数是每个正方形图左下角的小正方形和其他"┐"形图中所包含的小正方形的个数，它们的和正好等于每个正方形图中每列小正方形个数的平方。

生10：从1开始的N个连续奇数相加的和可以摆成一个N行N列的正方形，小正方形的个数就是N的平方。

师：同学们，你们真的太棒了，有一双善于发现规律的眼睛，那你们会运用发现的规律来解决问题吗？动笔试一试吧。

1+3+5+7+9+11+13+15+17=(　　　)

1+3+5+7+9+11+13+15+17+19+21+23=(　　　)

1+3+5+_____=18^2

1+3+5+7+9+11+13+11+9+7+5+3+1=(　　　)

[评析]本环节将算式和图形结合来，学生通过想一想、拼一拼、算一算、议一议，亲历从"数"到"形"的过程，以形助数，让他们直观地发现"数"与"形"之间的关系。

【教学片段3】以数解形，练习提升

师：刚才，我们借助"形"理解了"数"中藏着的规律，领略了"以形助数"的魅力。下面，我们再一起来看看这道题。拿出助学单2，先独立思考，再小组交流，看看你们有什么发现。

> "数与形"助学单2
>
> 班级：＿＿＿＿ 姓名：＿＿＿＿ 号数：＿＿＿
>
> 🔹下面每个图中各有多少个黑色小正方形和多少个灰色小正方形？ 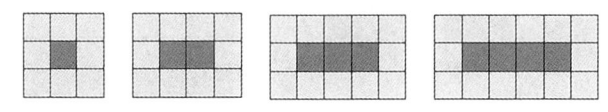
>
> 🔹照这样接着画下去，第6个图形有多少个黑色小正方形和多少个灰色小正方形？第10个图形呢？

师：谁来说说你发现了什么？

生11：灰色小正方形的个数等于整个长方形中所有小正方形个数减去黑色小正方形的个数。

生12：第1列和最后1列不变，两列相加都有6个灰色小正方形。

生13：每增加1个黑色小正方形，灰色小正方形相应增加2个。

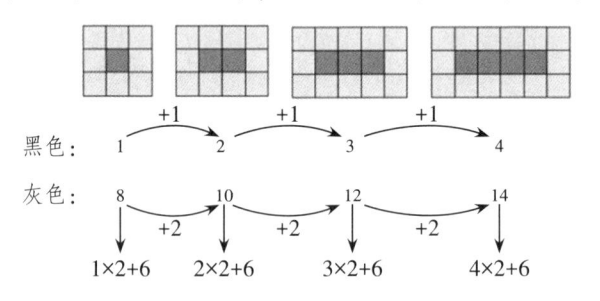

黑色：1 →(+1) 2 →(+1) 3 →(+1) 4
灰色：8 →(+2) 10 →(+2) 12 →(+2) 14
      ↓   ↓   ↓   ↓
   1×2+6   2×2+6   3×2+6   4×2+6

师：你能试着总结一下其中的规律吗？

生14：黑色小正方形的个数=N；灰色小正方形的个数=$2N+6$。

师：照这样接着画下去，第6个图形有多少个黑色小正方形和多少个灰色小正方形？第10个图形呢？谁来说一说。

生15：第6个图形中黑色小正方形有6个，灰色小正方形有18个。

生16：第10个图形中黑色小正方形有10个，灰色小正方形有26个。

师：刚刚有关"形"的问题，我们是借助数的规律来解决的，"以数解形"可以使复杂的问题变得更加简单。

[评析]本环节以数解形，学生通过"议一议"找到灰色小正方形个数的变化规律并用算式表示出来，通过算式计算比接着画下去要更简便，这样可以使复杂的问题变得简单。

【教学片段4】数形结合,深化认知

师:回顾刚才的两个例子,数的规律可以借助图形来理解,而图形的问题可以通过找数的规律来解决,我们把这样的方法叫作"数形结合"。华罗庚曾用这样一段话来描述数和形的关系:"数缺形时少直观,形缺数时难入微。数形结合百般好,隔离分家万事休。"(播放视频,呈现下列数学知识)

1. 正方形数

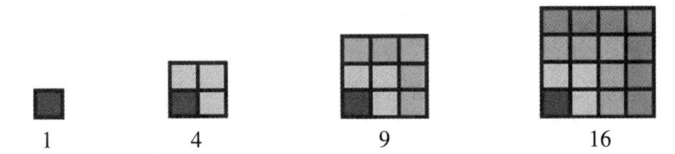

1　　　4　　　9　　　16

正方形数背后隐藏的数量关系是:$1^2, 2^2, 3^2, 4^2 \cdots$

2. 长方形数

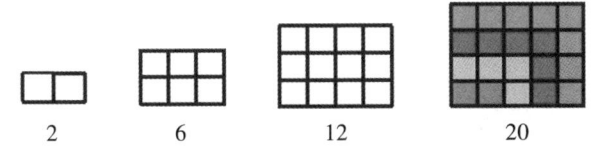

2　　　6　　　12　　　20

长方形数背后隐藏的数量关系是:1×2,2×3,3×4,4×5⋯或者是:2,2+4,2+4+6,2+4+6+8⋯

3. 三角形数

1　　　3　　　6　　　10

三角形数背后隐藏的数量关系是:1,1+2,1+2+3,1+2+3+4⋯

4. 梯形数

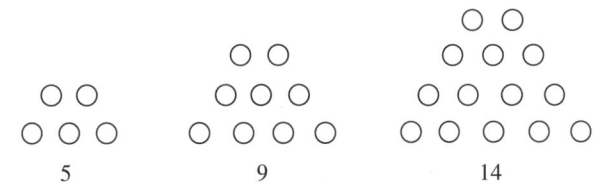

5　　　9　　　14

梯形数背后隐藏的数量关系是:2+3,2+3+4,2+3+4+5⋯

师:数可以用不同形状的图形来表示,图形的背后隐藏着一定的数的规律,我们把这样的数叫形数。形数概念的提出可以追溯至古希腊学者毕达哥拉斯。

师:毕达哥拉斯用1个点表示1,用2个点表示2,2个点可以连成什么?

生17:一条线段。

师:用3个点表示3,3个点可以连成什么?

生18:三角形。

师:用4个点表示4,4个点可以连成什么?

生19:立体图形或四边形。

师:毕达哥拉斯认为世间万物都可以用数来表示,这就是他的"万物皆数"理论。

[评析]本环节从华罗庚的名言入手,通过视频让学生了解"正方形数""长方形数""三角形数""梯形数"等概念,通过找规律巩固"数形结合"思想。在拓展提升部分,教师通过介绍毕达哥拉斯和他的"万物皆数"理论,拓展了学生的课外知识,提高了学生学习数学的兴趣。

第六章

情理共生的小学数学
课堂教学案例

第一节 案例1：直观中感悟，度量中理解——"认识面积"的教学实践与思考

本节旨在通过具体案例，展现"直观中感悟，度量中理解"的教学实践与思考。

【教材内容】

人教版数学三年级下册第五单元"面积"——"认识面积"：P54~P56。

【课前思考】

图形的测量起源于古埃及人对土地面积的测量，他们并没有对面积下精准定义，但却创造出了一套行之有效的测量土地面积的方法甚至公式。可见，面积起源于测量。《辞海》对"面积"的定义为："几何学的基本度量之一。是用以度量平面或曲面上一块区域大小的正数。通常以边长为单位长的正方形的面积为度量单位。"人教版数学教材没有给出"面积"的准确定义，而是用具体的描述来代替的，如："黑板面的大小就是黑板面的面积""数学书封面的大小就是数学书封面的面积"等。这样的处理淡化了面积概念的定义形式，强化了对面积概念本质属性的提炼和理解。

不同文献对面积的定义虽然不完全相同，但从中不难理解面积的内涵：面积是对二维图形所占区域大小的度量结果，通过度量可以对图形进行大小比较；度量的关键是设立单位，度量的操作是测量，其实质就是选择合适的单位、工具、方法测量图形中所包含的单位数。单位可以是"自选单位"，也可以是"标准单位"。为了便于比较，需要使用统一的单位。"面积单位"是用来度量图形大小的"标准单位"。基于以上认识，我们可以更深入地理解教材的编写意图，并在教学中凸显面积单位的度量本质，引导学生在测量过程中产生统一度量单位

的内在需求,从而帮助他们顺利构建"面积单位"的模型。①

认识面积是人教版数学三年级下册第五单元的教学内容。面积的学习是学生空间思维由线及面的延伸,是空间观念从一维向二维的拓展,也是认识三维图形的基础。虽然学生在此之前已经学过长度和长度单位、长方形和正方形的特征,但面积概念的建立对他们而言仍然不是一件简单的事情。学生在日常生活中能感受到面的存在,但对于面积的含义及测量过程认识不足。

因此,在教学时,首先要引导学生真正理解面积概念。第一,要注重面积认识的直观性和层次性。对面积的直观感知包括两步:先认识"面",再认识"面"的大小,即面积。第二,要注重面积概念的全面性。为避免学生误认为只有向上摆放的"面"才有面积和一提到"面积"就只想到长方形、正方形的面积,教师要在教学中引入不同方向的面和不规则图形的面积(包括正面、侧面、曲面等),突出面积概念的本质。第三,要注重引导学生形成面积守恒的观念。皮亚杰认为,守恒是获得数和量概念的重要条件。儿童没有守恒概念就不能真正认识数和量。具有守恒概念就表明他能够抓住事物的本质,对客观事物的认识已经不为物理性质的变化所迷惑。第四,要强化概念的比较辨析。周长是对一维空间(线)的度量,面积是对二维空间(面)的度量。周长与面积大多共同承载于一个图形之中,容易造成学生认知上的混淆。周世军在研究5~13岁儿童对面积概念的掌握与发展时发现,小学生对面积理解的总趋势是:从面积表征与长度表征或周长表征混淆,到最后分化为清楚的面积表征。但是在高年级学习体积时,学生又容易混淆体积表征与该体积的表面积表征。因此,在建立面积概念的初始阶段,教师可以通过概念的对比辨析,既帮助学生区分面积概念与周长概念,又加深他们对面积含义的理解。

其次要引导学生体会度量的意义,形成度量意识。从一维长度的度量到二维面积的度量,是学生认识上的一次飞跃。学好这部分内容有利于学生把握度量的结构,为体积及其他相关内容的学习奠定基础。第一,要引导学生体会面积单位产生的意义。比较面积大小,最直接的方法就是观察。但当两个图形面积差异不大,学生很难通过观察比较得出结果时,可以将两个图形进行重叠比较。但当两个图形的长边和宽边均不相同,也难以获得比较的结果时,学生会

---

① 陈静.强化度量意识 重视培育量感——以"面积单位"的教学为例[J].小学数学教育,2021(6):61-62.

产生寻求新的有效方法(用一种图形作为单位来测量)的需求,从而体会面积单位产生的意义。第二,要带领学生经历确定面积单位的过程。学生在认识长度单位时,经历了用长短不同的物体作为单位来测量物体长度的过程,初步体会了统一长度单位的重要性。教师可以通过设计"选择什么样的图形作为面积单位最合适"这样的探究活动,引导学生感受:就比较图形面积大小而言,通过数圆形或正三角形的个数,同样能获得比较的结果;但由于用圆形、正三角形作面积单位时,不便将所测图形全部铺满,因此不一定能准确测量出一个图形的面积;正方形更易铺满所测图形且四条边一样长,在摆放时不用考虑方向和位置,因此用作面积单位更合适。

【教学目标】

(1)结合实例初步认识面积的含义,知道用正方形作为面积单位进行度量最合适,能用正方形作单位表达简单图形的面积大小。

(2)经历用不同图形度量面积的过程,初步形成度量意识。

(3)体会统一面积单位的必要性,感受用正方形作面积单位的便捷与合理之处。

(4)比较辨析面积的度量和长度的度量,构建数学知识结构,感受数学学习的整体性、一致性和发展性。

【教学重点】

初步认识面积,了解面积的度量和长度的度量之间的联系。

【教学难点】

知道用正方形作为面积单位进行度量最合适。

【教学准备】

14台平板电脑(内装小程序)、小正方形、板书等。

【教学流程】

1.谈话中导入,连接学生经验

(1)直接引题:今天这节课,我们将一起来认识面积。(板书课题)

(2)对话交流:你听说过面积吗? 在哪儿听说过?

预设:我在爸爸妈妈买房子的时候听说过面积;我在学校的平面图上看到过面积;我在新闻联播中听过祖国领土的面积……

(3)启发提问:你想知道关于面积的哪些问题?

预设:面积长什么样? 学习面积有什么用? 怎样才能准确知道面积的大

小?……(板书:是什么?为什么?怎么量?)

[设计意图]本环节,首先通过师生谈话,连接学生对面积概念已有的生活经验,消除学生对面积的陌生感,激发学生的学习兴趣。接着,通过教师的启发提问,学生结合已有的学习经验聚焦"面积"提出自己想了解的问题,教学效果好。

2.直观中感悟,了解面积表象

(1)介绍面积的由来:在古代埃及,尼罗河水每年都会泛滥一次,洪水带来了肥沃的淤泥,但也抹掉了田地之间的界限标志。水退后,人们要重新划出田地的界限,就必须丈量和计算田地的面积,于是逐渐有了面积的概念。

(2)感受面:摸一摸,这块田地的面在哪儿?

预设:可能出现学生摸到周长的情况。

师:刚刚这位同学摸的是这块田地的边界线,线的长短就是线的长度(板书:线的长短就是线的长度)

师:那这块田地的面在哪儿?谁上来摸一摸……他摸对了吗?有什么可以提醒他的?(生:用手掌摸……)对了,摸的时候可以用手掌来摸,而且每个地方都要摸到,一个地方都不能少。你提醒得太到位了,表扬你!伸出你的手掌,一起来摸一摸。(全班同学一起伸出手掌摸一摸)

摸一摸:这块田地的面在哪儿?

(3)感受面的大小:看,这里又划出了一块田地。比一比,哪块田地的面大?哪块田地的面小?看来,面是有大小之分的。田地面的大小就是田地面的面积。

比一比:哪块田地的面大?哪块田地的面小?

田地面的大小就是田地面的面积。

(4)拓展认识其他的面和它的面积:找一找、摸一摸身边物体的面,并说一说什么是它的面积。

预设1:课桌面的大小就是课桌面的面积;数学书封面的大小就是数学书封面的面积……

预设2:以数学书为例,数学书的封面比它侧面的面积大……

师:生活中面积无处不在。我们这个教室里,有桌面面积、钟面面积、黑板面积、屏幕面积、舞台面积。走出这个教室,外面还有操场面积、学校土地面积、城市占地面积等。

师:看,老师这儿有一个皮球,这个面和刚才摸的那些面有什么不同?(曲面)曲面有面积吗?(曲面的大小就是它的面积)

(5)总结面积的概念:不管物体上的面是平面还是曲面,面的大小就是它的面积。(板书:面的大小就是它的面积)

[设计意图]从古埃及尼罗河泛滥情境出发,学生一方面从历史文化的角度了解面积的由来,另一方面从动手操作的角度感受面积的概念,很好地达成了寓"情"入"境"的效果。

3.度量中理解,体会统一标准

(1)想一想:老师这儿有两个长方形,想知道哪个图形的面积大,咱们可以怎么做?说说你的想法。

想一想:哪个图形的面积大?

1号　　　　2号

预设:观察、重叠,学生尝试之后发现直接比较大小有困难。

学生提出是否可以借助工具,如利用小图形,摆一摆、数一数。

师:也就是说,我们要先确定一个标准,然后用这个标准摆一摆、数一数,这样我们就可以知道哪个图形的面积大,哪个图形面积小。(板书:定标准—去度量—得结果)

(2)做一做:老师给大家准备了一些小图形,分别有圆形、正方形、正三角形。请看合作要求,轻声读一读。谁来告诉大家,我们应该怎么做?(先商定标准,然后摆一摆、数一数)要求都听明白了吗?好的,咱们比一比哪个小组完成得又快又好,开始吧。(使用平板电脑的小程序进行操作)

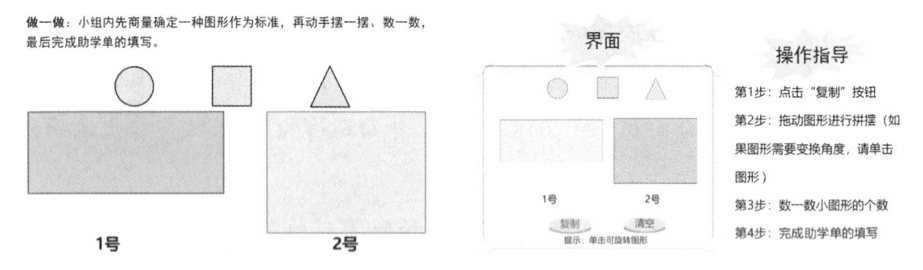

师:哪个小组上台汇报一下你们小组的想法。

如:我们小组是这么想的"我们选择把_____图形作为标准,1号长方形里摆了(　　)个,2号长方形里摆了(　　)个。我们发现(　　)号长方形的面积大"。

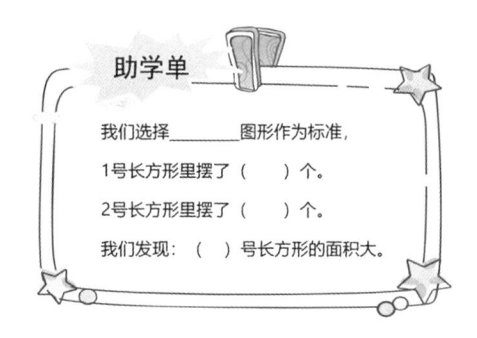

(3)议一议:选择哪种图形作为标准来度量是最合适的?为什么?

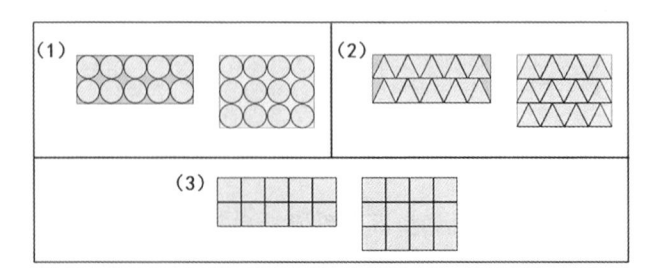

预设1:不管选择圆形、正三角形或正方形作为标准,都可以通过摆一摆、数一数,比较得出2号长方形的面积比1号长方形的面积大。但如果两个长方形选择不一样的图形作为度量标准,就没办法得出比较结果了。因此,统一标准是非常必要的。

预设2:如果要准确描述出两个长方形面积的大小,选择正方形作为度量标准最合适。理由:选择圆形或三角形作为度量标准,会有漏洞、缝隙,度量出来的结果不够准确;用正方形作为度量标准时,它的四条边一样长,拼摆起来更方便。

师:其实,正方形不光有你们说的这些优势。看,这里有一个长方形(图1),选择这么大的正方形进行测量,显然不合适,怎么办呢? 我们可以把正方形变小之后再进行测量。瞧,摆满了。如果遇到这样的情况(图2),怎么办呢? 我们再把正方形变小。看,又摆满了。如果遇到这样的情况呢(图3)? 继续变小……同学们,你们觉得神奇吗? 看来,我们在测量各种形状的面积时,用正方形作为标准,有着得天独厚的优势。所以,正方形就是数学上规定的度量面积的单位。

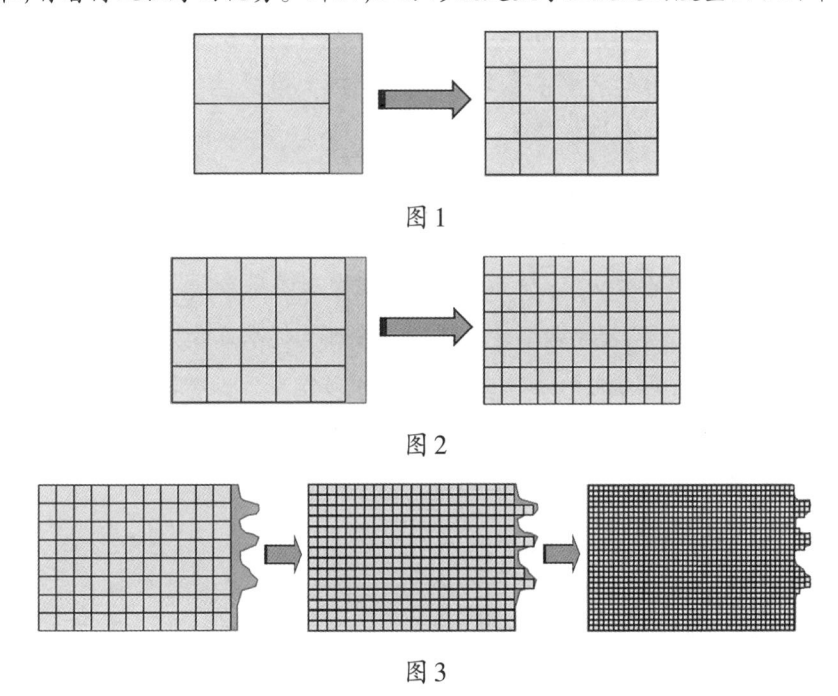

图1

图2

图3

(4)辩一辩:下面我们就用正方形作为面积单位进行测量吧。

方方说:"我的长方形的面积有6个正方形那么大。"淘淘说:"我的长方形的面积有4个正方形那么大。"哪个长方形的面积大? 请说明理由。

辩一辩：哪个长方形面积大？请说明理由。　　　　辩一辩：哪个长方形面积大？请说明理由。

我的长方形的面积有6个正方形那么大。——方方
我的长方形的面积有4个正方形那么大。——淘淘
我的长方形的面积有6个正方形那么大。——方方
我的长方形的面积有4个正方形那么大。——淘淘

预设1：方方的长方形有6个正方形那么大，淘淘的长方形有4个正方形那么大，方方的长方形的面积大。

预设2：虽然方方的长方形有6个正方形那么大，淘淘的长方形有4个正方形那么大，但是题目没有说清楚他们使用的正方形是不是一样大的正方形，所以无法判断谁的面积大。

预设3：比较面积大小的时候，要选择一样大的正方形作为标准。

师：看来，定标准的环节太重要了，除了要统一图形，还要统一大小，也就是要用统一的面积单位来进行度量。[板书：统一标准（单位）]

[设计意图]本环节中，教师首先以"选择哪种图形作为标准来进行度量是最合适的"为核心问题，引导学生利用小程序进行操作，感受"如果要准确描述出两个长方形面积的大小，选择正方形作为度量标准最合适"。紧接着，教师再次引导学生提出疑问"为什么选择正方形作为度量标准最合适"，并利用多媒体引导学生感受随着正方形的无限变小，用正方形作为面积单位测量各种形状的面积时有着得天独厚的优势。这样的设计，让学生在说理表达的过程中达成以"理"怡"情"的效果。

4.对比中强化，内化面积概念

(1)在思考和追问中感受面积度量的本质：面积的度量过程和长度的度量过程，有没有共通之处？

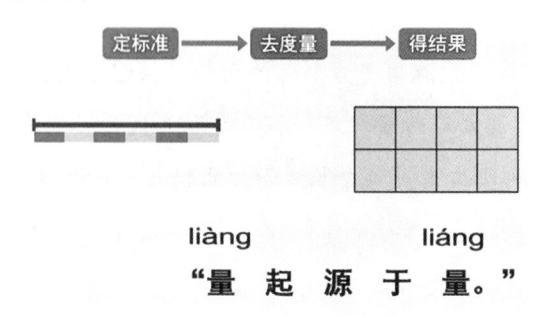

定标准 → 去度量 → 得结果

liàng　　　　liáng
"量 起 源 于 量。"

[视频配音]同学们,让我们静下心来想一想:面积的度量过程和长度的度量过程,有没有共通之处呢?看,这是一条线段,在度量线段的长度时,如果我们选择这样的一根小棒作为长度标准,线段的长度内可以摆放6根小棒,我们就可以说"线段的长度有6根小棒那么长"。瞧,这是一个长方形,在度量长方形的面积时,如果我们选择这样的一个小正方形作为面积标准,长方形内可以摆满8个小正方形,我们就可以说"长方形的面积有8个小正方形那么大"。当然,我们还可以选择其他的标准进行度量,标准不同,度量的结果也可能不相同。但是,不管是长度的度量还是面积的度量,它们都要经历"定标准、去度量、得结果"这样的过程,我国著名数学家华罗庚所说的"量起源于量"就是这个意思。同学们,你们听明白了吗?

(2)在想象和估测中体会面积的量感。

师:看,老师手里有一个正方形(1平方分米),它的面积有多大呢?盯住它,好好看一看,把它的大小记在脑海中,伸出你的手比画一下。你比画正确了吗?让老师来比比看,再调整一下,哇,你的感觉真好!太棒了……如果给你这样的6个正方形,你可以摆出什么样的图形?用语言描述出来,同学们跟着想象,是这样的吗?还有不一样的吗?(根据学生的回答出示课件内容)

想一想:这些图形的面积一样大吗?为什么?

师:它们摆的形状一样吗?它们的面积一样大吗?为什么?(一样大,因为它们都包含6个小正方形,它们的面积都是6个小正方形面积的总和)同学们,你们太棒了!不仅会想象,还会表达。

师:再想象一下,如果有100个这样的小正方形拼摆成一个大正方形,它的面积有多大?伸出手比画一下。[打开红色纸张(1平方米)粘贴在墙上]

师:大家感觉一下它的大小。大吗?如果我们用这个大正方形作为单位,你知道咱们现在所在的这个教室面积有几个这样的单位吗?估一估。(出示课件:约50个)现在还是用这个大正方形作为单位,你知道咱们现在所在的学校面积有几个这样的单位吗?(出示课件:约4万个)那整个福建省呢?(出示课件:

约1 240亿个)看着这些数字,你想说什么?(学生自由回答)

约1 240亿个 福建省

约40 000个 学校

约50个 教室

师:现在,我们把福建省按照一定的比例缩小再缩小,然后绘制出地图。你能找到福建省所在的位置吗?对,这里就是福建省。这是哪儿?(新疆维吾尔自治区)这是哪儿?(云南省)比一比这三个省份的面积,你想说什么?(新疆的面积比云南大,云南的面积比福建大,福建的面积最小,新疆的面积最大……)

师:如果以福建省的面积作为单位,中国的领土面积大约有几个福建省那么大?(……)中国的领土面积大约有77个福建省那么大,居世界第三。此时,你想说什么或者你想问什么?(……)是的,中国的领土面积是960万平方千米。这就是美丽的中国,地大物博、幅员辽阔,中国领土神圣而不可分割。作为一名中国人,我很自豪!作为一名中国人,你们(也很自豪)!

[设计意图]本环节中,教师首先引导学生带着问题"面积的度量过程和长度的度量过程有没有共通之处"观看视频,结构化地理解"不管是长度的度量还是面积的度量都要经历定标准、去度量、得结果的过程",这也是我国著名数学家华罗庚所说的"量起源于量"。其次,教师引导学生在不断地想象和估测中感受:标准不同,度量的结果也可能不相同。最后,教师引导学生观察中国地图,在中国领土面积大小的描述中,一方面让学生感受中国地大物博、幅员辽阔,另一方面进行中国领土神圣而不可分割的爱国主义教育,达成"情""理"共生的教学效果。

5.总结中升华,拓展知识

(1)总结。

师:学到这儿,让我们端正坐姿,对照课前你们提出的这些问题,想一想我们解决了吗?(是什么?——面的大小就是它的面积;为什么——因为生活中有丈量和计算面积的需要;怎么量——定标准、去度量、得结果)此刻,你有没有产生什么新的问题?(面积单位是什么?长方形、正方形的面积应该如何计算?……)

(2)升华。

师:计量长度时,用含有刻度的尺子去测量,尺子上的刻度实际上就是测量用的标准。先定下标准,然后去测量,就能知道实际长度了。计量时间时,每一个时间单位,其实也是标准,用时间标准去测量,最后得出结果。计量质量时,我们也需要先确定质量的标准,再进行测量,最后得到物体的质量。这样一比较,你有什么发现吗?(知识之间是相通的,而且测量过程是一样的)在数学上,我们把它们都叫作计量。所有的计量,都是通过"定标准→去度量→得结果"这几个步骤完成的,它们在本质上是相通的。所以,看起来我们学习了很多内容,实际上(学得很少),因为它们之间(都是相通的,都是有联系的)。

(3)拓展:点动成线,线动成面,面动成体。

师:以前,我们用这样的方法学习了长度、质量、时间的度量;今天,我们还是用这样的方法研究了面积的度量;将来,我们是不是还可以用同样的方法去探索体积的相关知识呢?眼中有数学,心中有方法,脚下就会有力量!让我们一起加油吧!今天这节课我们就上到这儿,下课!

[设计意图]本环节中,教师首先引导学生回想课前提出的问题在本节课的学习中是否得以解决。当学生发现所有的问题在课堂探究和应用中都得到了很好的解决,那一刻学生情绪饱满,成就感十足。然而,教师并没有就此结束教学,而是趁机追问"此刻,你有没有产生什么新的问题?"将学习的"触角"伸向了更远处,如"面积单位是什么?""长方形、正方形的面积应该如何计算?"等,为后续的学习做好了铺垫。

【板书设计】

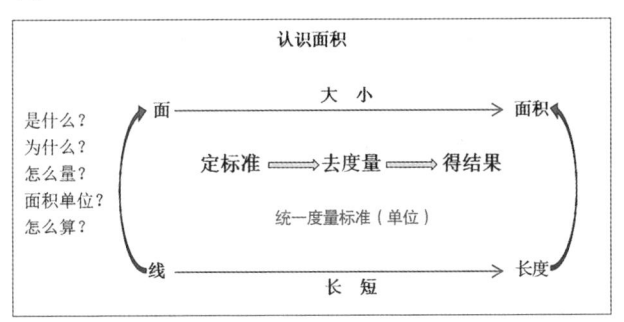

【课后总结】

"认识面积"这节课,教师大胆创新,从大单元教学的视角出发,以度量这个大概念进行整体教学设计,实现了知识结构化与教学生动化的深度融合,呈现了一节情理共生的小学数学课堂。

1.融情入理，润物无声

（1）在谈话中生情：当教师满怀期待地提出问题"你听说过面积吗？在哪儿听说过？"学生结合自己的生活经验，回答"我在爸爸妈妈买房子的时候听说过面积；我在学校的平面图上看到过面积；我在新闻联播中听说过祖国领土的面积……"基于这样的认知经验，启发学生"你想知道关于面积的哪些问题？"此刻，学生提出"面积长什么样？学习面积有什么用？怎样才能准确知道面积的大小？……"这样一系列的问题。简短的谈话，引发了学生学习本节课的热情和期待，也奠定了本节课学习的总体思路。

（2）在直观中生情：在选择什么图形作为标准进行测量的环节中，学生通过拼摆初步感受到统一标准的必要性。此时，教师要进一步引导学生感受用正方形作为标准进行测量是最合适的。如果采用直接告诉的方式，显然打动不了学生。于是，教师通过课件直观演示，当一个图形选择较大的正方形进行测量时，如果出现没办法直接铺满的情况，我们可以把正方形变小后再进行测量。如果还是不能铺满，那就再把正方形变小，直至铺满。当遇到不规则的图形时，我们同样可以用这样的方式进行操作。当一张张动态课件展现在学生面前，他们发出了一声声赞叹，也充分感受到用正方形作为标准进行测量有着得天独厚的优势。

（3）在估测中生情：第一轮，从感受1平方分米的小正方形这个面积单位的大小入手，到感受用6个这样的小正方形摆成任意形状的图形大小（感受面积的守恒），再到以1平方分米的小正方形为单位估测100个这样的面积单位有多大，教师引导学生先比画，再出示实物，让学生感受100平方分米（1平方米）的大正方形的大小。第二轮，从感受1平方米的大正方形这个面积单位的大小入手，估测教室、学校、福建省有几个这样的面积单位。当约50个、约4万个、约1 240亿个这几个数据出现在学生眼前的时候，他们惊呆了，纷纷感叹"福建省的占地面积真的太大了"。第三轮，当教师把福建省按照一定的比例缩小后绘制成地图，学生感受到因比例缩小带来的视觉冲击。此时，教师引导学生以地图上福建省的面积为单位，估测中国的领土面积大约有几个福建省那么大时，由于有了前面的估测经验和地图的直观呈现，学生估测的结果还是比较接近正确答案的。在三轮估测活动中，教师不断变换标准，不断引导估测，不断让学生感受面积大小，最终学生的情绪达到了本节课的最高峰。

2. 以理怡情,把握本质

(1)在感受中明理:借助"田地"这一载体,通过摸一摸,让学生感受"田地"的面和面的大小。再拓展认识其他的面和它的面积:引导学生找一找、摸一摸身边物体的面,并说一说什么是它的面积。学生感受到面积无处不在。教师还举例介绍了不同方向的面和不规则图形的面积(包括正面、侧面、曲面等),突出了面积概念的本质。这一教学环节,既保证了认识面积的直观性和层次性,还兼顾了面积概念的全面性,让学生初步了解面积的表象。

(2)在操作中明理:围绕"哪个图形的面积大?"这个核心问题,设置"小组内先商量确定一种图形作为度量标准,再动手摆一摆、数一数,最后完成助学单的填写"的学习任务,采用平板电脑的小程序进行操作,依托助学单语言支架展开汇报,学生明白了度量的流程,即"定标准→去度量→得结果",也明白了选择正方形作为度量标准的道理。

(3)在辨析中明理:当学生经历了摆一摆、说一说,明确了"用正方形作为度量标准最合适"后,教师设置了"方方的长方形有6个正方形那么大,淘淘的长方形有4个正方形那么大,谁的面积大?请说明理由"这一问题情境,学生的话匣子一下子都打开了,他们滔滔不绝,据理力争,最终达成"定标准的环节太重要了,除了要统一图形,还要统一大小,也就是要用统一的面积单位进行度量"的共识,深刻体会到统一标准(单位)的重要性。

(4)在关联中明理:教师通过两次追问,一问"面积的度量过程和长度的度量过程,有没有共通之处呢?"二问"通过比较计量长度、计量时间、计量质量的步骤,你有什么发现吗?"让学生在大脑中把面积、长度、质量、时间的计量关联起来,发现它们都是通过"定标准→去度量→得结果"这几个步骤去完成计量的,它们在本质上是相通的。让学生体会到度量(计量)的意义和价值所在。此时,教师发出了第三问:"以前,我们用这样的方法学习了长度、质量、时间的度量;今天,我们还是用这样的方法研究了面积的度量;将来,我们是不是还可以用同样的方法去探索体积的相关知识呢?"前两问,教师引导学生"回头看",而第三问教师引导学生"向前看",让学生的思维不断处于具象与抽象、零散与归纳、横向与纵向的交替变换之中,从而形成有效的认知结构。

综上所述,这就是情理共生、教学相长的生态课堂,是我们追求的课堂教学的本色。

第二节 案例2：经历探究过程，促进知识建构——"长方形、正方形面积的计算"的教学实践与思考

本节旨在通过具体案例，展示"经历探究过程，促进知识建构"的教学实践与思考。

【教材内容】

人教版数学三年级下册第五单元"面积"——"长方形、正方形面积的计算"：P60~P61。

【课前思考】

"长方形、正方形面积的计算"是图形与几何领域的学习内容，它适用于以数学实验的方式展开探究活动，让学生经历面积计算公式的推导过程。本节课是学生第一次接触和学习平面图形的面积计算，是在学生已经认识了四边形，掌握了长方形和正方形的特征，会计算长方形和正方形的周长，知道了面积和面积单位的基础上进行教学的。这节课是平面图形面积计算公式推导的起始课，是"种子课"。学好了这节课，学生的数学思维会有质的飞跃，能让学生形成平面图形面积计算推导的认知结构，为后续学习平行四边形、三角形、梯形、圆等面积计算公式的推导，积累良好的、可迁移的研究方法，便于学生自主、独立地展开学习活动。

本节课要强调学生的自主探究，使学生在"实验→猜测→验证→建模→应用"的过程中，逐步归纳出长方形、正方形的面积计算公式，并能运用公式正确计算长方形、正方形的面积，解决生活中的实际问题。因此，教师要创设适宜的问题情境，使学生在学习任务的驱动下，通过合作学习、动手操作解决"为什么要求长方形的面积只要用长乘宽就可以了"这一核心问题，并在掌握长方形面积计算公式的基础上通过观察思考、迁移推测得到正方形面积的计算公式。

课前,我们在一个班里做了调查,知道用"长×宽"的方法计算长方形面积的学生约占45%。但在"为什么可以这么计算"的问题上,几乎没有学生能够说清楚。皮亚杰把这种长度乘以宽度求面积的能力划分为智慧水平或"运算"水平,这个发展水平一般要到十一岁或十二岁才出现。因此,要让三年级的学生真正理解长方形的面积公式并非易事。教师在实际教学中应做好以下三方面工作:一是要让学生经历用面积单位度量长方形面积的过程;二是要让学生找到长方形的长、宽与每行面积单位个数和行数之间的对应关系;三是要适时进行长方形面积公式的抽象概括,避免让学生过早进入形式化计算阶段。

【教学目标】

(1)经历探究长方形面积计算公式的形成过程,理解并掌握长方形、正方形的面积计算公式,会应用公式正确计算长方形、正方形的面积。

(2)在探究活动中掌握"实验→猜测→验证→建模→应用"的数学学习方法,发展动手操作、归纳概括以及迁移类推的能力。

(3)在解决简单实际问题的过程中感受数学与生活的密切联系,体验数学学习的乐趣,生成热爱生活、热爱数学的情感。

【教学重点】

理解并掌握长方形、正方形的面积计算公式,会运用公式正确计算长方形、正方形的面积。

【教学难点】

长方形面积计算公式的形成过程。

【教学准备】

自制PPT课件、①号学习袋("好书推荐"实物卡片、16个边长为1分米的小正方形)、②号学习袋(自主探究记录表、12个边长为1厘米的小正方形)、学生答题纸等。

【教学流程】

1.创设情境,激活经验

(1)情境引入:第三届校园读书节主题活动正热火朝天地开展着。瞧,这就是走廊墙上的"好书推荐",它是一个长方形。(展示实物卡片)

(2)估测面积:请你估一估这个长方形的面积大约是多少?

(3)引发思考:要想知道它的准确面积是多少,你有什么办法?(用较小的面积单位摆一摆、数一数)

(4)激活经验:我们学过了哪些面积单位?(平方厘米、平方分米、平方米)你能说一说或用手势比一比1平方厘米、1平方分米、1平方米分别有多大吗?

[设计意图]从学生熟悉的生活情境入手,让学生用已有的知识经验对"好书推荐"实物卡片进行估测,不仅培养了学生的估测意识,还发展了学生的空间观念。学生在估测的基础上,能主动回顾"用较小的面积单位摆一摆、数一数"这一方法,从而知道这张实物卡片的准确面积。

2.实践操作,引出猜想

(1)小组合作:用边长为1分米的小正方形摆一摆、数一数。

(2)交流反馈:

预设:

方法①:摆满。

A:先摆满,再数出小正方形的总个数。

一共摆了15个小正方形。

适时引导:你是怎么数的?有没有更好的数法?

B:先摆满,再数出每行摆了几个,摆了几行。

每行摆了5个,摆了3行。
一共摆了5×3=15(个)。

教师小结:这两种摆法都是要把这个长方形摆满,但是方法B的"用乘法计算"比方法A的"一一计数"更简便。

方法②:不用摆满。

先沿着长方形的长边和宽边摆,再通过想象铺满时的样子得到长方形的面积。

适时引导:在没有摆满的情况下,你能说说每行摆了几个,摆了几行吗?

> 沿着长边摆了5个,沿着宽边摆了3个。
> 也就是每行摆了5个,摆了3行。
> 如果铺满,则需要5×3=15(个)。

适时引导:你能说说这个长方形的长和宽分别是多少吗?为什么?(辅以课件演示)

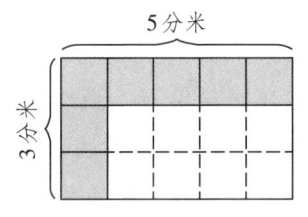

> 沿着长摆满5个,5个1分米是5分米;
> 沿着宽摆满3个,3个1分米是3分米。

(3)对比优化:比较方法①和方法②,哪种方法好?为什么?(方法②好,省时省力)

(4)实验小结:在实验中,我们发现"长方形中每行摆了几个,它的长就是几;摆了几行,它的宽就是几;小正方形的面积总和就是这个长方形的面积"。

```
    长            宽            面积
    ↓             ↓             ↓
每行摆满的个数    摆了几行        总个数
```

[设计意图]在学生利用较小的面积单位进行测量的基础上,教师对学生的拼摆方法进行指导和评价,让学生在交流互动中优化算法,发现用乘法计算比一一计数更简便。教师在课件演示中引导学生转化迁移,将每行摆满的个数与长、摆了几行与宽、小正方形的面积总和(总个数)与这个长方形的面积联系起来,有效地突破了学生的认知难点。

(5)揭示课题:

师:学校有一个很大的长方形操场,我们要想知道它的面积,如果也像这样用较小的面积单位一个一个地量,你觉得如何?(麻烦且得不到准确结果)看来,我们有必要探寻一种简单方便的计算长方形面积的方法。(板书课题:长方形面积的计算)

[设计意图]引导学生想象用较小的面积单位去测量长方形操场这一方法所带来的不便,从而引出探寻长方形面积计算公式的必要性,进而推进课堂教学。

(6)引发猜想:

师:通过刚才的交流,你发现长方形的面积与什么有关系?长方形的面积可以怎样来计算?

```
长         ×      宽      =      面积
↓                 ↓              ↓
每行摆满的个数  ×  摆了几行  =   面积总和
```

(7)提出疑问:是不是所有长方形的面积都可以用"长×宽"来计算呢?

[设计意图]这一环节的设计尊重数学的严谨性和科学性,给学生提供了进一步探究的空间。学生从实验中得到"长方形的面积与长和宽有关系,长方形的面积等于长乘宽"。但,这仅仅是一个猜想,有必要通过再验证来说明问题。

3. 自主探究,建构模型

(1)导学提纲:

①以小组为单位,任取几个边长为1厘米的小正方形,拼成三个形状不同的长方形。边操作,边填表。
②仔细观察记录表,你发现了什么?
③试着用比较规范的数学语言表达实验过程和结论。

(2)小组合作:四人小组内分工合作,有的拼摆、有的观察、有的记录。

(3)交流反馈:投影仪下展示学生的作品,引导学生说说自己是怎么摆的,摆出来的长方形长是多少,宽是多少,面积是多少。

预设:

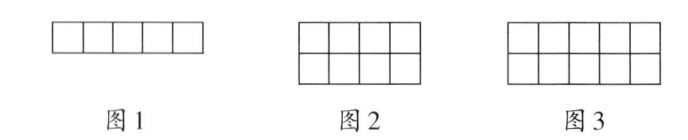

图1   图2   图3

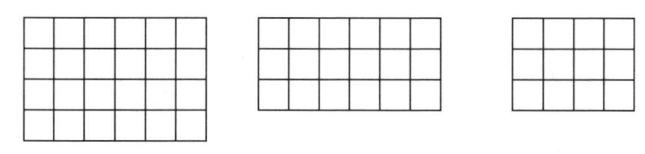

| 图4 | 图5 | 图6 |

长方形	每行摆的个数	摆了几行	总个数
	长/厘米	宽/厘米	面积/平方厘米
图1	5	1	5
图2	4	2	8
图3	5	2	10
图4	6	4	24
图5	6	3	18
图6	4	3	12

(4)观察思考:仔细观察表格中的数据,你发现了什么?

(5)建构模型:"长方形的面积=长×宽"。

[设计意图]本环节中,学生在导学提纲的指引下亲身经历、体验知识的形成过程,自主探究的欲望十分强烈。学生通过小组合作、动手操作、观察思考、归纳总结得出长方形的面积计算公式。

(6)数学文化:

> 我国古代重要的数学著作《九章算术》很早就提出了"方田术曰:广从步数相乘得积步。""方田"指长方形的田,"广"指长方形的长,"从"(即纵)指长方形的宽,所以长方形的面积等于长乘宽。

[设计意图]本环节巧妙地把数学文化与学习结论有机融合在一起,使学生获得积极的情感体验。

4.直观演示,促进迁移

(1)引发思考:正方形的面积与什么有关? 正方形的面积可以怎样来计算? (补充课题:长方形、正方形面积的计算)

(2)直观演示:通过课件直观演示,把长方形的一条长边缩短、再缩短,直至长边与宽边一样长。(1个小方格的面积是1平方厘米)

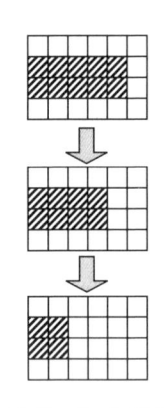

长5厘米　宽2厘米
面积是：5×2=10（平方厘米）

长4厘米　宽2厘米
面积是：4×2=8（平方厘米）

长2厘米　宽2厘米
面积是：2×2=4（平方厘米）

(3)促进迁移：你发现了什么？（当长方形的长跟宽相等的时候，长方形就变成了正方形；正方形的面积计算方法与长方形一样）

[设计意图]本环节中，教师恰当地利用多媒体课件直观演示把一个长方形通过缩短长边逐渐变成一个正方形的全过程，有效地帮助学生理解"正方形是特殊的长与宽相等的长方形，正方形的面积计算方法与长方形一样"，进而为正方形面积计算公式的推导埋下了伏笔，发展了学生的空间观念。

(4)再构模型：因为正方形是特殊的长与宽相等的长方形，所以，正方形的面积等于边长乘边长。

5．应用模型，提升思维

(1)细心计算我能行。（求出下列各图形的面积）

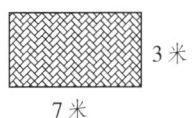

7米×3米　　10厘米×10厘米　　4分米×5分米

(2)认真解答我最棒。（估一估、量一量、算一算这张书签的面积）

(3)走进生活显身手。

①一张办公桌的桌面是长方形。要配上同样大小的玻璃，这块玻璃的面积是多少平方分米？

9分米

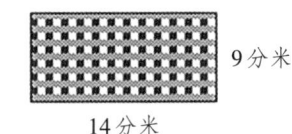

14分米

②学校篮球场的面积是420平方米,它的长是28米。那么,你知道它的宽是多少米吗?

?米

28米

③学校有一块正方形的草坪,它的周长是28米。那么,它的面积是多少平方米?

(4)灵活运用巧设计。

5米

7米

学校决定要在这个宣传栏内画出一个最大的正方形版面用来展示校园读书节的活动成果。

请你在平面图上画出你的设计方案,并分别计算出这个正方形版面和余下版面的面积。

[设计意图]教师需注意把握练习设计的针对性、层次性、趣味性、开放性和实践性,让练习题既面向全体又关注个体差异,成为学生综合运用知识,展现自我和提升能力的一方舞台。

6.全课总结,畅谈收获

(1)这节课你学到了什么知识?

(2)我们是怎么学会的?

(3)你有什么新的发现或问题吗?

【板书设计】

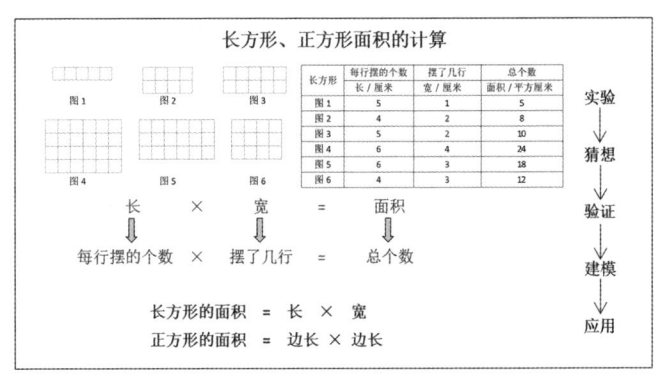

长方形、正方形面积的计算

图1	图2	图3
图4	图5	图6

长方形	每行摆的个数 长/厘米	摆了几行 宽/厘米	总个数 面积/平方厘米
图1	5	1	5
图2	4	2	8
图3	5	2	10
图4	6	4	24
图5	6	3	18
图6	4	3	12

实验 ↓ 猜想 ↓ 验证 ↓ 建模 ↓ 应用

长 × 宽 = 面积

每行摆的个数 × 摆了几行 = 总个数

长方形的面积 = 长 × 宽

正方形的面积 = 边长 × 边长

【课后总结】

本节课,教师不是让学生被动地接受现成的教材或教师给定的结论,而是在"第三届校园读书节主题活动"这一情境中,唤醒学生头脑中已有的生活和知识经验,让学生主动参与到长方形、正方形面积计算公式形成过程的知识建构中来,使数学学习成为富有个性的、生动活泼的过程,使课堂教学变得更加高效。

1.巧排教学环节,让探究有"欲"(情)

本节课,教师引导学生探究发现长方形、正方形的面积计算方法,让学生经历了"实验→猜想→验证→建模→应用"的科学研究过程。首先要求学生想办法求出"好书推荐"卡片的面积,让学生结合已有的认知提出用较小的面积单位(1平方分米)进行拼摆测量,逐步形成猜想;其次引导学生任取几个1平方厘米的小正方形进行拼摆验证,逐步归纳出长方形的面积计算公式;再次利用直观演示,实现从长方形到正方形面积计算公式的正向迁移;最后利用长方形、正方形的面积计算公式解决生活中的实际问题。教学环节层次清楚、环环相扣,让学生亲身经历将生活问题抽象成数学模型并进行解释与应用的过程,促进学生加深对数学的理解,为今后学习其他平面图形的面积计算打下基础。同时,教师从学生已有的生活经验出发,在研究与学习的过程中,诱发其内在的学习动机,激发学生的探究欲望。

2.巧借两次合作,让探究有"法"(理)

《义务教育数学课程标准(2022年版)》指出,学生的学习应是一个主动的过程,认真听讲、独立思考、动手实践、自主探索、合作交流等是学习数学的重要方式。根据课标精神,教师在这堂课中两次运用了小组合作,让学生充分参与合作交流。第一次是引导学生尝试用边长为1分米的小正方形测量"好书推荐"卡片的面积。在拼摆中,学生意识到"要求长方形的面积其实就是求这个长方形里有几个小面积单位",学生还发现"每行摆满的个数与长边所含的分米数、摆了几行与宽边所含的分米数"之间存在着相等的关系。于是,学生形成了"长方形的面积=长×宽"这样的猜想。可以说,这一次的合作是学生推出结论的重要铺垫。第二次是引导学生任取几个边长为1厘米的小正方形来拼摆长方形,并完成表格的填写。通过对一组组数据的观察,学生采用不完全归纳法得出"长方形的面积=长×宽"这一计算公式。可以说,这次的小组合作为学生提供了验证猜想、得出结论的理想平台。两次小组合作不仅能有效促进学生的思考,引发同伴间的思维碰撞;还能培养学生的合作能力和倾听能力,渗透了"人人学不同的数学,不同的人在数学上有不同的发展"这一重要理念。

3.巧用正向迁移,让探究有"型"(情理共生)

在学生经历自主探究、合作交流,建构得出长方形面积计算公式模型的基础上,教师借助多媒体课件的直观演示,有效帮助学生理解"正方形是特殊的长与宽相等的长方形""正方形的面积计算方法与长方形一样",进而为正方形面积计算公式的推导埋下了伏笔,发展了学生的空间观念。从长方形的面积计算公式到正方形的面积计算公式,教师巧用正向迁移,帮助学生理解它们的共通之处,即"每行摆满的个数×行数=总个数"。在这个环节中,学生的问题意识和探究能力得到了充分的锻炼,为以后学习长方体、正方体的体积计算积累了丰富的经验。这样的探究使学生对长方形和正方形的面积计算这一数学模型建构的理解更加深刻,并主动形成一个知识体系。

总而言之,这节课,学生不仅通过自主探究、动手操作、合作交流发现并掌握了长方形的面积计算公式,还通过直观感受、迁移推测掌握了正方形的面积计算公式,并学会利用公式解决生活中的实际问题。

第三节

案例3：聚焦文化内涵，凸显育人价值——"圆的认识"的教学实践与思考

本节旨在通过具体案例，展现"聚集文化内涵，凸显育人价值"的教学实践与思考。

【教材内容】

人教版数学六年级上册第五单元"圆"——"圆的认识"：P55～P57。

【课前思考】

"圆的认识"是在学生已经认识了多种平面图形的基础上进行教学的。圆是由曲线围成的平面图形，是小学阶段学生学习的最后一种常见的平面图形。由于学生在生活中已经对圆有了初步的感性认识，因此，教材首先从日常生活的常见物体中引出"圆"，再引导学生凭借圆形物体画出圆，然后利用折叠的方法找出圆心。在此基础上，通过测量、比较和交流等活动，引导学生认识圆的半径和直径以及它们之间的长度关系，从而使学生掌握圆的特征。最后，引导学生了解画圆的步骤和掌握画圆的方法，进一步加深对圆的认识。

本单元的教学旨在通过对圆的有关知识的学习，加深学生对周围事物的理解，提高学生解决实际问题的能力，同时为以后学习圆柱、圆锥等知识打好基础。从教材的编排体系可以看出，在认识圆之前，学生学习的是直线图形，所以圆的教学是学生认识曲线图形的开始。不论是内容本身，还是研究问题的方法，都有很大的变化。教材通过对圆的知识呈现，渗透了曲线图形与直线图形的内在联系，体现了"化圆为方""化曲为直"的转化思想。另外，教材还强调了动手操作，为学生的自主探索留下了很大的空间。

为了切实加深学生对圆的认识，在教学中，教师应给学生提供从事数学活动的机会，让学生在动手操作、自主探究与合作交流中学习。本节课，教师可从学生已有的生活经验出发，创设套圈游戏情境，激发学生的学习兴趣，引导学生

不断实践检验,在具体的情境中逐步认识圆的特征。有效的教学并不是让学生机械地记住数学概念、公式和原理,依靠记忆和模仿去寻求题目的答案,而是应该让学生把所学知识内化为解决问题的策略和能力,在实践中学会用数学服务生活。因此,本节课无论是在新授环节,还是在练习环节,教师均可设计解释或应用类的题目,使学生充分感受数学与现实生活的密切联系,学会用圆的数学知识解释生活中的现象,解决生活中的实际问题,培养学生探索和解决问题的能力,使学生享受到学习的乐趣,感受到数学学习的价值。因此,本节课要在掌握原有知识技能、过程方法的基础上,引导学生感受圆之美,感悟公正平等的价值精神。

【教学目标】

(1)认识圆,知道圆的各部分名称,能用字母表示;掌握圆内半径和直径的特征,理解同圆或等圆内直径与半径的关系;初步学会用圆规画圆。

(2)在独立思考和部落交流中经历知识的形成过程,锻炼观察、分析、抽象、概括等思维能力。

(3)初步学会用圆的数学知识解释或解决生活中的实际问题,感受圆之美,感悟公正平等的价值精神。

【教学重点】

知道圆的各部分名称,掌握圆内半径和直径的特征,理解同圆或等圆内直径与半径的关系,初步学会用圆规画圆。

【教学难点】

理解同圆或等圆内直径与半径的关系。

【教学准备】

多媒体课件、圆规、直尺等。

【教学过程】

1.引圆

(1)创设情境:同学们,你们玩过套圈游戏吗?(玩过)看,老师给大家准备了什么?(课件出示一只可爱的小鹿和一些圆圈)现在,有8个小朋友要参与到这个游戏中来了。(课件出示8个小朋友的卡通头像)

(2)提出问题:老师为他们量身定制了4个方案。(课件出示4个不同的方案)你们满意吗?说说你的理由。

方案1　　　　方案2　　　　方案3　　　　方案4

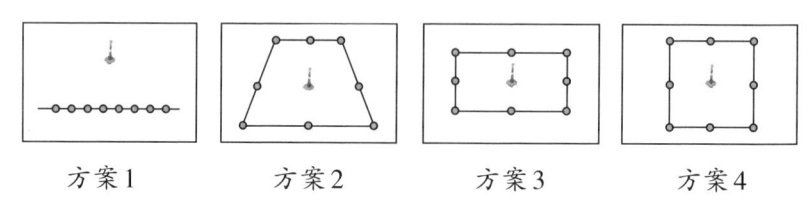

预设：学生结合自己的生活经验进行说理表达"每个小朋友到小鹿的距离不一样，所以这4个方案的设计都不公平"。

(3)引导质疑：有道理！那怎么办？(再设计)好主意！说说你想怎么设计。(设计成圆形的)这样，可以吗？(课件出示图1)(这样不行，小鹿应该放在圆的中心)这样可以吗？(课件出示图2)(这样可以)那8个小朋友应该站在哪儿？(圆的边缘上)，(课件出示图3)这样就公平了吗？(学生点了点头，教师先不评价)

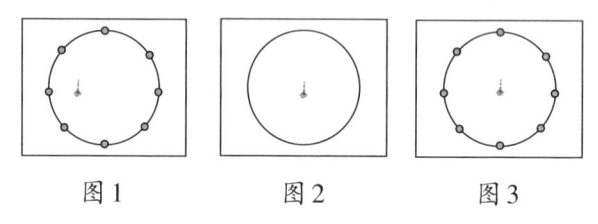

图1　　　　　图2　　　　　图3

预设：学生结合自己的生活经验给出再设计的想法，且提到了圆形这种方案设计，即将小鹿放在圆心，小朋友站在圆形的边线上(图3)。

[设计意图]从学生喜闻乐见的套圈游戏出发，引导学生进行评价。学生结合自己的生活经验反驳老师的方案设计，并提出了自己的方案设计(圆形)。这个环节设计巧妙，借助套圈游戏激活学生已有的认知经验，也让"公平"这一社会主义核心价值观顺着学生的思路浮出了水面。

2.赏圆

(1)微视频欣赏：在刚才的套圈游戏中，同学们根据自己的生活经验提出了圆形的方案设计。圆，在我们的生活中无处不在，我们一起去看看吧……(播放微视频)

预设：学生跟着视频走进生活，走进圆的世界。伴着轻柔的音乐和介绍词，学生静静地听、静静地看，不由发出了感叹"圆，真的太美了！"。

(2)教师小结：看了这么多大自然以及生活中的圆，同学们感觉怎么样？(圆，真的太美了！)是啊，充满圆的世界如此美妙又神奇。

[设计意图]借助微视频唤起学生对圆的已有认识，感受圆之美，也由此激发起学生想进一步认识圆的兴趣。

(3)引出课题：今天就让我们一起走进圆的世界，去探寻其中的奥秘，好吗？

3.画圆

(1)提出问题：

师：圆真的太美啦！你们想不想把圆搬到纸张上？(想)可以借助什么工具帮助我们画圆呢？

生1：用茶杯盖画。(评价：完美复制)

生2：用三角尺上的圆洞描。(评价：就地取材)

生3：用圆规画圆。(评价：古人云，不以规矩，不能成方圆。这里的"规"就是指画圆的工具——圆规)

……

(2)微课学习：

师：那到底该如何用圆规画圆呢，我们来看一段视频。相信看完后，同学们心中自然会有答案。(播放微视频)

师：哪位同学能说说用圆规画圆有哪几步？用圆规画圆时需要注意些什么？(固定针尖，手捏住圆规顶部的手柄，轻轻旋转一周……)

预设：学生观看微视频，学习用圆规画圆的基本步骤：定点、定长、旋转一周。

(3)尝试画圆：现在，你们都会正确使用圆规画一个标准的圆了吗？注意绘制的技巧和细节，动手操作吧。(学生尝试用圆规画圆)

(4)反馈评价：投影展示学生画的圆，进行评价。

(5)教师示范：教师在黑板上按照画圆的步骤进行示范。

[设计意图]引导学生借助身边的工具来画圆，通过交流和比较，学生发现各种方法的优劣，感受用圆规画圆的方便和快捷，也为后面对"圆，一中同长"的理解埋下了伏笔。

4.析圆

(1)认识圆各部分的名称。

①提问：现在同学们已经会使用圆规画一个标准的圆了，实在是太厉害了！关于圆，你们还想了解哪些知识？

②自学：学生通过自学课本56页第一段，认识圆各部分的名称。

③讲解：教师讲解圆心(O)、半径(r)、直径(d)(解释概念，在黑板上画出并标注出圆各部分的名称)

(2)理解半径与直径的特征和关系。

①作图：在自己画的圆中，画出并用字母标出圆心、半径、直径。

②引导:其实,圆的直径和半径中还藏着许多奥秘呢!你们想自己动手来研究一下吗?(想)

③操作:出示导学提纲,引导学生折一折、量一量、比一比手中的圆片。

师:你有什么新的发现? 有新发现的同学,别忘了把你的想法和部落成员交流一下。

预设:圆有无数条半径、无数条直径;同圆或等圆内,所有的半径都相等,所有的直径也都相等;直径是半径的两倍,半径是直径的二分之一;圆心决定圆的位置,半径决定圆的大小。

④反馈:学生在独立思考、部落交流的基础上进行思维的碰撞,并得到反馈。

⑤总结:同学们,我们刚才通过自学了解了圆各部分的名称,又在部落交流中发现了半径、直径的特征及关系。圆有无数条直径,因此圆有无数条对称轴,圆是一个"完美"的轴对称图形。

[设计意图]根据导学提纲,引导学生借助手中的圆片,用折一折、量一量、比一比的方法进行探究。学生通过独立思考、部落互助、反馈交流,循序渐进地理解并掌握了圆各部分的名称、圆的半径与直径的特征和关系。这一环节的教学内容细而杂,但这些基础知识的积累对学生后续理解"圆,一中同长也"有很大的帮助作用。

5.说圆

(1)史料介绍。

①出示课件:早在两千多年前,我国古代就有了关于圆的特征的记载。墨子在他的著作中这样描述道:"圆,一中同长也。"

②解释:圆有一个圆心,圆心到圆上各点的距离(半径)一样长。

③情感渗透:墨子的这一发现,是不是和刚才大家的发现完全一致?(是)更何况,我国古代的这一发现比西方早约一千年。听到这里,同学们感觉如何?(学生表达自己的内心感受:特别自豪、特别骄傲、觉得我国古代人民非常有智慧)

(2)回归游戏:这样的圆形方案设计真的公平吗?

①思考:圆形的方案设计真的公平吗? 你能用刚刚习得的圆的知识来解释吗?(学生思考、表达:每个小朋友到小鹿的距离都是一样长的,也就是"一中同长")

②质疑:如果我把方案设计成圆形的,把小鹿放在圆形的中心。小朋友的位置一定要这样均匀分布在这个圆的曲线上吗?(不一定,随意分布即可)理由是什么?("一中同长")

(3)质疑归整:为什么方案设计不采用其他图形?

①思考:现在,我们回过头来想想,套圈游戏的方案设计中,为什么不采用其他图形呢?(出示课件,帮助学生理解:长方形、正方形、平行四边形、梯形、三角形等都不具备"一中同长"的特点,所以这样的游戏方案设计不公平)

②感慨:难怪,毕达哥拉斯曾发出这样的感慨:"在一切平面图形中,圆最美!"(课件出示:在一切平面图形中,圆最美!)

[设计意图]学生学习数学知识的价值在于发现生活中的数学现象,并能用所学的知识去解释生活中的数学现象。在学生探究得出"圆,一中同长"的基础上,再将学生带回套圈游戏的圆形方案设计中,引导学生用习得的圆的知识解释这个方案设计的公平性。此时,学生的感受是深刻的,也能用专业的数学语言来解释这一现象。

6.用圆

(1)话题:生活中,应用"圆,一中同长"原理的例子还有很多。找一找,和你的部落同学说一说。

(2)找圆:在我们日常生活中有哪些圆的应用?

(3)反馈:井盖、车轮、圆形餐桌、圆桌会议……你能用圆的知识解释这些现象的合理性吗?

(4)资料链接:公元5世纪时,英国亚瑟王和骑士们举行会议时,不分上下席位,围着圆桌而坐,从而避免了与会者因席位上下而引起的纠纷。第一次世界大战后,国际会议便多采用圆桌会议的形式,一直沿用至今。圆桌会议不分上下尊卑,含有公正、平等、民主、协商的意思。

[设计意图]当学生说到圆桌会议时,适时引入"圆桌会议的历史起源"和时事政治中的圆桌会议,引导学生感悟圆桌会议含有的公正、平等、民主、和谐的价值精神。

7.拓圆

(1)全课总结:现在,让我们静下心来,仔细回顾,关于圆,你学会了什么?

(2)拓展延伸:看来,同学们的收获还真不少!关于圆,你还想学什么?

【板书设计】

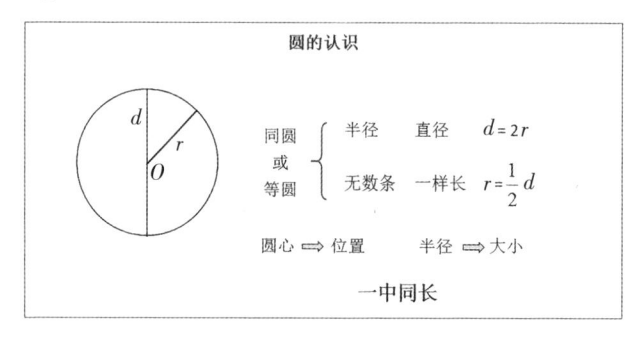

```
                    圆的认识

        ┌─d─┐         ┌ 半径    直径    d = 2r
        │ r │    同圆 │
        │ O │    或  ┤
        │   │    等圆 │
        └───┘         └ 无数条  一样长   r = ½d

                    圆心 ⇒ 位置    半径 ⇒ 大小

                         一中同长
```

【课后总结】

数学教育承载着落实立德树人根本任务、实施素质教育的功能,是培养社会主义建设者和接班人的重要途径。将社会主义核心值观融入中小学教育是新形势下学校德育工作创新的现实要求。这节课,教师紧紧围绕"圆,一中同长",让学生在"引圆—赏圆—画圆—析圆—说圆—用圆—拓圆"的教学环节中,高效地完成了课程目标,而且很好地实现了育人目标。纵观这节课,有以下几个亮点。

1. 新知——不知不觉中开始

俗话说得好,良好的开端是成功的一半。数学学习活动应该自然而然地开始,而不是灌输式或强制性地让学生接受。只有引发了学生对新知识的内在需要,才能激发学生学习的内驱力。这节课,教师从学生喜闻乐见的套圈游戏出发,引导他们评价教师设计的4个方案(直线、梯形、长方形、正方形)。学生结合自己的生活经验(距离一样,游戏公平;距离不一样,游戏不公平)反驳了老师的方案,并提出了自己的方案设计(圆形):将小鹿放在圆心,小朋友站在圆形的边线上。这个环节的设计十分巧妙,教师借助套圈游戏唤醒了学生已有的认知经验,也让"公平"这一价值观顺着他们的思路浮出了水面。

2. 要点——循序渐进时掌握

学生学习数学的过程,既是在教师引导下的意义建构,也是从自身需求出发的自主建构。为什么圆形的方案设计是公平的?能否从数学的角度予以合理的解释?强烈的学习需求刺激着学生,引领学生一步步走进课堂,走进圆的学习中来。教师通过设置导学提纲,让学生借助手中的圆片,用折一折、量一量、比一比的方法进行探究。学生通过独立思考、部落互助、反馈交流,循序渐进地理解并掌握了:圆有无数条半径、无数条直径;同圆或等圆内,所有的半径都相等,所有的直径也都相等;直径是半径的两倍,半径是直径的二分之一。正因为圆有无数条直径,圆成为了一个非常完美的轴对称图形。这也验证了两千多年前,墨子对圆的描述"圆,一中同长也"。

3. 难点——沟通对比处理解

学生学习数学知识的价值在于发现生活中的数学现象,并能用所学的知识去解释生活中的数学现象。在学生探究得出"圆,一中同长"的基础上,教师话锋一转,将学生带回套圈游戏的圆形方案设计中,引导学生用刚刚习得的圆的知识去解释这样的方案设计为什么公平。此时,学生的感受是深刻的,也能用专业的数学语言来解释这一现象。教师还引导学生将圆形的方案设计和最初的4个方案设计进行比较。在对比中,学生强烈地感受到"一中同长"对于套圈游戏规则公平的重要性。

4. 育人——春风化雨间提升

学生的学习过程是学生不断发展和提升的过程。有道是:比知识更重要的是方法,比方法更重要的是思想,比思想更重要的是精神。生活中,巧用"一中同长"这一特性的例子还有很多,教师引导学生充分交流、充分表达,提出了"车轮为什么是圆的""餐桌为什么设计成圆的""井盖儿为什么是圆的"等问题。课的最后,教师把学生提到的圆桌会议这一话题进行了升华。从公元5世纪的亚瑟王圆桌会议的史料介绍,到时事政治介绍,学生不仅了解了圆桌会议的历史和发展,而且感受到了圆桌会议中所包含的公正、平等、民主、协商的精神。正所谓春风化雨,润物无声。

总之,本节课,教师没有选择将教材中蕴含的社会主义核心价值观教育进行专门的讲解,而是从学生的真实生活出发,在找准渗透点的基础上适当、适时、适量地渗透和融入德育的。因为理念的站位是准确的,所以课堂的实施是理想的。润于无声,育于无痕。一节课下来,学生的主体意识被激发了,积极情感被调动了,数学思维被打开了,审美情操被唤醒了,道德观念被强化了。

第四节

案例4：遵循数学规律，培养推理能力——"积的变化规律"的教学实践与思考

本节旨在通过具体案例，展现"遵循数学规律，培养推理能力"的教学实践与思考。

【教材内容】

人教版数学四年级上册第四单元"三位数乘两位数"——"积的变化规律"：P51。

【课前思考】

通过对人教版小学数学教材中推理能力渗透点的梳理，可以发现：整数计算法则与计算规律是小学数学合情推理能力培养的一条主线，之后小数与分数的计算法则和计算规律多是以这部分知识为基础来进行类比教学的。"积的变化规律"这一内容被安排在四年级上册第四单元"三位数乘两位数"中，它是整数四则运算中一个非常重要的内容，是在学生已经学习了三位数乘两位数、会用计算器进行计算等基础上进行教学的，它为学生今后学习运用积的变化规律进行简算和学习小数乘法等埋下了伏笔。本节课的学习，对于发展学生的运算能力、合情推理能力具有十分重要的作用。基于教材安排的两道例题"6×2= 6×20= 6×200="和"20×4= 10×4= 5×4="，教师可以"观察思考→提出猜想→举例验证→总结规律→应用拓展"为基本线索，帮助学生积累由简单现象出发归纳出一般结论的经验，感悟归纳的思想方法，从而培养学生的合情推理能力，让他们在"变与不变"中，受到辩证思想的启蒙教育。

【教学目标】

（1）借助计算器理解并掌握积的变化规律，能正确表达积的变化规律，能正确运用积的变化规律解决问题。

(2)经历积的变化规律的探究过程,学会观察、比较、猜想、验证、归纳的方法,感受"变与不变"的思想,发展合情推理能力。

(3)感受自主探索、合作交流的乐趣,获得探索规律的一般方法和活动经验,获得成功的体验,增强学习的兴趣和信心。

【教学重点】

理解、掌握并能正确表达积的变化规律,能运用积的变化规律解决问题。

【教学难点】

经历积的变化规律的探究过程,获得探索规律的一般方法和活动经验。

【教学准备】

计算器、课件、助学单等。

【教学过程】

1.探究"两数相乘,一个因数不变,另一个因数乘几,积也乘几"的规律

(1)提出猜想。

①初步感受:

出示题目:13×7=91,13×7=(   )。

师:积是多少?说说你的想法。

总结:两个因数都不变,积也不变。

②再次感受:

出示题目:13×7=91,13×14=(   );13×7=91,13×21=(   )。

师:积变化了吗?你是怎么想的?

总结:一个因数不变,另一个因数乘2,积也乘2;一个因数不变,另一个因数乘3,积也乘3。

验算:用计算器验算,13×14的积是否等于182,13×21的积是否等于273。

③提出猜想:一个因数不变,另一个因数乘几,积也乘几。

(2)举例验证。

①提出想法:这个猜想是不是正确的,我们可以通过举例来验证。

两数相乘

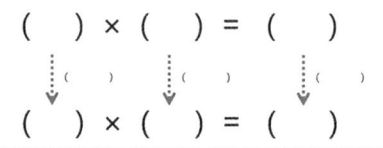

一个因数不变，另一个因数乘几，积也乘几？

( ) × ( ) = ( )

( ) × ( ) = ( )

◆操作要求：
1. 先在上面的算式中举例写出两个因数，用计算器算出积；
2. 把其中一个因数照抄下来，另一个因数乘上任意数，再用计算器算出积。
3. 对比观察两个乘法算式中的因数和积，说说你有什么发现。

②反馈交流：你发现了什么？

| 25 × 4 = 100
↓×4 ↓×4
25 × 16 = 400 | 12 × 8 = 96
↓×5 ↓×5
60 × 8 = 480 | 80 × 3 = 240
↓×40 ↓×40
3 200 × 3 = 9 600 | 47 × 6 = 282
↓×0 ↓×0
47 × 0 = 0 | …… |

预设：一个因数不变，另一个因数乘4，5，40，0…，积也乘4，5，40，0…（学生没有举出反例，故不完全归纳得出结论）

(3)总结规律：一个因数不变，另一个因数乘几，积也乘几。

[设计意图]本环节，教师从两组数据入手，引导学生在观察、比较后提出猜想。猜想本身是直觉思维的体现，因此猜想是需要验证的，举例验证环节可以培养学生严谨规范、探索求真的意识和品质，帮助学生形成理性思维。于是，教师给学生提供了一套研究范式，引导学生"独立举例→交流举例→展示举例"。举例验证过程中，学生没有发现任何一个反例。在不完全归纳中，学生将规律从现象呈现上升到语言表达，进而确认"一个因数不变，另一个因数乘几，积也乘几"这一规律的正确性。对于四年级学生而言，这个环节的精准指导对于发展学生合情推理能力是非常有必要的。至此，学生完整地经历了规律的探究过程，学会了观察、比较、猜想、验证、归纳的方法。这是一个"蓄势"的过程，让学生合情推理能力的发展有了基础。

2.探究"两数相乘，一个因数不变，另一个因数除以几（0除外），积也除以几"的规律

(1)再提出猜想。

①引导总结：刚刚我们在探究"一个因数不变，另一个因数乘几，积也乘几"这个规律的时候经历了哪些学习过程？（观察思考→提出猜想→举例验证→总结规律）

②引导质疑:看着"一个因数不变,另一个因数乘几,积也乘几"这个规律,你的小脑袋里又在想什么呢?(一个因数不变,另一个因数除以几,积也除以几)哇,又一个新的猜想诞生了!

③引导思考:有了新的猜想,接下来我们应该做些什么?(举例验证)

(2)再举例验证。

①出示操作要求。

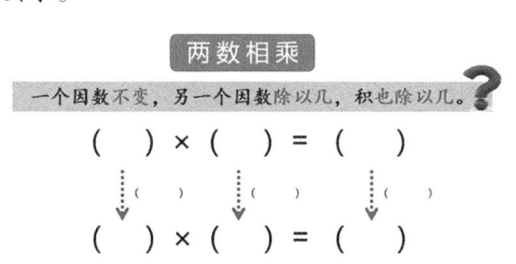

两数相乘

一个因数不变,另一个因数除以几,积也除以几。

( ) × ( ) = ( )

( ) × ( ) = ( )

◆操作要求:
1. 先在上面的算式中举例写出两个因数,用计算器算出积;
2. 把其中一个因数照抄下来,另一个因数除以任意数,再用计算器算出积。
3. 对比观察两个乘法算式中的因数和积,说说你有什么发现。

②学生反馈交流。

| 25 × 4 = 100
↓÷5　　↓÷5
5 × 4 = 20 | 24 × 7 = 168
↓÷8　　↓÷8
3 × 7 = 21 | 8 × 750 = 6 000
↓÷30　　↓÷30
8 × 25 = 200 | 99 × 6 = 594
↓÷33　　↓÷33
3 × 6 = 18 | …… |

预设:一个因数不变,另一个因数除以5,8,30,33…积也除以5,8,30,33…(教师引导"可以除以0吗? 为什么?"从而排除"除以0"这种情况。至此,学生没有举出反例,故不完全归纳得出结论)

(3)总结规律:一个因数不变,另一个因数除以几(0除外),积也除以几。

(4)概括规律:同学们,我们学习数学也要像学习语文一样,讲究文字的精简美,你们能不能用自己的语言把上面两个规律概括为一个规律呢?同桌互相说一说。

> 两数相乘,一个因数不变,另一个因数乘或除以几(0除外),积也乘或除以几。

注意:这里的因数不考虑自然数"0"。

[设计意图]本环节,教师在引导学生总结第一阶段研究范式(观察思考→提出猜想→举例验证→总结规律)的基础上,启发学生质疑"学到这儿,你还有

什么问题吗?"这一核心问题把学生的思维再一次调动起来,又一个新的猜想诞生了。有了猜想,依然要举例验证。此时不需要教师的任何指导,学生自然而然地想到刚才的研究范式。借助研究范式,学生的思维可视化了。学生自主举例,自主验证,自主交流,自主表达,得出"一个因数不变,另一个因数除以几(0除外),积也除以几"这条规律。联系上下两条规律,教师引导学生用一句话来描述积的变化规律。至此,两数相乘,一个因数不变,另一个因数变化,积也跟着变化的规律才被完整纳入学生的认知体系。这是一个"薄发"的过程,让学生的合情推理能力得到发展。

3.当堂练习,应用规律

师:刚才大家用智慧的双眼、聪明的大脑探究并总结出了积的变化规律,老师真为你们高兴!那么,你们能否做到学以致用,把规律应用到生活中呢?接下来开始闯关环节,让我们一起出发吧!

(1)先算出每组题中第1题的积,再写出下面两题的积。

12×3=	48×5=	8×50=
120×3=	48×50=	8×25=
120×30=	48×500=	4×50=

(2)下面这块长方形绿地的宽要增加到24米,长不变。扩大后的绿地面积是多少?

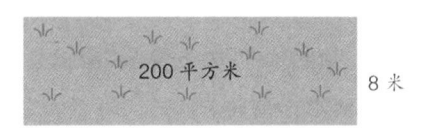

预设:

方法一:

长:200÷8=25(米)

扩大后的面积:25×24=600(平方米)

答:扩大后的绿地面积是600平方米。

方法二:

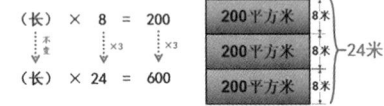

(长) × 8 = 200

(长) × 24 = 600

现在宽是原来宽的几倍:24÷8=3

扩大后的面积:200×3=600(平方米)

(3)根据 $A×B=150$,你能很快填出下面各题的结果吗?

$(A×3)×B=($ $)$

$A×(B×2)=($ $)$

$(A×2)×(B÷2)=($ $)$

$(A÷4)×(B×4)=($ $)$

预设:前两题比较简单,学生应用规律很容易就能得出结果;后两题需要学生进一步思考交流,为后续探究"两数相乘,两个因数都变,积会变吗?"埋下伏笔。

$$\boxed{A\times 3} \times B = (\ 450\ )$$
$$A \times \boxed{B\times 2} = (\ 300\ )$$
$$\boxed{A\times 2} \times \boxed{B\div 2} = (\ 150\ )$$
$$\boxed{A\div 4} \times \boxed{B\times 4} = (\ 150\ )$$

一个因数乘几,另一个因数除以几(0除外),积不变。

(4)想一想:积的变化规律和之前学过的乘法结合律之间有没有关系呢?(视频介绍)

一个因 另一个 原来的积 乘4
数不变 因数乘4

$$\underline{23 \times (3\times 4)} = \underline{(23\times 3) \times 4} = (69)\times 4$$
乘 法 结 合 律

[设计意图]对于"积的变化规律"而言,我们无法穷举所有的算式来对这条规律加以验证,因而它属于不完全归纳推理,其或然性仍然存在。在小学阶段,类似这样的合情推理一般不会用演绎推理来加以证实,但可以借助学生已有知识经验或利用几何直观来帮助学生认识和理解规律。如,当堂练习中第2小题的方法二,其实就是用长方形的长和宽来代表乘法算式中的两个因数,积就是这个长方形的面积。通过图示,学生可以清楚地看到,当长不变的时候,面积随着宽的变化而变化。又如,当堂练习中的第3小题,呈现了积的变化规律和乘法结合律的内在联系,从乘法结合律的角度对积的变化规律进行了证明。此处的设计,一方面对教材的内容进行了补充,另一方面弥补了规律举例验证中不完全归纳法的不足,体现了教学内在的科学性和统一性。这是一个"应用"的过程,让学生合情推理能力的发展有了突破。

4.回顾反思,拓展规律

(1)回顾反思:通过这节课的学习,你有什么收获?你还有什么疑问?

(2)拓展规律:如果两个因数都变,积会变吗?(有可能会变,有可能不会变)有兴趣的同学,下课后再用今天所学的研究方法展开研究吧。

[设计意图]本节课,我们研究了"两数相乘,一个因数不变,另一个因数变化,积也变化"的规律。"两数相乘,两个因数都变,积会变化吗?"又一个新的猜

想诞生了,有了猜想要验证,验证之后要归纳概括,规律探究的一般方法已经深深烙在了学生的脑海里。这一环节的设计不仅延展了探究的长度,延展了课堂的宽度,还延展了知识的广度。这是一个"延伸"的过程,让学生合情推理能力的发展有了腾飞之翼。

叶圣陶先生曾经说过:"教是为了不教"。"教"是前提、手段,"不教"才是目的。本课中,第一阶段的"蓄势"是教的前提和基础,第二阶段的"薄发"是教的助力和提升,这两个阶段的"教"不仅是传授知识,更是培养能力。当学生两度经历合情推理的过程,从"扶"到"半扶半放",学生初步具备合情推理的能力了。第三阶段的"应用"和第四阶段的"延伸"是一个"放"的过程,学生能独立探索、发现问题并解决问题了,这也就达到了"教"的目的。

【板书设计】

积的变化规律

两数相乘
- 两个因数都不变,积也不变。
- 一个因数不变,另一个因数乘几,积也乘几。
- 一个因数不变,另一个因数除以几(0除外),积也除以几。
- 两个因数都变,积会变吗?

观察思考 ⇒ 提出猜想 ⇒ 举例验证 ⇒ 总结规律 ⇒ 应用拓展

【课后总结】

推理能力是以敏锐的思考、快捷的反应,迅速掌握问题的核心,在最短时间内做出合理正确选择的能力。推理能力的发展应贯穿于整个数学学习过程中。推理是数学的基本思维方式,也是人们学习和生活中经常使用的思维方式。推理一般包括合情推理和演绎推理。而合情推理又分为归纳推理和类比推理两类。《义务教育数学课程标准(2022年版)》指出"推理意识主要是指对逻辑推理过程及其意义的初步感悟。知道可以从一些事实和命题出发,依据规则推出其他命题或结论;能够通过简单的归纳或类比,猜想或发现一些初步的结论;通过法则运用,体验数学从一般到特殊的论证过程,对自己及他人的问题解决过程给出合理解释"。可以看出,小学阶段的数学推理是以合情推理为主的。

为了有效实现教学目标,突出重点,突破难点,在实施具体教学时,教师应努力做到三个"注重"。

1.注重规律探究过程的经历

积的变化规律的探究需要经历从直观到抽象、从朦胧到清晰的过程。这个过程需要学生通过观察、比较、猜想、验证、归纳等数学活动,理解积的变化规律,积累数学活动经验。在规律探究过程中,教师给学生提供了一套研究的范式,引导学生根据提示和要求主动完成举例验证。有了这样的"脚手架",学生的研究就有了明确的方向,规律探究过程就顺利多了。由于本节课研究的是乘法运算的规律,因此会涉及到较大的数的运算,为了使学生的思维从繁杂的计算中解脱出来,使学生更加关注规律的发现过程,教师选用计算器作为探索规律的工具,大大推进了学生验证和发现规律的过程。

2.注重变与不变思想的渗透

教材首先呈现了两组题目(第1组是第一个因数不变,第二个因数在变,积也在变;第2组是第二个因数不变,第一个因数在变,积也在变),接着让学生依据给出的乘法算式探索当一个因数不变,另一个因数乘几或除以几,得到的积会有什么变化。引导学生做出猜想,再举例验证积的变化规律的普适性,发展学生的合情推理能力。课堂进行到这儿,教师还可以通过对"两数相乘,一个因数不变,另一个因数变化,积的变化规律"的探索过程的梳理,总结规律探索的基本方法,再把这一方法的应用进行延伸——如果两数相乘,一个因数变化,另一个因数也变化,积会发生什么变化?引导有兴趣的学生利用课外时间进行自主探究。变与不变思想在课堂教学中得到了充分的体现,促进了学生理性思维的发展。

3.注重教学内在规律的揭示

在教学环节中,我们多次提到举例验证用的是不完全归纳法。不完全归纳法一般指不完全归纳推理,是根据一类事物中的部分对象具有(或不具有)某种属性,从而得出该类事物所有对象都具有(或不具有)某种属性的思维方法。不完全归纳法有时候也被称作"实际归纳法",指在推理归纳的过程中,假设我们实际上知道的部分细节或者事实,能正确地代表其余没被人所知道的情况,以及它们所属的整个类别。从广义来说,相比于完全归纳法,通过不完全归纳法得到的结论并不总是成立的,因为这种推论基于一定的假设,但当我们知识缺乏时,可以合理地去假定结论成立。那本节课中积的变化规律是否可以通过与旧知识关联,从而使用完全归纳法来验证该结论呢?通过研究,我们可以发现"23×(6×2)=(23×6)×2,23×(6÷2)=(23×6)÷2",运用乘法结合律的知识,可以直接推理得到"一个因数不变,另一个因数乘几或除以几(0除外),积也乘几或除以几"。也就是说,从乘法结合律的角度对积的变化规律进行了证明。此处的教学设计,教师挖掘了积的变化规律和乘法结合律的内在联系,一方面对教材做了补充,另一方面,弥补了规律的举例验证中不完全归纳法的不足,让学生感受到数学的奇妙,体现了教学内在的科学性和统一性。

总之,"积的变化规律"的教学,从第一阶段的"蓄势"到第二阶段的"薄发",再到第三阶段的"应用"和第四阶段的"延伸",教师借助计算器这一计算工具和空白乘法算式这一研究范式,让"注重规律探究过程的经历"、"注重变与不变思想的渗透"和"注重教学内在规律的揭示"这三个教学思路落地生根,帮助学生积累了规律探究的一般方法,发展了合情推理能力,使学生的理性思维不断向上生长,向深发展。

附录

附录

小学生数学学习和教师教学现状的调查问卷

亲爱的同学/家长：

您好！欢迎参加小学生数学学习和教师教学现状的问卷调查。请采用"家长读题、孩子独立判断、家长帮忙记录"的方式进行操作，请严格根据孩子自己的真实情况进行填写。您的回答对本研究是非常宝贵的，没有您的帮助我们将难以完成预期的研究目标。问卷采取无记名方式且仅供研究分析，您的回答绝对保密，敬请放心作答。感谢您的支持！

第一部分：基本信息

◆请填写您的基本情况，并在相应的标号上打√。

1. 您的性别？ [1]男 [2]女

2. 您的年级？ [1]一年级 [2]二年级 [3]三年级 [4]四年级 [5]五年级 [6]六年级

3. 您的数学学习表现在班级是？ [1]非常好 [2]比较好 [3]一般 [4]比较不好 [5]很不好

第二部分：学生学习现状调查

◆以下是一些学生的学习现状描述，请根据您的真实情况在每题后相应的方格内打√。

现状描述	完全不符合	不太符合	基本符合	比较符合	完全符合
1.我很期待上数学课。					
2.我能在数学课上感受到数学学习的乐趣。					
3.当我回答数学老师提出的问题时,我感觉很开心。					
4.当我在数学课上听不懂时,我会选择放弃听讲。					
5.我很享受做数学作业的时光。					
6.我觉得数学太难了,经常担心自己学不好数学。					
7.当数学成绩不好时,我会感到很挫败。					
8.在数学课上,我会积极回答问题。					
9.在数学课上,我会主动参与小组讨论。					
10.遇到不懂的问题,我会主动寻求数学老师或同学的帮助。					
11.学习数学的时候,我特别依赖老师的讲解,很少有自己的真实想法。					
12.我会主动使用策略(如数形结合、联系生活实际、整理知识框架等)来帮助我学习数学。					
13.我能按时并保质保量地完成数学作业。					
14.我会在课余时间主动研究数学趣题。					

第三部分：教师教学现状调查

◆以下是一些关于你的数学老师教学现状描述，请根据真实情况在每题后相应的方格内打√。

现状描述	完全不符合	不太符合	基本符合	比较符合	完全符合
1.我们班的数学学习氛围很不错。					
2.我们班的数学老师经常关心我并鼓励我。					
3.我们班的数学老师相信我能学好数学。					
4.我们班的数学老师会设置一些有挑战性的问题激发我们的学习热情，并留出足够的时间引导我们进行讨论交流。					
5.我们班的数学老师会采用很多的办法（比如画图、列表等）讲述抽象的知识，帮助我们进行理解。					
6.我们班的数学老师会设置分层作业，让我们学有所获。					
7.我们班的数学老师会引领我们探究数学文化和数学游戏的奥秘，让我们感受数学学习的美好。					
8.当我向我们班数学老师请教时，他常常显得很不耐烦。					
9.我们班的数学老师会设置一些有趣的评价手段激发我们学习数学的兴趣。					

第四部分:访谈

◆以下是一些问答题,请根据实际情况进行作答。(孩子口述,家长帮忙记录)

1.如果把数学比作一种食物,那么它会是_____。为什么?(请具体描述)

2.如果用一个词语形容你在数学课堂上的情绪感受,那么它会是_____。是什么原因使你产生这种情绪感受?(请具体描述)

3.你认为自己在数学学习的过程中,还存在哪些问题。你希望老师怎么做来帮助你解决这些问题。(请具体描述)

参考文献

[1]陈秀英.小学生快乐程度及影响因素调查研究[J].教学与管理,2008(18):51-52.

[2]王妍,马丽华.小学生英语学业情绪的发展特点、影响因素及启示[J].中小学心理健康教育,2012(2):11-14.

[3]华博.培养学习品质,提升数学素养——以"用字母表示数"为例[J].小学教学研究,2022(6):87-88.

[4]华军.事实与情感——儒家"情理合一"思想的再认识[J].社会科学战线,2022(8):49-60.

[5]朱业标,徐中收."三脑一体"大脑理论对中小学校愉快教育的启示[J].中小学心理健康教育,2018(14):63-64.

[6]郭宝珠.构建情理相融的课堂:小学数学教学实践[M].福州:福建教育出版社,2020.

[7]李芸.发展和谐师生关系,构建小学数学高效课堂[J].求知导刊,2024(1):83.

[8]吴晓义.国外积极课堂气氛形成理论及其对我国的启示[J].外国教育研究,2007,34(9):31-36.

[9]王荣生.略述"问题情境"中的探究学习——基于相关译著的考察分析[J].中国教育学刊,2021(3):71-76.

[10]金轩竹,马云鹏.小学数学教学中真实情境的理解与设计策略[J].课程教学研究,2018(9):69-75.

[11]张艳芸.小学数学课堂中数学文化的融入与思考[J].数学学习与研究,2023,(11):122-124.

[12]张雅芬.读"厚" 读"透" 读"深"——小学数学教材分析策略之我见[J].数学学习与研究,2016(16):153.

[13]张静.小学数学结构化教学的三个维度[J].辽宁教育,2021(9):66-70.

[14]罗鸣亮."说理课堂":走向未来的数学教育[J].福建教育,2021(14):40-42.

[15]张卫星.提炼数学"核心问题"的四个步骤[J].教学与管理,2016(17):45-47.

[16]张雅芬.巧借数轴 探其本质——"求小数的近似数"片段赏析[J].数学学习与研究,2015(19):87.

[17]张雅芬.数学语言表达素养培育的实践价值、运行机理与操作策略[J].辽宁教育,2024(5):76-79.

[18]仲崇恒.新课标视域下小学数学教学情境的理解及改造[J].小学教学设计,2023(8):21-25.

[19]张小琴.设置挑战性问题 提升学生数学学习力[J].福建基础教育研究,2019(3):70-72.

[20]吴玉国.学科学力:基于课程目标、内容与设计的自然生长——以苏教版小学数学五年级下册《简易方程》为例[J].江苏教育研究,2016(13):56-59.

[21]张雅芬.读思达:小学生数学语言表达能力提升三步骤[J].课程教育研究,2023(8):67-69.

[22]谭小熙.通情以达理:中国传统书院教育的价值诉求[J].扬州大学学报(高教研究版),2022,26(4):51-57.

[23]曲辉,王玉芬.探究小学数学教学中如何有效激发学生学习动机——基于马斯洛需求理论[J].学周刊,2018(4):27-28.

[24]王翠.以结构化教学化数学知识为数学素养[J].江苏教育,2022(89):71-72.

[25]闫金梅.浓缩就是精华——浅谈小学数学板书设计的实效性[J].小学教学研究,2018(25):70-72.

[26]何其凡.运用多元性评价,提升生物学核心素养[J].课程教育研究,2020(7):193-194.

[27]杨艳,魏东."互联网+"背景下小学生多元评价的若干思考[J].中国新通信,2022(12):161-163.

[28]向颖,何国良.多元评价促进学生发展[J].思想政治课教学,2019(8):77-80.

[29]张维忠,江漂.素养导向的数学核心素养评价——《义务教育数学课程标准(2022年版)》的新变化[J].中小学课堂教学研究,2022(7):1-3.

[30]王艳玲,王春英.追本溯源 把握起点 设计有效学习活动——"圆的面积"教学设计思考[J].小学教学(数学版),2017(9):32-34.

[31]吴秀娟,张浩,倪厂清.基于反思的深度学习:内涵与过程[J].电化教育研究,2014(12):23-28.

[32]罗鸣亮.说理,迈向思维纵深处"三位数乘一位数"一课的思考与实践[J].新教师,2022(3):47-49.

[33]张雅芬.小学数学概念教学的四阶段——以人教版《分数的基本性质》为例[J].数学学习与研究,2021(17):70-71.

[34]倪琛."画数学"——表达思维的别样方式[J].天津教育,2023(5):16-19.

[35]刘娟娟.指向深度学习的小学数学任务设计[J].南京晓庄学院学报,2021(2):32-37.

[36]吴钢.现代教育评价教程[M].北京:北京大学出版社,2008.

[37]陈静.强化度量意识 重视培育量感——以"面积单位"的教学为例[J].小学数学教育,2021(6):61-62.

[38]孙昌识,姚平子.儿童数学认知结构的发展与教育[M].北京:人民教育出版社,2004.

[39]柯普兰.儿童怎样学习数学——皮亚杰研究的教育含义[M].李其维,康清镳,译.上海:上海教育出版社,1985.

[40]孙慧敏.全景式数学视野下"三角形内角和"的教学与思考[J].小学教学研究,2022(12):15-17.

后记

多年前,我就想写一本书,记下自己在教育教学方面的所思、所行和所得。但,几次提笔都不知从何写起。直至2020年12月,厦门市首批卓越教师培育项目启动,培训部要求每位参训教师要凝练自己的教学主张并出版一部专著。我内心雀跃不已,想着多年的心愿能借这股东风而得以实现。什么是教学主张?为什么需要教学主张?如何提炼教学主张?……围绕这些问题,我展开了一系列的学习、梳理和思考。余文森教授提出,教学主张要成为教师人格的一部分,要通过名师自己的生活和为人表现出来,这样才更令人信服。于是,我在导师朱福荣院长和郑鑫副教授的指导下,结合自己的性格特征和对教育教学的理解,将日常教学中相对零散、模糊的教学经验进行概念化、抽象化以及理论化的深层次凝练,几经易稿,提出了"情理共生的小学数学课堂"这一教学主张。

教学主张的确立,让我吃了一颗"定心丸",我一方面着手文献的学习和整理,另一方面对自己曾做过的课题、上过的课例、写过的论文等进行梳理和总结,慢慢地有了一些思路。本书从一份调查问卷入手,透过数据对当前小学数学课堂教学的现状进行分析并提出自己的期待。紧接着,在教学主张的构建依据、理论阐释、基本要素、框架体系、教学模式、评价促进、教学策略等方面做了有益探索。在教学主张凝练的过程中,我阅读了大量关于教育学、心理学、脑科学和数学学科等知识,也参加了段艳霞老师引领的青年教师成长共同体阅读体验活动,参与了U型理论的学习。我发现,自己的心慢慢地静了下来,内在的生命力量也在慢慢滋长,我感受到了前所未有的幸福感。情理共生的小学数学课堂是追求儿童生命之"情"与数学学科之"理"的同构和共生。作为教师的我们,要改变传统课堂教学中的积弊,做到眼中有学生之情、心中有数学之理,立足于数学学科的视角,关注数学知识的来龙去脉、"前世今生";要立足学生生命的视角,关注学生智慧的生成和发展。教师要丰富学生的情感世界和人文精神,培养学生探究、质疑与反思的精神,养成数学的思维方式与习惯,形成探究与追求真理的品格,并以此反作用于学生的学习情感和态度,从而健全学生的人格。

后记

对我而言,首次撰写一本不少于20万字的专著并不是一件轻松的事情,本书的文字、图表整理花费了我大量的时间,但现在回头看还是觉得很值,这无疑是我今后工作中一份不可多得的宝贵财富。借此机会,请允许我向给了我无私帮助的领导、导师、同事、朋友们表示衷心的感谢。感谢厦门市教育局、厦门市教科院搭建的培训平台,让我有机会在实践中思考、在思考中总结、在总结中成长;感谢我的导师朱福荣院长和郑鑫副教授,是你们的悉心指导和细致点拨,让我在"山重水复疑无路"时有了"柳暗花明又一村"的欣喜;感谢厦门市首批卓越教师培育项目的全体学员,是你们的鼓励和支持,让我在迷茫困惑的时候有了踏实的依靠,有了坚持的勇气与力量;感谢厦门市第五中学的领导和同事给了我成长的舞台,是你们的信任和支持,让我坚定了自己脚下的路;感谢西南大学李杨静茹同学,在问卷调查和数据分析方面给予我帮助,提高了调查报告的科学性;感谢张雅芬名师工作室全体成员,三年来我们一起并肩作战,一起探索情理共生的小学数学课堂……

诚然,我在书稿编撰的过程中使出了"洪荒之力",但个中错误和疏漏在所难免。恳请诸位读者、前辈和专家不吝指正,我将感激不尽。同时,真诚希望,此拙作能抛砖引玉,引发教育同仁更为广泛和深入的研究。

余文森教授提出,教学主张是打开名师成长的"天眼"。对名师而言,教学主张的研究过程是一种厚积薄发的蓄势,是为未来再次"出彩"做准备,是转型时期的自我提升和暂时"沉默",是一个新的自我诞生前的等待。感恩所有人,伴我坚定地行走在越来越好的路上!再次深深地感恩,谢谢!

张雅芬

2024年5月于厦门市第五中学